2021

中国文化及相关产业统计年鉴

China Statistical Yearbook on Culture and Related Industries

国家统计局社会科技和文化产业统计司
中宣部文化体制改革和发展办公室 编

Compiled by
Department of Social, Science and Technology, and Cultural Statistics
National Bureau of Statistics of China
Cultural Reform and Development Office
Publicity Department of CPC Central Committee

图书在版编目（CIP）数据

中国文化及相关产业统计年鉴. 2021 = China Statistical Yearbook on Culture and Related Industries 2021 : 汉英对照 / 国家统计局社会科技和文化产业统计司, 中宣部文化体制改革和发展办公室编. -- 北京 : 中国统计出版社, 2021.12
ISBN 978-7-5037-9709-5

Ⅰ. ①中… Ⅱ. ①国… ②中… Ⅲ. ①文化产业－中国－2021－年鉴－汉、英 Ⅳ. ①G124-54

中国版本图书馆 CIP 数据核字(2021)第 231220 号

中国文化及相关产业统计年鉴—2021

作　　者/国家统计局社会科技和文化产业统计司，中宣部文化体制改革和发展办公室
责任编辑/李　冲
执行编辑/张　怡
封面设计/李雪燕
出版发行/中国统计出版社有限公司
通信地址/北京市丰台区西三环南路甲 6 号　邮政编码/100073
发行电话/邮购（010）63376909　书店（010）68783171
网　　址/http://www.zgtjcbs.com
印　　刷/河北鑫兆源印刷有限公司
经　　销/新华书店
开　　本/880mm×1230mm　1/16
字　　数/480 千字
印　　张/15.75
版　　别/2021 年 12 月第 1 版
版　　次/2021 年 12 月第 1 次印刷
定　　价/280.00 元

《中国文化及相关产业统计年鉴-2021》编辑委员会和编辑部

编辑委员会

编　辑　部

China Statistical Yearbook on Culture and Related Industries-2021

Editorial Board and Editorial Staff

编者说明

《中国文化及相关产业统计年鉴-2021》由国家统计局和中宣部共同编辑。本年鉴收录了 2020 年全国和各省、自治区、直辖市与文化产业相关的统计数据，以及 2008-2020 年全国主要统计数据，是一部全面反映我国文化改革发展情况的资料性年刊。

本年鉴内容分为六个部分。第一部分为经济和社会发展概况；第二部分为文化及相关产业发展情况；第三部分为文化及相关产业法人单位发展情况；第四部分主要文化行业发展情况；第五部分为港澳台地区统计资料；第六部分为国际统计资料。最后附录了中国入选世界文化遗产项目、主要统计指标解释和《文化及相关产业分类（2018）》。

本年鉴对部分总计和分项因小数取舍而产生的误差，均未做配平处理。年鉴各表中的“空格”表示该统计指标数据不足本表最小单位数、数据不详或无该项数据；“#”表示其中的主要项；“*”或“1、2、3”表示本表的注解。

参与本年鉴编辑的部门还有：财政部、商务部、文化和旅游部、退役军人事务部、国家市场监督管理总局、国家广播电视总局、国家新闻出版署、国家电影局、国家知识产权局和国家档案局。我们对上述部门有关人员在本年鉴编辑过程中给予的大力支持，表示衷心的感谢！

EDITOR'S NOTES

Ⅰ. *China Statistical Yearbook on Culture and Related Industries 2021* is compiled by National Bureau of Statistics of China and Publicity Department of CPC Central Committee. It covers data relevant with cultural industries for 2020 at national level and local level of province, autonomous region and municipality directly under the Central Government, and national key statistical data from 2008 to 2020.The yearbook is an annual statistical publication reflecting comprehensively the development and reform of culture of China.

Ⅱ. The yearbook contains six chapters: 1. Economic and Social Development; 2. Development of Culture and Related Industries; 3. Condition on Legal Entities of Culture and Related Industries; 4. Development of Main Cultural Industries; 5. Statistical Indicators of Hong Kong, Macao and Taiwan Province of China; 6. International Statistical Indicators. Items Listing in World Cultural Heritage of China, Explanatory Notes on Main Statistical Indicators, Classification of Culture and related Industries(2018) are listed as Appendices.

Ⅲ. Statistical discrepancies on totals and relative figures due to rounding are not adjusted in the yearbook. Notations used in the yearbook: (blank space) indicates that the figure is not large enough to be measured with the smallest unit in the table, or data are unknown, or are not available; "#" indicates a major breakdown of the total.

Ⅳ. Data in the yearbook are also source from the following departments: Ministry of Finance, Ministry of Commerce, Ministry of Culture and Tourism, Ministry of Veterans Affairs, State Administration for Market Regulation, National Radio and Television Administration, National Press and Publication Administration of the People's Republic of China, China Film Administration, State Intellectual Property Office and the State Archives Administration. Here we want to express our deep appreciation to these departments!

目　录

Contents

一、经济和社会发展概况

Economic and Social Development

二、文化及相关产业发展情况
Development of Culture and Related Industries

三、文化及相关产业法人单位发展情况
Condition on Legal Entities of Culture and Related Industries

四、主要文化行业发展情况
Development of Main Cultural Industries

五、港澳台地区统计资料
Statistical Indicators of Hong Kong, Macao and Taiwan Province of China

六、国际统计资料
International Statistical Indicators

1

经济和社会发展概况

Economic and Social Development

1-1 国内生产总值
Gross Domestic Product

单位：亿元 (100 million yuan)

年 份 Year	国内生产总值 Gross Domestic Product	第一产业 Primary Industry	第二产业 Secondary Industry	#工业 Industry	第三产业 Tertiary Industry	#批发零售业 Wholesale and Retail Trades
2008	319244.6	32464.1	149952.9	131724.0	136827.5	26186.2
2009	348517.7	33583.8	160168.8	138092.6	154765.1	29004.6
2010	412119.3	38430.8	191626.5	165123.1	182061.9	35907.9
2011	487940.2	44781.5	227035.1	195139.1	216123.6	43734.5
2012	538580.0	49084.6	244639.1	208901.4	244856.2	49835.5
2013	592963.2	53028.1	261951.6	222333.2	277983.5	56288.9
2014	643563.1	55626.3	277282.8	233197.4	310654.0	63170.4
2015	688858.2	57774.6	281338.9	234968.9	349744.7	67719.6
2016	746395.1	60139.2	295427.8	245406.4	390828.1	73724.5
2017	832035.9	62099.5	331580.5	275119.3	438355.9	81156.6
2018	919281.1	64745.2	364835.2	301089.3	489700.8	88903.7
2019	986515.2	70473.6	380670.6	311858.7	535371.0	95650.9
2020	1015986.2	77754.1	384255.3	313071.1	553976.8	95686.1

注：1.本表按当年价格计算(以下相关表同)。
2.实施研发支出核算方法改革后，对各年度GDP数据进行了系统修订(以下相关表同)。

a) Data in this table are calculated at current prices.The same applies to the relevant tables following.
b) As methodology of R&D expenditure accounting is reformed, data of GDP of all years are adjusted systematically. The same applies to the relevant tables following.

1-2 国内生产总值构成
Composition of Gross Domestic Product

单位：% (%)

年 份 Year	国内生产总值 Gross Domestic Product	第一产业 Primary Industry	第二产业 Secondary Industry	#工业 Industry	第三产业 Tertiary Industry	#批发零售业 Wholesale and Retail Trades
2008	100.0	10.2	47.0	41.3	42.9	8.2
2009	100.0	9.6	46.0	39.6	44.4	8.3
2010	100.0	9.3	46.5	40.1	44.2	8.7
2011	100.0	9.2	46.5	40.0	44.3	9.0
2012	100.0	9.1	45.4	38.8	45.5	9.3
2013	100.0	8.9	44.2	37.5	46.9	9.5
2014	100.0	8.6	43.1	36.2	48.3	9.8
2015	100.0	8.4	40.8	34.1	50.8	9.8
2016	100.0	8.1	39.6	32.9	52.4	9.9
2017	100.0	7.5	39.9	33.1	52.7	9.8
2018	100.0	7.0	39.7	32.8	53.3	9.7
2019	100.0	7.1	38.6	31.6	54.3	9.7
2020	100.0	7.7	37.8	30.8	54.5	9.4

1-3 地区生产总值
Gross Regional Product

单位：亿元 (100 million yuan)

地 区	Region	2014	2015	2016	2017	2018	2019	2020
北 京	Beijing	21330.8	23014.6	25669.1	28014.9	30320.0	35371.3	36102.6
天 津	Tianjin	15726.9	16538.2	17885.4	18549.2	18809.6	14104.3	14083.7
河 北	Hebei	29421.2	29806.1	32070.5	34016.3	36010.3	35104.5	36206.9
山 西	Shanxi	12761.5	12766.5	13050.4	15528.4	16818.1	17026.7	17651.9
内蒙古	Inner Mongolia	17770.2	17831.5	18128.1	16096.2	17289.2	17212.5	17359.8
辽 宁	Liaoning	28626.6	28669.0	22246.9	23409.2	25315.4	24909.5	25115.0
吉 林	Jilin	13803.1	14063.1	14776.8	14944.5	15074.6	11726.8	12311.3
黑龙江	Heilongjiang	15039.4	15083.7	15386.1	15902.7	16361.6	13612.7	13698.5
上 海	Shanghai	23567.7	25123.5	28178.7	30633.0	32679.9	38155.3	38700.6
江 苏	Jiangsu	65088.3	70116.4	77388.3	85869.8	92595.4	99631.5	102719.0
浙 江	Zhejiang	40173.0	42886.5	47251.4	51768.3	56197.2	62351.7	64613.3
安 徽	Anhui	20848.7	22005.6	24407.6	27018.0	30006.8	37114.0	38680.6
福 建	Fujian	24055.8	25979.8	28810.6	32182.1	35804.0	42395.0	43903.9
江 西	Jiangxi	15714.6	16723.8	18499.0	20006.3	21984.8	24757.5	25691.5
山 东	Shandong	59426.6	63002.3	68024.5	72634.1	76469.7	71067.5	73129.0
河 南	Henan	34938.2	37002.2	40471.8	44552.8	48055.9	54259.2	54997.1
湖 北	Hubei	27379.2	29550.2	32665.4	35478.1	39366.6	45828.3	43443.5
湖 南	Hunan	27037.3	28902.2	31551.4	33903.0	36425.8	39752.1	41781.5
广 东	Guangdong	67809.9	72812.6	80854.9	89705.2	97277.8	107671.1	110760.9
广 西	Guangxi	15672.9	16803.1	18317.6	18523.3	20352.5	21237.1	22156.7
海 南	Hainan	3500.7	3702.8	4053.2	4462.5	4832.1	5308.9	5532.4
重 庆	Chongqing	14262.6	15717.3	17740.6	19424.7	20363.2	23605.8	25002.8
四 川	Sichuan	28536.7	30053.1	32934.5	36980.2	40678.1	46615.8	48598.8
贵 州	Guizhou	9266.4	10502.6	11776.7	13540.8	14806.5	16769.3	17826.6
云 南	Yunnan	12814.6	13619.2	14788.4	16376.3	17881.1	23223.8	24521.9
西 藏	Tibet	920.8	1026.4	1151.4	1310.9	1477.6	1697.8	1902.7
陕 西	Shaanxi	17689.9	18021.9	19399.6	21898.8	24438.3	25793.2	26181.9
甘 肃	Gansu	6836.8	6790.3	7200.4	7459.9	8246.1	8718.3	9016.7
青 海	Qinghai	2303.3	2417.1	2572.5	2624.8	2865.2	2966.0	3005.9
宁 夏	Ningxia	2752.1	2911.8	3168.6	3443.6	3705.2	3748.5	3920.6
新 疆	Xinjiang	9273.5	9324.8	9649.7	10882.0	12199.1	13597.1	13797.6

注：表中数据为初步核算数(以下相关表同)。
a) Date in this table are preliminary data. The same applies to the relevant tables.

1-4 按三次产业分地区生产总值(2020年)
Gross Regional Product by Three Strata of Industry (2020)

单位：亿元 (100 million yuan)

地 区	Region	地区生产总值 Gross Regional Product	第一产业 Primary Industry	第二产业 Secondary Industry	第三产业 Tertiary Industry
北 京	Beijing	36102.6	107.6	5716.4	30278.6
天 津	Tianjin	14083.7	210.2	4804.1	9069.5
河 北	Hebei	36206.9	3880.1	13597.2	18729.5
山 西	Shanxi	17651.9	946.7	7675.4	9029.8
内蒙古	Inner Mongolia	17359.8	2025.1	6868.0	8466.7
辽 宁	Liaoning	25115.0	2284.6	9400.9	13429.4
吉 林	Jilin	12311.3	1553.0	4326.2	6432.1
黑龙江	Heilongjiang	13698.5	3438.3	3483.5	6776.7
上 海	Shanghai	38700.6	103.6	10289.5	28307.5
江 苏	Jiangsu	102719.0	4536.7	44226.4	53955.8
浙 江	Zhejiang	64613.3	2169.2	26413.0	36031.2
安 徽	Anhui	38680.6	3184.7	15671.7	19824.3
福 建	Fujian	43903.9	2732.3	20328.8	20842.8
江 西	Jiangxi	25691.5	2241.6	11084.8	12365.1
山 东	Shandong	73129.0	5363.8	28612.2	39153.1
河 南	Henan	54997.1	5353.7	22875.3	26768.0
湖 北	Hubei	43443.5	4131.9	17023.9	22287.7
湖 南	Hunan	41781.5	4240.5	15937.7	21603.4
广 东	Guangdong	110760.9	4770.0	43450.2	62540.8
广 西	Guangxi	22156.7	3555.8	7108.5	11492.4
海 南	Hainan	5532.4	1136.0	1055.3	3341.2
重 庆	Chongqing	25002.8	1803.3	9992.2	13207.3
四 川	Sichuan	48598.8	5556.6	17571.1	25471.1
贵 州	Guizhou	17826.6	2539.9	6211.6	9075.1
云 南	Yunnan	24521.9	3598.9	8287.5	12635.5
西 藏	Tibet	1902.7	150.7	798.3	953.8
陕 西	Shaanxi	26181.9	2267.5	11362.6	12551.7
甘 肃	Gansu	9016.7	1198.1	2852.0	4966.5
青 海	Qinghai	3005.9	334.3	1143.6	1528.1
宁 夏	Ningxia	3920.6	338.0	1609.0	1973.6
新 疆	Xinjiang	13797.6	1981.3	4744.5	7071.9

1-5 按三次产业分地区生产总值构成(2020年)
Composition of Gross Regional Product by Three Strata of Industry(2020)

单位：% (%)

地 区	Region	地区生产总值 Gross Regional Product	第一产业 Primary Industry	第二产业 Secondary Industry	第三产业 Tertiary Industry
北 京	Beijing	100.0	0.3	15.8	83.9
天 津	Tianjin	100.0	1.5	34.1	64.4
河 北	Hebei	100.0	10.7	37.6	51.7
山 西	Shanxi	100.0	5.4	43.5	51.2
内蒙古	Inner Mongolia	100.0	11.7	39.6	48.8
辽 宁	Liaoning	100.0	9.1	37.4	53.5
吉 林	Jilin	100.0	12.6	35.1	52.2
黑龙江	Heilongjiang	100.0	25.1	25.4	49.5
上 海	Shanghai	100.0	0.3	26.6	73.1
江 苏	Jiangsu	100.0	4.4	43.1	52.5
浙 江	Zhejiang	100.0	3.4	40.9	55.8
安 徽	Anhui	100.0	8.2	40.5	51.3
福 建	Fujian	100.0	6.2	46.3	47.5
江 西	Jiangxi	100.0	8.7	43.1	48.1
山 东	Shandong	100.0	7.3	39.1	53.5
河 南	Henan	100.0	9.7	41.6	48.7
湖 北	Hubei	100.0	9.5	39.2	51.3
湖 南	Hunan	100.0	10.1	38.1	51.7
广 东	Guangdong	100.0	4.3	39.2	56.5
广 西	Guangxi	100.0	16.0	32.1	51.9
海 南	Hainan	100.0	20.5	19.1	60.4
重 庆	Chongqing	100.0	7.2	40.0	52.8
四 川	Sichuan	100.0	11.4	36.2	52.4
贵 州	Guizhou	100.0	14.2	34.8	50.9
云 南	Yunnan	100.0	14.7	33.8	51.5
西 藏	Tibet	100.0	7.9	42.0	50.1
陕 西	Shaanxi	100.0	8.7	43.4	47.9
甘 肃	Gansu	100.0	13.3	31.6	55.1
青 海	Qinghai	100.0	11.1	38.0	50.8
宁 夏	Ningxia	100.0	8.6	41.0	50.3
新 疆	Xinjiang	100.0	14.4	34.4	51.3

1-6 人口数及城乡构成
Population in Urban and Rural Areas

单位：万人，% (10 000 persons,%)

年 份 Year	总人口(年末) Total Population (year-end)	城镇 Urban	乡村 Rural	构成 Composition 城镇 Urban	构成 Composition 乡村 Rural
2008	132802	62403	70399	46.99	53.01
2009	133450	64512	68938	48.34	51.66
2010	134091	66978	67113	49.95	50.05
2011	134916	69927	64989	51.83	48.17
2012	135922	72175	63747	53.10	46.90
2013	136726	74502	62224	54.49	45.51
2014	137646	76738	60908	55.75	44.25
2015	138326	79302	59024	57.33	42.67
2016	139232	81924	57308	58.84	41.16
2017	140011	84343	55668	60.24	39.76
2018	140541	86433	54108	61.50	38.50
2019	141008	88426	52582	62.71	37.29
2020	141212	90220	50992	63.89	36.11

1-7 人口数及年龄结构
Population and Age Composition

单位：万人，% (10 000 persons,%)

年 份 Year	总人口(年末) Total Population (year-end)	0-14岁 Aged 0-14 人口数 Population	0-14岁 Aged 0-14 比重 Proportion	15-64岁 Aged 15-64 人口数 Population	15-64岁 Aged 15-64 比重 Proportion	65岁及以上 Aged 65 and Over 人口数 Population	65岁及以上 Aged 65 and Over 比重 Proportion
2008	132802	25166	19.0	96680	72.7	10956	8.3
2009	133450	24659	18.5	97484	73.0	11307	8.5
2010	134091	22259	16.6	99938	74.5	11894	8.9
2011	134916	22261	16.5	100378	74.4	12277	9.1
2012	135922	22427	16.5	100718	74.1	12777	9.4
2013	136726	22423	16.4	101041	73.9	13262	9.7
2014	137646	22712	16.5	101032	73.4	13902	10.1
2015	138326	22824	16.5	100978	73.0	14524	10.5
2016	139232	23252	16.7	100943	72.5	15037	10.8
2017	140011	23522	16.8	100528	71.8	15961	11.4
2018	140541	23751	16.9	100065	71.2	16724	11.9
2019	141008	23689	16.8	99552	70.6	17767	12.6
2020	141212	25277	17.9	96871	68.6	19064	13.5

1-8 分地区年末人口数
Population at Year-end by Region

单位：万人 (10 000 persons)

地区	Region	2011	2012	2013	2014	2015	2016	2017	2018	2019	2020
全国	**National Total**	**134916**	**135922**	**136726**	**137646**	**138326**	**139232**	**140011**	**140541**	**141008**	**141212**
北京	Beijing	2024	2078	2125	2171	2188	2195	2194	2192	2190	2189
天津	Tianjin	1341	1378	1410	1429	1439	1443	1410	1383	1385	1387
河北	Hebei	7232	7262	7288	7323	7345	7375	7409	7426	7447	7464
山西	Shanxi	3562	3548	3535	3528	3519	3514	3510	3502	3497	3490
内蒙古	Inner Mongolia	2470	2464	2455	2449	2440	2436	2433	2422	2415	2403
辽宁	Liaoning	4379	4375	4365	4358	4338	4327	4312	4291	4277	4255
吉林	Jilin	2725	2698	2668	2642	2613	2567	2526	2484	2448	2399
黑龙江	Heilongjiang	3782	3724	3666	3608	3529	3463	3399	3327	3255	3171
上海	Shanghai	2356	2399	2448	2467	2458	2467	2466	2475	2481	2488
江苏	Jiangsu	8023	8120	8192	8281	8315	8381	8423	8446	8469	8477
浙江	Zhejiang	5570	5685	5784	5890	5985	6072	6170	6273	6375	6468
安徽	Anhui	5972	5978	5988	5997	6011	6033	6057	6076	6092	6105
福建	Fujian	3784	3841	3885	3945	3984	4016	4065	4104	4137	4161
江西	Jiangxi	4474	4475	4476	4480	4485	4496	4511	4513	4516	4519
山东	Shandong	9665	9708	9746	9808	9866	9973	10033	10077	10106	10165
河南	Henan	9461	9532	9573	9645	9701	9778	9829	9864	9901	9941
湖北	Hubei	5760	5781	5798	5816	5850	5885	5904	5917	5927	5745
湖南	Hunan	6581	6590	6600	6611	6615	6625	6633	6635	6640	6645
广东	Guangdong	10756	11041	11270	11489	11678	11908	12141	12348	12489	12624
广西	Guangxi	4655	4694	4731	4770	4811	4857	4907	4947	4982	5019
海南	Hainan	890	910	920	936	945	957	972	982	995	1012
重庆	Chongqing	2944	2975	3011	3043	3070	3110	3144	3163	3188	3209
四川	Sichuan	8064	8085	8109	8139	8196	8251	8289	8321	8351	8371
贵州	Guizhou	3530	3587	3632	3677	3708	3758	3803	3822	3848	3858
云南	Yunnan	4620	4631	4641	4653	4663	4677	4693	4703	4714	4722
西藏	Tibet	309	315	317	325	330	340	349	354	361	366
陕西	Shaanxi	3765	3787	3804	3827	3846	3874	3904	3931	3944	3955
甘肃	Gansu	2552	2550	2537	2531	2523	2520	2522	2515	2509	2501
青海	Qinghai	568	571	571	576	577	582	586	587	590	593
宁夏	Ningxia	648	659	666	678	684	695	705	710	717	721
新疆	Xinjiang	2225	2253	2285	2325	2385	2428	2480	2520	2559	2590

1-9 按三次产业分就业人员数及构成（年底数）
Number of Employed Persons at Year-end and Composition by Three Strata of Industry

单位：万人，% (10 000 persons,%)

年 份 Year	就业人员 Employed Persons	第一产业 Primary Industry	第二产业 Secondary Industry	第三产业 Tertiary Industry	构成 Composition 第一产业 Primary Industry	第二产业 Secondary Industry	第三产业 Tertiary Industry
2008	75564	29923	20553	25087	39.6	27.2	33.2
2009	75828	28890	21080	25857	38.1	27.8	34.1
2010	76105	27931	21842	26332	36.7	28.7	34.6
2011	76196	26472	22539	27185	34.7	29.6	35.7
2012	76254	25535	23226	27493	33.5	30.4	36.1
2013	76301	23838	23142	29321	31.3	30.3	38.4
2014	76349	22372	23057	30920	29.3	30.2	40.5
2015	76320	21418	22644	32258	28.0	29.7	42.3
2016	76245	20908	22295	33042	27.4	29.3	43.3
2017	76058	20295	21762	34001	26.7	28.6	44.7
2018	75782	19515	21356	34911	25.7	28.2	46.1
2019	75447	18652	21234	35561	24.7	28.2	47.1
2020	75064	17715	21543	35806	23.6	28.7	47.7

1-10 按行业分城镇非私营单位就业人员数(年底数)
Number of Employed Persons in Urban Non-Private Units at Year-end by Sector

单位：万人 (10 000 persons)

年份 地区	Year Region	合计 Total	农、林、牧、渔业 Agriculture, Forestry, Animal Husbandry and Fishery	采矿业 Mining	制造业 Manufacturing	电力、热气、燃气及水生产和供应业 Production and Supply of Electricity, Heat, Gas and Water
	2008	12192.5	410.1	540.4	3434.3	306.5
	2009	12573.0	373.7	553.7	3491.9	307.7
	2010	13051.5	375.7	562.0	3637.2	310.5
	2011	14413.3	359.5	611.6	4088.3	334.7
	2012	15236.4	338.9	631.0	4262.2	344.6
	2013	18108.4	294.8	636.5	5257.9	404.5
	2014	18277.8	284.6	596.5	5243.1	403.7
	2015	18062.5	270.0	545.8	5068.7	396.0
	2016	17888.1	263.2	490.9	4893.8	387.6
	2017	17643.8	255.4	455.4	4635.5	377.0
	2018	17258.2	192.6	414.4	4178.3	369.2
	2019	17161.8	134.1	367.7	3832.0	373.1
	2020	17039.1	85.7	352.1	3805.5	379.7
北京	Beijing	739.9	1.2	3.1	59.8	9.5
天津	Tianjin	255.3	0.3	5.7	65.1	4.1
河北	Hebei	561.2	2.5	16.0	98.5	18.7
山西	Shanxi	442.6	1.3	82.6	57.9	15.7
内蒙古	Inner Mongolia	270.6	7.5	11.3	31.2	16.0
辽宁	Liaoning	476.8	7.7	18.6	102.4	15.3
吉林	Jilin	257.8	5.1	7.4	45.4	9.5
黑龙江	Heilongjiang	316.4	20.1	23.6	28.0	13.9
上海	Shanghai	645.6	0.9	0.1	130.5	3.4
江苏	Jiangsu	1342.5	2.3	5.3	454.1	14.3
浙江	Zhejiang	1025.8	0.6	0.5	309.4	13.0
安徽	Anhui	565.6	3.0	13.6	127.3	10.1
福建	Fujian	605.9	1.1	1.6	162.1	10.9
江西	Jiangxi	451.5	2.5	2.9	108.7	9.6
山东	Shandong	1098.3	1.3	28.5	273.3	28.3
河南	Henan	964.9	2.2	27.5	215.6	23.8
湖北	Hubei	631.2	1.9	2.7	130.0	14.5
湖南	Hunan	604.9	1.8	4.5	96.7	15.4
广东	Guangdong	2085.3	2.2	1.4	819.1	26.9
广西	Guangxi	410.4	2.6	0.8	51.2	11.6
海南	Hainan	108.5	4.4	0.5	7.2	2.2
重庆	Chongqing	370.8	0.4	3.0	67.1	6.2
四川	Sichuan	861.8	2.5	13.6	139.4	23.2
贵州	Guizhou	335.3	1.0	12.2	28.8	9.5
云南	Yunnan	358.2	2.6	5.7	40.3	11.3
西藏	Tibet	41.7	0.3	0.7	1.7	1.1
陕西	Shaanxi	489.6	1.6	28.9	75.7	13.1
甘肃	Gansu	262.2	1.9	7.2	28.3	10.7
青海	Qinghai	66.4	0.7	3.0	8.6	2.2
宁夏	Ningxia	69.1	0.6	6.1	9.3	4.2
新疆	Xinjiang	323.0	1.8	13.5	32.8	11.4

1-10 续表 1 continued

单位：万人 (10 000 persons)

年 份 地 区	Year Region	建筑业 Construction	批发和零售业 Wholesale and Retail Trades	交通运输、仓储和邮政业 Transport, Storage and Post	住宿和餐饮业 Hotels and Catering Services	信息传输、软件和信息技术服务业 Information Transmission, Software and Information Technology
	2008	1072.6	514.4	627.3	193.2	159.5
	2009	1177.5	520.8	634.4	202.1	173.8
	2010	1267.5	535.1	631.1	209.2	185.8
	2011	1724.8	647.5	662.8	242.7	212.8
	2012	2010.3	711.8	667.5	265.1	222.8
	2013	2921.9	890.8	846.2	304.4	327.3
	2014	2921.2	888.6	861.4	289.3	336.3
	2015	2796.0	883.3	854.4	276.1	349.9
	2016	2724.7	875.0	849.5	269.7	364.1
	2017	2643.2	842.8	843.9	265.9	395.4
	2018	2710.9	823.3	819.0	269.8	424.3
	2019	2270.5	830.0	815.5	265.2	455.3
	2020	2153.3	786.9	812.2	256.6	487.1
北 京	Beijing	45.4	52.9	56.0	26.8	92.3
天 津	Tianjin	23.0	18.2	14.7	5.6	7.0
河 北	Hebei	41.2	20.4	27.3	4.3	10.4
山 西	Shanxi	28.9	13.7	23.5	3.7	5.2
内蒙古	Inner Mongolia	10.2	7.8	19.7	2.4	4.6
辽 宁	Liaoning	28.3	17.7	30.6	4.9	13.9
吉 林	Jilin	13.3	9.3	16.5	1.9	4.4
黑龙江	Heilongjiang	14.7	10.9	23.4	1.4	8.6
上 海	Shanghai	28.5	89.0	47.8	26.3	44.8
江 苏	Jiangsu	282.5	57.8	45.5	19.7	32.8
浙 江	Zhejiang	198.0	41.4	35.2	14.7	28.3
安 徽	Anhui	105.8	23.5	20.8	5.8	9.7
福 建	Fujian	136.9	24.1	22.8	8.8	10.3
江 西	Jiangxi	79.5	16.0	18.6	3.7	5.5
山 东	Shandong	139.6	44.4	47.6	11.3	19.9
河 南	Henan	148.3	35.2	42.1	7.7	18.3
湖 北	Hubei	104.3	31.5	29.2	9.0	16.4
湖 南	Hunan	103.6	23.2	25.6	6.3	8.5
广 东	Guangdong	127.8	105.4	83.1	39.3	74.0
广 西	Guangxi	67.0	12.8	18.6	4.1	5.9
海 南	Hainan	5.7	6.5	7.8	5.2	2.4
重 庆	Chongqing	71.2	19.0	21.3	4.2	5.9
四 川	Sichuan	151.4	31.9	34.6	16.3	23.7
贵 州	Guizhou	43.9	12.4	13.2	2.7	4.6
云 南	Yunnan	33.7	14.4	16.2	4.9	5.3
西 藏	Tibet	3.5	2.5	2.1	0.8	1.1
陕 西	Shaanxi	54.6	21.9	28.8	8.7	14.0
甘 肃	Gansu	33.1	8.5	13.2	3.0	3.6
青 海	Qinghai	4.2	2.2	5.1	0.5	0.9
宁 夏	Ningxia	3.2	2.3	3.7	0.4	0.8
新 疆	Xinjiang	21.8	10.2	17.6	2.3	4.0

1-10 续表 2 continued

单位：万人 (10 000 persons)

年份 地区	Year Region	金融业 Financial Intermediation	房地产业 Real Estate	租赁和商务服务业 Leasing and Business Services	科学研究和技术服务业 Scientific Research and Technical Services	水利、环境和公共设施管理业 Management of Water Conservancy, Environment and Public Facilities
	2008	417.6	172.7	274.7	257.0	197.3
	2009	449.0	190.9	290.5	272.6	205.7
	2010	470.1	211.6	310.1	292.3	218.9
	2011	505.3	248.6	286.6	298.5	230.3
	2012	527.8	273.7	292.3	330.7	243.8
	2013	537.9	373.7	421.9	387.8	259.2
	2014	566.3	402.2	449.4	408.0	269.1
	2015	606.8	417.3	474.0	410.6	273.3
	2016	665.2	431.7	488.4	419.6	269.6
	2017	688.8	444.8	522.6	420.4	268.5
	2018	699.3	466.0	529.5	411.5	260.6
	2019	826.1	510.3	660.4	434.3	244.5
	2020	859.0	525.4	643.6	431.2	245.6
北京	Beijing	62.8	45.0	62.3	58.2	11.6
天津	Tianjin	18.0	9.2	13.6	11.4	3.3
河北	Hebei	36.4	11.8	15.0	15.7	9.7
山西	Shanxi	27.2	5.7	11.4	7.9	7.6
内蒙古	Inner Mongolia	21.2	5.3	5.4	6.3	4.2
辽宁	Liaoning	32.2	12.0	14.5	10.5	8.3
吉林	Jilin	21.1	5.4	5.1	7.3	5.7
黑龙江	Heilongjiang	24.3	5.4	12.4	5.6	6.5
上海	Shanghai	29.7	28.5	68.9	32.1	10.2
江苏	Jiangsu	40.4	29.8	45.7	26.6	13.7
浙江	Zhejiang	48.2	28.8	37.5	19.6	11.6
安徽	Anhui	27.5	15.6	18.6	11.1	7.1
福建	Fujian	26.6	16.9	18.3	8.4	7.4
江西	Jiangxi	18.0	9.9	7.4	7.1	5.7
山东	Shandong	65.7	27.6	23.5	20.5	17.7
河南	Henan	27.0	29.3	23.9	18.4	15.2
湖北	Hubei	23.8	18.7	19.6	17.1	8.7
湖南	Hunan	31.2	16.2	12.8	13.3	9.6
广东	Guangdong	95.3	90.1	118.6	47.8	20.4
广西	Guangxi	19.5	9.4	13.4	8.6	7.1
海南	Hainan	8.1	8.4	3.1	2.5	4.4
重庆	Chongqing	28.0	14.9	12.3	7.7	3.8
四川	Sichuan	37.9	29.7	28.5	20.4	11.0
贵州	Guizhou	14.8	10.6	7.2	5.5	5.0
云南	Yunnan	11.9	10.2	11.7	9.6	6.4
西藏	Tibet	1.1	0.6	1.8	1.0	0.6
陕西	Shaanxi	26.6	13.8	11.9	13.5	9.3
甘肃	Gansu	14.3	6.7	4.2	7.3	4.5
青海	Qinghai	2.9	1.5	1.3	2.0	1.1
宁夏	Ningxia	4.2	1.5	1.0	1.7	1.6
新疆	Xinjiang	13.1	6.4	12.6	6.7	6.7

1-10 续表 3 continued

单位：万人 (10 000 persons)

年 份 地 区	Year Region	居民服务、修理和其他服务业 Services to Households, Repair and Other Services	教 育 Education	卫生和社会工作 Health and Social Service	文化、体育和娱乐业 Culture, Sports and Entertainment	公共管理、社会保障和社会组织 Public Management, Social Security and Social Organization
	2008	56.5	1534.0	563.6	126.0	1335.0
	2009	58.8	1550.4	595.8	129.5	1394.3
	2010	60.2	1581.8	632.5	131.4	1428.5
	2011	59.9	1617.8	679.1	135.0	1467.6
	2012	62.1	1653.4	719.3	137.7	1541.5
	2013	72.3	1687.2	770.0	147.0	1567.0
	2014	75.4	1727.3	810.4	145.5	1599.3
	2015	75.2	1736.5	841.6	149.1	1637.8
	2016	75.4	1729.2	867.0	150.8	1672.6
	2017	78.2	1730.4	897.9	152.2	1725.6
	2018	77.4	1735.6	912.4	146.6	1817.5
	2019	86.3	1909.3	1006.2	151.2	1989.8
	2020	82.8	1958.9	1051.9	149.5	1972.2
北 京	Beijing	5.9	58.0	31.6	17.9	39.7
天 津	Tianjin	6.3	19.3	11.7	1.7	17.3
河 北	Hebei	2.3	83.0	45.3	5.2	97.5
山 西	Shanxi	1.1	54.7	26.1	4.6	63.8
内蒙古	Inner Mongolia	0.6	36.0	19.5	3.2	58.2
辽 宁	Liaoning	1.6	52.7	33.3	4.4	67.9
吉 林	Jilin	1.8	35.9	21.2	3.0	38.4
黑龙江	Heilongjiang	1.2	39.8	26.5	2.5	47.7
上 海	Shanghai	11.1	38.1	29.6	6.0	20.0
江 苏	Jiangsu	5.2	108.8	59.9	8.9	89.0
浙 江	Zhejiang	4.2	90.9	53.2	7.9	82.9
安 徽	Anhui	2.0	66.0	35.1	3.5	59.6
福 建	Fujian	3.6	63.5	26.5	4.2	51.8
江 西	Jiangxi	1.0	61.6	28.4	3.3	62.2
山 东	Shandong	3.0	129.1	73.0	7.5	136.5
河 南	Henan	2.9	129.6	69.0	7.5	121.2
湖 北	Hubei	2.1	75.3	44.2	6.1	76.2
湖 南	Hunan	2.5	91.7	46.5	6.2	89.3
广 东	Guangdong	11.6	169.8	90.6	12.5	149.4
广 西	Guangxi	0.9	76.7	38.1	2.9	59.2
海 南	Hainan	0.9	15.2	7.6	1.6	14.9
重 庆	Chongqing	0.8	41.4	21.5	2.7	39.3
四 川	Sichuan	3.4	114.2	62.2	6.3	111.5
贵 州	Guizhou	1.8	57.9	27.8	2.4	74.0
云 南	Yunnan	1.5	68.5	33.6	3.8	66.6
西 藏	Tibet	0.2	5.1	1.9	0.7	14.8
陕 西	Shaanxi	1.5	64.9	33.8	5.6	61.5
甘 肃	Gansu	0.9	40.8	19.3	2.9	51.7
青 海	Qinghai	0.1	8.4	5.5	0.8	15.2
宁 夏	Ningxia	0.0	10.3	5.6	1.0	11.7
新 疆	Xinjiang	0.6	51.6	23.8	2.7	83.5

1-11 全社会固定资产投资实际到位资金比上年增长情况
Growth Rate of Actual Funds Available for Investment in Total Investment in Fixed Assets in the Whole Country over Preceding Year

单位：% (%)

年 份 Year	本年实际到位资金 Actual Funds Available for Investment	国家预算资金 State Budget	国内贷款 Domestic Loans	利用外资 Foreign Investment	自筹资金 Self-raising Funds	其他资金 Other Funds
2008	21.3	35.8	14.8	3.5	29.7	-2.8
2009	36.8	59.5	48.6	-13.0	29.5	62.4
2010	24.3	15.7	20.2	7.9	28.4	17.1
2011	21.1	14.1	5.3	7.6	28.3	11.2
2012	18.4	27.7	11.3	-11.7	21.1	12.9
2013	20.0	17.7	15.2	-3.3	20.3	25.3
2014	10.6	19.9	9.7	-6.2	13.6	-5.0
2015	7.5	15.6	-6.4	-29.6	9.2	10.1
2016	5.6	17.1	10.1	-20.5	-0.2	30.7
2017	4.7	7.8	8.7	-3.1	2.2	11.5
2018	3.4	0.1	-5.4	-2.3	3.7	8.7
2019	4.1	-0.9	2.0	33.3	1.4	11.4
2020	7.4	32.8	0.0	-4.4	6.7	7.5
北 京	3.4	18.1	-0.6	188.7	8.0	-1.8
天 津	-5.1	152.7	-15.7	-37.7	-7.6	-6.8
河 北	-1.1	54.1	-2.7	-35.1	-7.8	18.3
山 西	15.6	27.1	17.9	-11.1	15.4	12.5
内蒙古	5.6	6.4	18.3	106.8	-4.1	26.1
辽 宁	5.4	35.4	-7.4	199.1	6.1	4.7
吉 林	9.5	-17.9	17.5		25.3	-12.5
黑龙江	1.3	53.3	-4.6	83.0	1.4	-14.7
上 海	1.8	25.9	-11.8	12.5	6.9	-2.9
江 苏	22.7	56.6	20.8	-20.7	28.2	17.0
浙 江	20.7	7.0	22.0	-0.3	17.3	26.2
安 徽	6.4	11.7	14.4	-40.2	4.6	6.6
福 建	4.8	25.2	-11.8	-39.1	4.2	9.0
江 西	15.9	2.8	-18.6	-30.0	22.0	16.6
山 东	5.8	65.9	-1.3	-27.2	4.9	3.7
河 南	6.5	16.0	-8.2	-63.1	6.6	12.5
湖 北	-16.6	-1.8	-12.3	22.1	-18.1	-18.9
湖 南	30.9	58.3	13.9	9.6	40.0	11.7
广 东	14.8	60.4	9.5	-22.2	19.1	4.2
广 西	5.1	35.5	8.6	-84.1	0.6	5.7
海 南	20.1	103.3	16.0	-26.5	13.4	5.8
重 庆	2.7	49.3	2.9	-54.3	7.0	-3.9
四 川	-0.1	14.2	-18.1	-64.5	1.2	2.5
贵 州	1.1	12.6	-1.9	-58.9	1.0	0.9
云 南	5.3	114.8	-10.7	2.8	-5.0	7.0
西 藏	-14.9	-44.0	-39.6		27.2	11.1
陕 西	-0.5	16.9	-9.5		-6.8	11.5
甘 肃	13.2	77.5	5.6	95.7	7.5	4.6
青 海	-10.9	-34.4	-3.4	-99.3	-20.3	18.1
宁 夏	19.8	18.3	15.3	-61.7	19.6	22.8
新 疆	20.6	107.7	-3.7	-79.2	8.0	10.9

注：分地区数据不含农户。

a) Data by region exclude rural households.

1-12 分地区居民人均可支配收入与消费支出(2020年)

Per Capita Disposable Income and Consumption Expenditure of Households by Region (2020)

单位：元 (yuan)

地 区	Region	全国居民 Nationwide Households		城镇居民 Urban Households		农村居民 Rural Households	
		人均可支配收入 Per Capita Disposable Income	人均消费支出 Per Capita Consumption Expenditure	人均可支配收入 Per Capita Disposable Income	人均消费支出 Per Capita Consumption Expenditure	人均可支配收入 Per Capita Disposable Income	人均消费支出 Per Capita Consumption Expenditure
全 国	**National Total**	**32188.8**	**21209.9**	**43833.8**	**27007.4**	**17131.5**	**13713.4**
北 京	Beijing	69433.5	38903.3	75601.5	41726.3	30125.7	20912.7
天 津	Tianjin	43854.1	28461.4	47658.5	30894.7	25690.6	16844.1
河 北	Hebei	27135.9	18037.0	37285.7	23167.4	16467.0	12644.2
山 西	Shanxi	25213.7	15732.7	34792.7	20331.9	13878.0	10290.1
内蒙古	Inner Mongolia	31497.3	19794.5	41353.1	23887.7	16566.9	13593.7
辽 宁	Liaoning	32738.3	20672.1	40375.9	24849.1	17450.3	12311.2
吉 林	Jilin	25751.0	17317.7	33395.7	21623.2	16067.0	11863.6
黑龙江	Heilongjiang	24902.0	17056.4	31114.7	20397.3	16168.4	12360.0
上 海	Shanghai	72232.4	42536.3	76437.3	44839.3	34911.3	22095.5
江 苏	Jiangsu	43390.4	26225.1	53101.7	30882.2	24198.5	17021.7
浙 江	Zhejiang	52397.4	31294.7	62699.3	36196.9	31930.5	21555.4
安 徽	Anhui	28103.2	18877.3	39442.1	22682.7	16620.2	15023.5
福 建	Fujian	37202.4	25125.8	47160.3	30486.5	20880.3	16338.9
江 西	Jiangxi	28016.5	17955.3	38555.8	22134.3	16980.8	13579.4
山 东	Shandong	32885.7	20940.1	43726.3	27291.1	18753.2	12660.4
河 南	Henan	24810.1	16142.6	34750.3	20644.9	16107.9	12201.1
湖 北	Hubei	27880.6	19245.9	36705.7	22885.5	16305.9	14472.5
湖 南	Hunan	29379.9	20997.6	41697.5	26796.4	16584.6	14974.0
广 东	Guangdong	41028.6	28491.9	50257.0	33511.3	20143.4	17132.3
广 西	Guangxi	24562.3	16356.8	35859.3	20906.5	14814.9	12431.1
海 南	Hainan	27904.1	18971.6	37097.0	23559.9	16278.8	13169.3
重 庆	Chongqing	30823.9	21678.1	40006.2	26464.4	16361.4	14139.5
四 川	Sichuan	26522.1	19783.4	38253.1	25133.2	15929.1	14952.6
贵 州	Guizhou	21795.4	14873.8	36096.2	20587.0	11642.3	10817.6
云 南	Yunnan	23294.9	16792.4	37499.5	24569.4	12841.9	11069.5
西 藏	Tibet	21744.1	13224.8	41156.4	24927.4	14598.4	8917.1
陕 西	Shaanxi	26226.0	17417.6	37868.2	22866.4	13316.5	11375.7
甘 肃	Gansu	20335.1	16174.9	33821.8	24614.6	10344.3	9922.9
青 海	Qinghai	24037.4	18284.2	35505.8	24315.2	12342.5	12134.2
宁 夏	Ningxia	25734.9	17505.8	35719.6	22379.1	13889.4	11724.3
新 疆	Xinjiang	23844.7	16512.1	34838.4	22951.8	14056.1	10778.2

1-13 居民收入与支出
Income and Consumption Expenditure of Households

单位：元 (yuan)

年 份 Year	全国居民 Nationwide Households		城镇居民 Urban Households		农村居民 Rural Households	
	人均可支配收入 Per Capita Disposable Income	人均消费支出 Per Capita Consumption Expenditure	人均可支配收入 Per Capita Disposable Income	人均消费支出 Per Capita Consumption Expenditure	人均可支配收入 Per Capita Disposable Income	人均消费支出 Per Capita Consumption Expenditure
2015	21966	15712	31195	21392	11422	9223
2016	23821	17111	33616	23079	12363	10130
2017	25974	18322	36396	24445	13432	10955
2018	28228	19853	39251	26112	14617	12124
2019	30733	21559	42359	28063	16021	13328
2020	32189	21210	43834	27007	17131	13713

1-14 货物进出口总额
International Trade in Goods

年 份 Year	人民币（亿元） RMB 100 million				美元（亿美元） USD 100 million			
	进出口总 额 Total	出口总额 Exports	进口总额 Imports	差 额 Balance	进出口总 额 Total	出口总额 Exports	进口总额 Imports	差 额 Balance
2008	179921.5	100394.9	79526.5	20868.4	25632.6	14306.9	11325.6	2981.3
2009	150648.1	82029.7	68618.4	13411.3	22075.4	12016.1	10059.2	1956.9
2010	201722.3	107022.8	94699.5	12323.3	29740.0	15777.5	13962.5	1815.1
2011	236402.0	123240.6	113161.4	10079.2	36418.6	18983.8	17434.8	1549.0
2012	244160.2	129359.3	114801.0	14558.3	38671.2	20487.1	18184.1	2303.1
2013	258168.9	137131.4	121037.5	16094.0	41589.9	22090.0	19499.9	2590.2
2014	264241.8	143883.8	120358.0	23525.7	43015.3	23422.9	19592.4	3830.6
2015	245502.9	141166.8	104336.1	36830.7	39530.3	22734.7	16795.6	5939.0
2016	243386.5	138419.3	104967.2	33452.1	36855.6	20976.3	15879.3	5097.1
2017	278099.2	153309.4	124789.8	28519.6	41071.4	22633.5	18437.9	4195.5
2018	305008.1	164127.8	140880.3	23247.5	46224.2	24866.8	21357.3	3509.5
2019	315627.3	172373.6	143253.7	29119.9	45778.9	24994.8	20784.1	4210.7
2020	322215.2	179278.8	142936.4	36342.4	46559.1	25899.5	20659.6	5239.9

注：本表为海关进出口统计数(下表同)。
a) Data in this table are from China Customs statistics. The same applies to the table following.

1-15 分地区货物进出口总额(2020年)
International Trade in Goods by Region (2020)

单位：亿元人民币 (RMB 100 million)

地区	Region	按收发货人所在地分 By Location of Importers/Exporters			按境内目的地和货源地分 By Location of Domestic Consumers/Producers		
		进出口 Total	出口 Exports	进口 Imports	进出口 Total	出口 Exports	进口 Imports
全国	**National Total**	**322215.2**	**179278.8**	**142936.4**	**322215.2**	**179278.8**	**142936.4**
北京	Beijing	23313.0	4664.1	18648.9	7972.4	2047.8	5924.6
天津	Tianjin	7367.9	3074.3	4293.6	8712.0	2811.6	5900.4
河北	Hebei	4456.8	2520.8	1936.0	6921.0	3459.7	3461.3
山西	Shanxi	1504.3	873.9	630.4	1517.9	981.8	536.1
内蒙古	Inner Mongolia	1054.2	349.0	705.1	1423.4	451.6	971.9
辽宁	Liaoning	6569.2	2651.9	3917.2	8194.1	3186.4	5007.7
吉林	Jilin	1282.3	290.9	991.4	1355.7	322.6	1033.1
黑龙江	Heilongjiang	1539.2	359.9	1179.3	1422.1	375.7	1046.3
上海	Shanghai	34872.7	13720.9	21151.8	33132.1	11585.1	21547.0
江苏	Jiangsu	44503.6	27433.3	17070.3	47397.3	27534.2	19863.1
浙江	Zhejiang	33848.5	25169.3	8679.1	32213.9	24378.7	7835.3
安徽	Anhui	5451.5	3160.9	2290.6	5210.0	3312.4	1897.5
福建	Fujian	14098.1	8472.9	5625.2	11914.4	7676.4	4238.0
江西	Jiangxi	4024.6	2918.2	1106.4	3531.1	2429.3	1101.8
山东	Shandong	22130.3	13047.1	9083.3	24461.2	12417.3	12043.9
河南	Henan	6678.8	4074.7	2604.1	7178.5	4538.0	2640.5
湖北	Hubei	4305.2	2702.1	1603.2	4266.4	2640.5	1625.8
湖南	Hunan	4884.9	3304.0	1580.9	3311.9	2123.8	1188.1
广东	Guangdong	70871.1	43490.2	27380.9	83436.9	52296.8	31140.1
广西	Guangxi	4869.8	2707.4	2162.4	4614.8	1467.4	3147.4
海南	Hainan	936.3	277.0	659.2	1147.1	278.1	869.0
重庆	Chongqing	6513.6	4187.3	2326.3	5809.6	3808.9	2000.7
四川	Sichuan	8088.6	4653.6	3435.0	8114.5	4553.5	3561.0
贵州	Guizhou	546.7	431.2	115.5	516.7	408.5	108.2
云南	Yunnan	2692.8	1518.6	1174.2	2374.8	1177.1	1197.7
西藏	Tibet	21.3	12.9	8.4	19.4	17.3	2.1
陕西	Shaanxi	3777.6	1929.6	1848.0	3550.7	1850.2	1700.5
甘肃	Gansu	382.4	85.6	296.8	394.5	124.9	269.6
青海	Qinghai	23.0	12.3	10.7	21.5	12.6	8.9
宁夏	Ningxia	123.4	86.7	36.7	202.7	155.0	47.6
新疆	Xinjiang	1483.4	1098.1	385.3	1876.7	855.5	1021.2

1-16 一般公共预算收入及增速
General Public Budget Revenue and Its Growth Rate

年 份 Year	一般公共预算收入(亿元) General Public Budget Revenue (100 million yuan)			构成 (%) Composition (%)		一般公共预算收入增长速度(%) Growth Rate (%)
		中央 Central Government	地方 Local Governments	中央 Central Government	地方 Local Governments	
2008	61330.4	32680.6	28649.8	53.3	46.7	19.5
2009	68518.3	35915.7	32602.6	52.4	47.6	11.7
2010	83101.5	42488.5	40613.0	51.1	48.9	21.3
2011	103874.4	51327.3	52547.1	49.4	50.6	25.0
2012	117253.5	56175.2	61078.3	47.9	52.1	12.9
2013	129209.6	60198.5	69011.2	46.6	53.4	10.2
2014	140370.0	64493.5	75876.6	45.9	54.1	8.6
2015	152269.2	69267.2	83002.0	45.5	54.5	5.8
2016	159605.0	72365.6	87239.4	45.3	54.7	4.5
2017	172592.8	81123.4	91469.4	47.0	53.0	7.4
2018	183359.8	85456.5	97903.4	46.6	53.4	6.2
2019	190390.1	89309.5	101080.6	46.9	53.1	3.8
2020	182913.9	82770.7	100143.2	45.3	54.7	-3.9

注：预算收入中不包括国内外债务收入。
a)Budget Revenue does not include the receipts of domestic and foreign debts.

1-17 一般公共预算支出及增速
General Public Budget Expenditure and Its Growth Rate

年 份 Year	一般公共预算支出(亿元) General Public Budget Expenditure (100 million yuan)			构成 (%) Composition (%)		一般公共预算支出增长速度(%) Growth Rate (%)
		中央 Central Government	地方 Local Governments	中央 Central Government	地方 Local Governments	
2008	62592.7	13344.2	49248.5	21.3	78.7	25.7
2009	76299.9	15255.8	61044.1	20.0	80.0	21.9
2010	89874.2	15989.7	73884.4	17.8	82.2	17.8
2011	109247.8	16514.1	92733.7	15.1	84.9	21.6
2012	125953.0	18764.6	107188.3	14.9	85.1	15.3
2013	140212.1	20471.8	119740.3	14.6	85.4	11.3
2014	151785.6	22570.1	129215.5	14.9	85.1	8.3
2015	175877.8	25542.2	150335.6	14.5	85.5	13.2
2016	187755.2	27403.9	160351.4	14.6	85.4	6.3
2017	203085.5	29857.2	173228.3	14.7	85.3	7.6
2018	220904.1	32707.8	188196.3	14.8	85.2	8.7
2019	238858.4	35115.2	203743.2	14.7	85.3	8.1
2020	245679.0	35095.6	210583.5	14.3	85.7	2.9

注：预算支出中包括国内外债务付息支出。
a) Budget expenditures include the interest payment on domestic and foreign debts.

1-18 分地区一般公共预算收入和支出（2020年）
General Public Budget Revenue and Expenditure by Region (2020)

单位：亿元 (100 million yuan)

地 区	Region	地方一般公共预算收入 General Public Budget Revenue	税收收入 Tax Revenue	非税收入 Non-tax Revenue	地方一般公共预算支出 General Public Budget Expenditure
地方合计	**Region Total**	**100143.2**	**74668.1**	**25475.1**	**210583.5**
北 京	Beijing	5483.9	4643.9	840.0	7116.2
天 津	Tianjin	1923.1	1500.1	423.0	3151.4
河 北	Hebei	3826.5	2527.3	1299.2	9022.8
山 西	Shanxi	2296.6	1626.0	670.6	5110.9
内蒙古	Inner Mongolia	2051.2	1457.8	593.4	5270.2
辽 宁	Liaoning	2655.8	1879.1	776.7	6014.2
吉 林	Jilin	1085.0	771.9	313.1	4127.2
黑龙江	Heilongjiang	1152.5	811.9	340.6	5449.4
上 海	Shanghai	7046.3	5841.9	1204.4	8102.1
江 苏	Jiangsu	9059.0	7413.9	1645.1	13681.6
浙 江	Zhejiang	7248.2	6261.7	986.5	10082.0
安 徽	Anhui	3216.0	2199.5	1016.5	7473.6
福 建	Fujian	3079.0	2184.7	894.3	5216.1
江 西	Jiangxi	2507.5	1701.9	805.6	6674.1
山 东	Shandong	6559.9	4757.6	1802.3	11233.5
河 南	Henan	4168.8	2764.7	1404.1	10372.7
湖 北	Hubei	2511.5	1923.4	588.1	8442.9
湖 南	Hunan	3008.7	2058.0	950.7	8403.1
广 东	Guangdong	12923.8	9881.9	3041.9	17430.8
广 西	Guangxi	1716.9	1113.2	603.7	6179.5
海 南	Hainan	816.1	559.8	256.2	1972.5
重 庆	Chongqing	2094.9	1430.7	664.1	4893.9
四 川	Sichuan	4260.9	2967.2	1293.7	11198.5
贵 州	Guizhou	1786.8	1086.0	700.8	5739.5
云 南	Yunnan	2116.7	1453.1	663.6	6974.0
西 藏	Tibet	221.0	143.2	77.7	2210.9
陕 西	Shaanxi	2257.3	1752.1	505.2	5930.3
甘 肃	Gansu	874.6	567.9	306.6	4163.4
青 海	Qinghai	298.0	213.3	84.7	1932.8
宁 夏	Ningxia	419.4	263.9	155.6	1480.4
新 疆	Xinjiang	1477.2	910.2	567.0	5533.2

1-19 旅游业发展情况
Main Indicators of Tourism

年份 Year	国际旅游收入（亿美元） Earnings from International Tourism (100 million USD)	国内旅游收入（亿元） Earnings from Domestic Tourism (100 million yuan)	国内游客（亿人次） Number of Domestic Visitors (100 million person-times)	入境游客（万人次） Number of Overseas Visitors Arrivals (10 000 person-times)	国内居民出境人数（万人次） Number of Chinese Outbound Visitors (10 000 person-times)	旅行社数（个） Number of Travel Agencies (unit)
2008	408.4	8749.3	17.1	13002.7	4584.4	20110
2009	396.8	10183.7	19.0	12647.6	4765.6	20399
2010	458.1	12579.8	21.0	13376.2	5738.7	22784
2011	484.6	19305.4	26.4	13542.4	7025.0	23690
2012	500.3	22706.2	29.6	13240.5	8318.2	24944
2013	516.6	26276.1	32.6	12907.8	9818.5	26054
2014	569.1	30311.9	36.1	12849.8	11659.3	26650
2015	1136.5	34195.1	40.0	13382.0	12786.0	27621
2016	1200.0	39389.8	44.4	13844.4	13513.0	27939
2017	1234.2	45660.8	50.0	13948.2	14272.7	29717
2018	1271.0	51278.3	55.4	14119.8	16199.3	37309
2019	1312.5	57250.9	60.1	14530.8	16920.5	38943
2020		22286.3	28.8			31074

注：2015年以后，“国际旅游收入”补充完善了停留时间为3-12个月的入境游客花费和游客在华短期旅居的花费，与以前年度不可比。

a) Since 2015, Earnings from International Tourism has supplemented and improved the cost of inbound tourists and short-term tourists for the term of 3-12 months in China, so it is not comparable with the previous year.

1-20 国内旅游情况
Domestic Tourism

年份 Year	国内游客（百万人次） Domestic Visitors (million person-times)	城镇居民 Urban Residents	农村居民 Rural Residents	旅游总花费（亿元） Tourism Expenditure (100 million yuan)	城镇居民 Urban Residents	农村居民 Rural Residents	人均花费（元） Per Capita Expenditure (yuan)	城镇居民 Urban Residents	农村居民 Rural Residents
2008	1712	703	1009	8749.3	5971.7	2777.6	511.0	849.4	275.3
2009	1902	903	999	10183.7	7233.8	2949.9	535.4	801.1	295.3
2010	2103	1065	1038	12579.8	9403.8	3176.0	598.2	883.0	306.0
2011	2641	1687	954	19305.4	14808.6	4496.8	731.0	877.8	471.4
2012	2957	1933	1024	22706.2	17678.0	5028.2	767.9	914.5	491.0
2013	3262	2186	1076	26276.1	20692.6	5583.5	805.5	946.6	518.9
2014	3611	2483	1128	30311.9	24219.8	6092.1	839.7	975.4	540.2
2015	3990	2802	1188	34195.1	27610.9	6584.2	857.0	985.5	554.2
2016	4435	3195	1240	39389.8	32241.9	7147.9	888.2	1009.1	576.4
2017	5001	3677	1324	45660.8	37673.0	7987.7	913.0	1024.6	603.3
2018	5539	4119	1420	51278.3	42590.0	8688.3	925.8	1034.0	611.9
2019	6006	4471	1535	57250.9	47509.0	9741.9	953.3	1062.6	634.7
2020	2879	2065	814	22286.3	17966.5	4319.8	774.1	870.3	530.5

1-21 分地区接待入境过夜游客
Number of Overnight Inbound Visitor Arrivals by Region

单位：万人次 (10 000 person-times)

地区	Region	2015 总计 Total	2015 #外国人 Foreigners	2016 总计 Total	2016 #外国人 Foreigners	2017 总计 Total	2017 #外国人 Foreigners
北京	Beijing	420.0	357.6	416.5	354.8	392.6	332.0
天津	Tianjin	78.5	69.0	82.4	71.9	79.2	68.5
河北	Hebei	76.6	59.9	83.8	66.0	91.0	70.4
山西	Shanxi	59.4	38.0	63.0	40.4	67.0	43.5
内蒙古	Inner Mongolia	160.8	153.4	177.9	168.2	184.8	175.7
辽宁	Liaoning	264.0	204.6	273.7	212.2	278.9	217.1
吉林	Jilin	148.1	129.2	162.0	142.2	148.4	128.3
黑龙江	Heilongjiang	83.5	78.7	95.7	90.9	103.9	98.5
上海	Shanghai	653.6	540.7	690.4	572.6	719.3	589.5
江苏	Jiangsu	305.0	200.8	329.8	218.0	370.1	241.8
浙江	Zhejiang	459.0	334.0	525.6	387.3	589.1	430.1
安徽	Anhui	291.1	171.2	313.4	184.5	351.1	205.3
福建	Fujian	332.7	133.7	611.5	254.1	691.7	292.9
江西	Jiangxi	155.9	44.9	164.8	49.8	174.7	57.1
山东	Shandong	312.2	226.4	328.8	237.7	440.5	316.1
河南	Henan	135.3	84.4	149.9	95.8	155.9	99.7
湖北	Hubei	311.8	239.8	337.6	254.7	368.1	278.0
湖南	Hunan	226.1	118.2	240.8	127.4	322.3	155.5
广东	Guangdong	3450.4	783.6	3507.2	909.5	3654.5	864.8
广西	Guangxi	450.4	239.2	482.5	252.0	512.4	255.4
海南	Hainan	60.8	35.6	74.9	47.0	112.0	78.7
重庆	Chongqing	148.1	99.0	180.9	119.0	224.9	136.2
四川	Sichuan	273.2	193.4	308.8	219.2	336.2	241.3
贵州	Guizhou	68.6	29.9	72.3	31.9	32.4	13.5
云南	Yunnan	570.1	420.0	600.4	450.7	667.7	507.5
西藏	Tibet	29.3	14.3	32.2	21.1	34.4	26.9
陕西	Shaanxi	293.0	194.2	338.2	228.5	383.7	262.1
甘肃	Gansu	5.5	3.2	7.2	4.0	7.9	4.2
青海	Qinghai	6.5	4.5	7.0	5.0	7.0	5.7
宁夏	Ningxia	3.7	1.8	5.1	2.4	6.5	3.3
新疆	Xinjiang	53.1	45.9	58.2	51.6	77.4	67.2

1-21 续表 continued

单位：万人次 (10 000 person-times)

地 区	Region	2018 总计 Total	2018 #外国人 Foreigners	2019 总计 Total	2019 #外国人 Foreigners
北 京	Beijing	400.4	339.8	376.9	320.7
天 津	Tianjin	59.0	55.9	56.1	50.8
河 北	Hebei	98.9	74.5	97.1	73.6
山 西	Shanxi	71.3	46.6	76.2	49.8
内蒙古	Inner Mongolia	188.1	178.8	195.8	186.6
辽 宁	Liaoning	287.7	229.8	294.1	236.9
吉 林	Jilin	143.8	123.8	136.6	121.1
黑龙江	Heilongjiang	109.2	104.1	110.7	99.3
上 海	Shanghai	742.0	602.0	734.7	599.2
江 苏	Jiangsu	400.9	264.7	399.5	266.5
浙 江	Zhejiang	456.8	323.4	467.1	329.8
安 徽	Anhui	370.8	218.8	379.7	210.7
福 建	Fujian	513.5	218.3	566.0	240.0
江 西	Jiangxi	191.8	57.2	197.2	61.1
山 东	Shandong	422.0	306.2	404.2	294.4
河 南	Henan	167.3	105.0	180.4	113.8
湖 北	Hubei	405.1	307.0	450.0	349.9
湖 南	Hunan	365.1	178.7	467.0	250.1
广 东	Guangdong	3748.1	862.4	3731.4	857.0
广 西	Guangxi	562.3	270.2	624.0	294.8
海 南	Hainan	126.4	89.7	143.6	107.9
重 庆	Chongqing	280.0	159.0	297.1	169.7
四 川	Sichuan	369.8	276.5	414.8	313.1
贵 州	Guizhou	39.7	17.5	47.2	23.5
云 南	Yunnan	706.1	549.9	739.0	586.5
西 藏	Tibet	47.6	24.2	54.2	36.9
陕 西	Shaanxi	437.1	307.3	465.7	329.6
甘 肃	Gansu	10.0	5.7	19.8	11.4
青 海	Qinghai	6.9	5.4	7.3	4.7
宁 夏	Ningxia	8.8	3.4	12.7	3.6
新 疆	Xinjiang	99.3	85.6	34.7	25.8

1-22 分地区国际旅游收入
Earnings from International Tourism by Region

单位：百万美元 (USD million)

地 区	Region	2012	2013	2014	2015	2016	2017	2018	2019
北 京	Beijing	5149.0	4794.7	4608.0	4605.0	5070.0	5129.8	5516.4	5192.5
天 津	Tianjin	2226.4	2591.3	2992.1	3298.1	3556.9	3751.5	1109.9	1182.5
河 北	Hebei	544.9	585.8	534.2	501.9	552.4	578.7	646.7	740.2
山 西	Shanxi	720.2	822.7	280.7	297.1	317.4	350.1	378.0	410.0
内蒙古	Inner Mongolia	772.0	962.3	1003.0	962.5	1139.0	1245.6	1272.1	1340.1
辽 宁	Liaoning	3263.7	3477.1	1618.0	1636.5	1823.9	1778.1	1739.6	1739.0
吉 林	Jilin	494.8	552.4	583.9	724.1	791.2	765.8	685.9	615.0
黑龙江	Heilongjiang	835.5	604.4	563.6	395.3	458.1	479.6	537.1	645.9
上 海	Shanghai	5493.2	5244.7	5601.9	5860.4	6419.2	6698.7	7261.4	8243.5
江 苏	Jiangsu	6299.7	2379.9	3032.7	3527.3	3803.6	4194.7	4648.4	4743.6
浙 江	Zhejiang	5151.7	5392.9	5753.5	6788.5	3127.6	3586.4	2595.8	2668.2
安 徽	Anhui	1562.7	1660.4	1840.3	2262.9	2542.4	2880.8	3187.6	3387.7
福 建	Fujian	4225.7	4573.4	4911.8	5561.4	6625.7	7588.0	2828.2	3398.5
江 西	Jiangxi	484.7	525.1	556.9	567.0	584.5	629.9	745.4	865.4
山 东	Shandong	2923.7	2731.2	2330.1	2896.5	3063.4	3174.0	3292.8	3413.1
河 南	Henan	611.4	660.0	538.4	623.6	646.5	661.6	723.2	947.0
湖 北	Hubei	1203.0	1218.9	1238.5	1671.9	1872.4	2104.7	2379.7	2654.2
湖 南	Hunan	928.4	822.7	800.0	857.7	1004.6	1295.4	1520.4	2250.9
广 东	Guangdong	15610.7	16278.1	17106.4	17884.7	18577.1	19960.4	20511.7	20521.3
广 西	Guangxi	1278.9	1547.3	1572.1	1916.9	2164.3	2395.6	2777.7	3511.3
海 南	Hainan	348.0	337.5	268.6	248.5	349.9	681.0	770.5	972.4
重 庆	Chongqing	1168.3	1268.3	1354.4	1468.6	1686.8	1947.6	2189.9	2524.8
四 川	Sichuan	798.2	764.8	857.7	1180.9	1581.7	1446.5	1511.7	2023.8
贵 州	Guizhou	168.9	201.4	188.8	231.3	252.7	283.3	317.6	345.0
云 南	Yunnan	1947.1	2418.2	2420.7	2875.5	3074.8	3550.3	4418.0	5147.4
西 藏	Tibet	105.7	127.9	144.7	176.7	194.4	197.5	247.1	279.1
陕 西	Shaanxi	1597.5	1676.2	1768.7	2000.2	2338.6	2704.4	3126.7	3367.7
甘 肃	Gansu	22.4	20.4	10.2	14.2	19.1	20.9	28.3	59.1
青 海	Qinghai	24.3	19.4	24.7	38.8	44.2	38.3	36.1	33.4
宁 夏	Ningxia	5.5	12.1	18.5	20.8	40.6	37.6	55.9	69.3
新 疆	Xinjiang	550.6	585.0	497.0	555.9	518.7	810.8	946.4	454.0

2

文化及相关产业发展情况

Development of Culture and Related Industries

2-1-1 文化及相关产业增加值及占GDP比重
Value-added of Cultural and Related Industries and Its Percentage in GDP

年 份 Year	增加值 (亿元) Value-added (100 million yuan)	占GDP比重 (%) as Percentage of GDP (%)
2004	3440	2.13
2005	4253	2.27
2006	5123	2.33
2007	6455	2.39
2008	7630	2.39
2009	8786	2.52
2010	11052	2.68
2011	13479	2.76
2012	18071	3.36
2013	21870	3.69
2014	24538	3.81
2015	27235	3.95
2016	30785	4.12
2017	35427	4.26
2018	41171	4.48
2019	44363	4.50

注：1.2004-2011年按2004年颁布的《文化及相关产业分类》测算，2012-2016年按《文化及相关产业分类(2012)》测算，2017-2019年按《文化及相关产业分类(2018)》测算。下表同。

2.2009-2012年仅包括法人单位数据，其他年份为包括个体经营户在内的全口径数据。

a) Data of 2004-2011 are caculated according to the scope of Classification of Cultural and Related Industries issued in 2004, and data of 2012-2016 are calculated accoring to Classfication of Cultural and Relate Industries (2012),and data of 2017-2019 are calculated according to Classfication of Cultural and Relate Industries (2018).The same applies to the following table.

b) Data of 2009-2012 only include legal entities. Data of other years are calculateal of the full aperture data, including individual enterprises.

2-1-2 分地区文化及相关产业增加值及占GDP比重(2019年)
Regional Value-added of Cultural and Related Industries and Its Percentage in GDP (2019)

地 区	Region	增加值(亿元) Value-added (100 million yuan)	占GDP比重(%) as Percentage of GDP (%)
北 京	Beijing	3318	9.36
天 津	Tianjin	502	3.57
河 北	Hebei	930	2.66
山 西	Shanxi	387	2.28
内蒙古	Inner Mongolia	383	2.23
辽 宁	Liaoning	637	2.56
吉 林	Jilin	143	1.22
黑龙江	Heilongjiang	213	1.58
上 海	Shanghai	2302	6.06
江 苏	Jiangsu	4834	4.90
浙 江	Zhejiang	4247	6.80
安 徽	Anhui	1665	4.52
福 建	Fujian	2161	5.11
江 西	Jiangxi	987	4.00
山 东	Shandong	2675	3.79
河 南	Henan	2251	4.19
湖 北	Hubei	1929	4.25
湖 南	Hunan	2024	5.07
广 东	Guangdong	6227	5.77
广 西	Guangxi	501	2.36
海 南	Hainan	177	3.32
重 庆	Chongqing	967	4.10
四 川	Sichuan	1844	3.98
贵 州	Guizhou	461	2.75
云 南	Yunnan	692	2.98
西 藏	Tibet	83	4.89
陕 西	Shaanxi	721	2.80
甘 肃	Gansu	189	2.17
青 海	Qinghai	53	1.81
宁 夏	Ningxia	102	2.71
新 疆	Xinjiang	277	2.03

2-1-3 分地区文化及相关产业法人单位主要指标(2004年)

Statistics on Corporate Units Engaged in Cultural and Related Industries by Region (2004)

行业 地区	Sector Region	法人单位数(万个) Number of Corporate Units (10 000 units)	从业人员(万人) Number of Employed Persons (10 000 persons)	资产总计(亿元) Total Assets (100 million yuan)
全　国	**National Total**	**31.79**	**873.26**	**18316.6**
文化制造业	Culture-Related Manufacturing Industry	6.89	500.29	7862.6
文化批发和零售业	Culture-Related Wholesale and Retail Industry	5.11	71.50	2778.2
文化服务业	Culture-Related Service Industry	19.79	301.47	7675.9
北　京	Beijing	3.03	55.51	2942.4
天　津	Tianjin	0.58	15.10	389.8
河　北	Hebei	0.71	25.53	360.5
山　西	Shanxi	0.57	14.42	142.9
内蒙古	Inner Mongolia	0.32	10.11	78.1
辽　宁	Liaoning	1.20	28.25	551.0
吉　林	Jilin	0.41	12.29	155.4
黑龙江	Heilongjiang	0.45	15.94	190.2
上　海	Shanghai	3.00	50.12	1747.5
江　苏	Jiangsu	2.66	71.57	1349.8
浙　江	Zhejiang	3.13	79.22	1523.3
安　徽	Anhui	0.68	21.61	286.7
福　建	Fujian	1.27	48.33	675.0
江　西	Jiangxi	0.50	15.69	162.0
山　东	Shandong	1.72	75.17	1268.3
河　南	Henan	0.93	36.93	366.2
湖　北	Hubei	0.74	24.88	369.7
湖　南	Hunan	0.75	25.76	438.6
广　东	Guangdong	3.63	231.14	3428.6
广　西	Guangxi	0.80	19.14	226.9
海　南	Hainan	0.18	4.62	152.8
重　庆	Chongqing	0.43	14.26	204.3
四　川	Sichuan	1.57	36.97	729.5
贵　州	Guizhou	0.30	7.69	74.4
云　南	Yunnan	0.61	14.66	240.5
西　藏	Tibet	0.03	1.50	8.5
陕　西	Shaanxi	0.58	16.35	229.0
甘　肃	Gansu	0.37	8.50	78.1
青　海	Qinghai	0.10	2.93	16.3
宁　夏	Ningxia	0.14	3.88	61.8
新　疆	Xinjiang	0.39	8.30	104.2

注：本表数据根据第一次全国经济普查数据测算。
a) Data in the table above are based on the first National Economic Census.

2-1-3 续表 continued

行业 地区	Sector Region	营业收入(亿元) Business Revenue (100 million yuan)	#主营业务收入 Revenue from Principal Business	法人单位增加值(亿元) Value-added of Corporate Units (100 million yuan)	占GDP比重(%) as Percentage of GDP (%)
全 国	**National Total**	**16561.5**	**16225.2**	**3101.7**	**1.94**
文化制造业	Culture-Related Manufacturing Industry	8911.2	8720.0	1480.7	0.93
文化批发和零售业	Culture-Related Wholesale and Retail Industry	4227.0	4169.2	327.8	0.21
文化服务业	Culture-Related Service Industry	3423.3	3336.0	1293.1	0.81
北 京	Beijing	1749.2		385.9	6.37
天 津	Tianjin	331.4		62.1	2.00
河 北	Hebei	256.2		75.0	0.89
山 西	Shanxi	107.7		36.4	1.02
内蒙古	Inner Mongolia	85.7		32.3	1.07
辽 宁	Liaoning	406.3		89.6	1.34
吉 林	Jilin	102.2		40.6	1.30
黑龙江	Heilongjiang	139.2		47.8	1.01
上 海	Shanghai	1782.3		269.5	3.34
江 苏	Jiangsu	1570.4		258.6	1.72
浙 江	Zhejiang	1366.6		273.1	2.34
安 徽	Anhui	217.3		55.5	1.17
福 建	Fujian	727.7		137.6	2.39
江 西	Jiangxi	130.1		42.0	1.22
山 东	Shandong	1628.6		286.9	1.91
河 南	Henan	381.3		101.4	1.19
湖 北	Hubei	231.1		71.3	1.27
湖 南	Hunan	318.9		108.8	1.93
广 东	Guangdong	4286.2		698.9	3.70
广 西	Guangxi	163.0		51.1	1.49
海 南	Hainan	51.7		13.4	1.68
重 庆	Chongqing	163.5		37.6	1.40
四 川	Sichuan	484.5		85.4	1.34
贵 州	Guizhou	58.7		24.1	1.43
云 南	Yunnan	157.3		47.3	1.54
西 藏	Tibet	4.6		4.6	2.08
陕 西	Shaanxi	151.6		45.7	1.44
甘 肃	Gansu	50.5		18.1	1.07
青 海	Qinghai	11.2		5.1	1.09
宁 夏	Ningxia	33.7		9.8	1.82
新 疆	Xinjiang	65.1		24.6	1.09

2-1-4 分地区文化及相关产业法人单位主要指标(2008年)

Statistics on Corporate Units Engaged in Cultural and Related Industries by Region (2008)

行业 地区	Sector Region	法人单位数 (万个) Number of Corporate Units (10 000 units)	从业人员 (万人) Number of Employed Persons (10 000 persons)	资产总计 (亿元) Total Assets (100 million yuan)
全　国	**National Total**	**46.08**	**1008.22**	**27486.6**
文化制造业	Culture-Related Manufacturing Industry	8.88	508.14	10438.2
文化批发和零售业	Culture-Related Wholesale and Retail Industry	5.53	63.59	3177.4
文化服务业	Culture-Related Service Industry	31.66	436.49	13870.9
北　京	Beijing	3.77	58.20	3584.9
天　津	Tianjin	0.91	15.71	918.2
河　北	Hebei	1.22	24.10	475.2
山　西	Shanxi	0.84	13.45	207.0
内蒙古	Inner Mongolia	0.60	9.84	167.8
辽　宁	Liaoning	1.79	27.46	687.1
吉　林	Jilin	0.67	12.89	307.0
黑龙江	Heilongjiang	0.74	13.52	258.6
上　海	Shanghai	2.90	47.37	2261.1
江　苏	Jiangsu	3.72	78.24	2084.9
浙　江	Zhejiang	4.43	87.16	2694.2
安　徽	Anhui	1.30	23.11	447.7
福　建	Fujian	1.80	45.65	1092.2
江　西	Jiangxi	0.69	19.68	349.6
山　东	Shandong	3.38	77.45	1895.3
河　南	Henan	1.62	39.97	618.7
湖　北	Hubei	1.69	25.31	465.0
湖　南	Hunan	1.57	27.48	592.0
广　东	Guangdong	4.91	240.33	5413.3
广　西	Guangxi	1.14	19.56	363.9
海　南	Hainan	0.25	4.76	242.7
重　庆	Chongqing	0.91	12.91	275.2
四　川	Sichuan	1.87	28.29	943.4
贵　州	Guizhou	0.46	6.41	105.9
云　南	Yunnan	0.77	13.27	353.2
西　藏	Tibet	0.05	0.96	18.7
陕　西	Shaanxi	0.88	16.72	354.9
甘　肃	Gansu	0.41	7.39	88.4
青　海	Qinghai	0.12	2.06	19.7
宁　夏	Ningxia	0.16	2.64	84.3
新　疆	Xinjiang	0.51	6.31	116.6

注：本表数据根据第二次全国经济普查数据测算。

a) Data in the table above are based on the second National Economic Census.

2-1-4 续表 continued

行 业 地 区	Sector Region	营业收入(亿元) Business Revenue (100 million yuan)	#主营业务收入 Revenue from Principal Business	法人单位增加值(亿元) Value-added of Corporate Units (100 million yuan)	占GDP比重(%) as Percentage of GDP (%)
全 国	**National Total**	**27244.3**	**26802.2**	**7166**	**2.28**
文化制造业	Culture-Related Manufacturing Industry	14477.6	14201.3	2944.8	0.94
文化批发和零售业	Culture-Related Wholesale and Retail Industry	4504.1	4454.5	526.7	0.17
文化服务业	Culture-Related Service Industry	8262.6	8146.3	3694.6	1.18
北 京	Beijing	2678.0	2634.6	641.4	5.77
天 津	Tianjin	549.3	545.5	92.4	1.38
河 北	Hebei	359.0	355.8	122.4	0.76
山 西	Shanxi	115.7	114.1	72.1	0.99
内蒙古	Inner Mongolia	275.4	273.1	111.2	1.31
辽 宁	Liaoning	688.5	672.1	179.7	1.31
吉 林	Jilin	222.8	220.6	108.9	1.69
黑龙江	Heilongjiang	235.1	231.3	104.1	1.25
上 海	Shanghai	2459.9	2429.1	378.4	2.69
江 苏	Jiangsu	2551.5	2523.0	644.8	2.08
浙 江	Zhejiang	2334.2	2294.1	529.7	2.47
安 徽	Anhui	376.8	371.5	117.8	1.33
福 建	Fujian	1039.4	1029.7	296.5	2.74
江 西	Jiangxi	398.7	396.1	159.2	2.28
山 东	Shandong	2547.0	2453.4	651.0	2.10
河 南	Henan	767.1	759.3	249.7	1.39
湖 北	Hubei	383.8	376.2	158.9	1.40
湖 南	Hunan	611.0	607.0	283.9	2.46
广 东	Guangdong	6565.2	6469.0	1545.0	4.20
广 西	Guangxi	266.5	259.4	99.4	1.42
海 南	Hainan	82.5	81.8	21.7	1.45
重 庆	Chongqing	288.0	284.1	103.8	1.79
四 川	Sichuan	719.4	709.5	182.5	1.45
贵 州	Guizhou	77.8	75.7	26.6	0.75
云 南	Yunnan	224.6	216.3	77.2	1.36
西 藏	Tibet	5.6	5.5	8.7	2.21
陕 西	Shaanxi	235.5	232.6	116.0	1.59
甘 肃	Gansu	57.2	55.1	28.9	0.91
青 海	Qinghai	12.8	12.5	10.3	1.01
宁 夏	Ningxia	35.6	35.3	13.8	1.14
新 疆	Xinjiang	80.6	78.8	30.1	0.72

2-1-5 分地区文化及相关产业法人单位主要指标(2013年)
Statistics on Corporate Units Engaged in Cultural and Related Industries by Region (2013)

行业 地区	Sector Region	法人单位数(万个) Number of Corporate Units (10 000 units)	从业人员(万人) Number of Employed Persons (10 000 persons)	资产总计(亿元) Total Assets (100 million yuan)	营业收入(亿元) Business Revenue (100 million yuan)	#主营业务收入 Revenue from Principal Business
全国	**National Total**	**91.85**	**1760.0**	**95422.1**	**83743.4**	**82611.0**
文化制造业	Culture-Related Manufacturing Industry	16.25	805.5	32478.1	43501.9	42916.3
文化批发和零售业	Culture-Related Wholesale and Retail Industry	13.99	146.1	12290.0	18479.6	18336.7
文化服务业	Culture-Related Service Industry	61.61	808.4	50654.0	21762.0	21358.0
北京	Beijing	9.78	94.2	9295.8	6408.5	6319.9
天津	Tianjin	1.99	36.0	3749.3	2287.6	2256.4
河北	Hebei	2.88	48.5	1869.9	1575.2	1556.3
山西	Shanxi	1.42	21.1	718.4	306.1	301.6
内蒙古	Inner Mongolia	0.94	13.9	558.9	346.3	337.4
辽宁	Liaoning	2.66	38.1	1737.6	1507.4	1492.0
吉林	Jilin	0.79	13.2	481.8	271.4	266.3
黑龙江	Heilongjiang	0.97	14.6	405.4	274.5	270.6
上海	Shanghai	3.86	71.0	7703.2	7763.2	7681.0
江苏	Jiangsu	9.49	193.1	11884.4	11101.8	10952.1
浙江	Zhejiang	8.57	134.3	8335.7	6580.7	6488.7
安徽	Anhui	3.51	51.1	2290.7	2251.6	2234.7
福建	Fujian	3.42	77.3	2666.8	3037.6	3010.6
江西	Jiangxi	1.60	50.9	1424.2	1793.3	1783.6
山东	Shandong	5.92	130.1	9411.5	8078.0	7949.7
河南	Henan	3.51	84.8	3047.4	2839.6	2817.0
湖北	Hubei	3.37	49.1	3207.3	1930.5	1903.5
湖南	Hunan	3.60	93.2	2710.5	3480.0	3426.0
广东	Guangdong	10.43	332.4	13550.4	15030.2	14793.8
广西	Guangxi	1.75	29.5	808.8	733.3	723.1
海南	Hainan	0.36	6.0	899.7	217.4	209.7
重庆	Chongqing	2.11	32.2	1792.5	1830.4	1815.2
四川	Sichuan	2.63	48.8	2653.0	2021.3	1994.1
贵州	Guizhou	0.99	13.1	701.6	259.8	251.3
云南	Yunnan	1.42	21.6	1052.2	521.7	505.3
西藏	Tibet	0.08	1.7	41.2	23.1	22.7
陕西	Shaanxi	1.71	27.9	1476.8	751.1	741.5
甘肃	Gansu	0.89	13.8	346.3	169.5	164.1
青海	Qinghai	0.22	4.1	187.4	144.5	143.3
宁夏	Ningxia	0.28	4.1	165.5	53.0	48.7
新疆	Xinjiang	0.73	10.1	248.0	154.8	150.7

注：本表数据来自第三次全国经济普查。

a) Data in the table above are based on the third National Economic Census.

2-1-6 分地区文化及相关产业法人单位主要指标(2018年)
Statistics on Corporate Units Engaged in Cultural and Related Industries by Region (2018)

行 业 地 区	Sector Region	法人单位数(万个) Number of Corporate Units (10 000 units)	从业人员(万人) Number of Employed Persons (10 000 persons)	资产总计(亿元) Total Assets (100 million yuan)	营业收入(亿元) Business Revenue (100 million yuan)	#主营业务收入 Revenue from Principal Business
全 国	**National Total**	**210.31**	**2055.8**	**225785.8**	**130185.7**	**95382.6**
文化制造业	Culture-Related Manufacturing Industry	21.99	662.0	41981.7	46300.0	38953.1
文化批发和零售业	Culture-Related Wholesale and Retail Industry	30.94	180.1	19961.6	27789.5	20382.9
文化服务业	Culture-Related Service Industry	157.38	1213.7	163842.5	56096.2	36046.6
北 京	Beijing	15.07	121.5	27169.0	13454.8	10824.9
天 津	Tianjin	2.31	20.1	4345.2	2218.8	1874.8
河 北	Hebei	9.08	58.1	4521.1	1654.3	983.0
山 西	Shanxi	4.02	23.2	1712.0	416.6	212.7
内蒙古	Inner Mongolia	2.29	12.7	1363.0	222.5	92.8
辽 宁	Liaoning	4.40	31.6	2971.0	1147.0	740.6
吉 林	Jilin	1.35	11.3	1416.8	271.0	181.3
黑龙江	Heilongjiang	1.82	12.5	871.5	285.6	128.0
上 海	Shanghai	4.47	68.9	14154.9	11080.2	8787.6
江 苏	Jiangsu	21.15	233.5	30900.4	15927.2	11694.7
浙 江	Zhejiang	15.44	140.3	18736.7	12237.3	9052.4
安 徽	Anhui	8.13	68.2	5960.9	3949.0	2649.0
福 建	Fujian	7.49	106.1	5226.6	5939.9	4327.6
江 西	Jiangxi	3.76	53.4	3275.5	2321.7	1600.1
山 东	Shandong	15.88	142.0	15935.8	9102.6	6347.7
河 南	Henan	11.71	123.7	6068.6	4447.0	2245.6
湖 北	Hubei	9.37	98.4	9887.6	5320.7	3597.6
湖 南	Hunan	6.15	90.0	5600.3	4342.1	3300.2
广 东	Guangdong	29.74	336.6	27504.9	22424.3	18217.7
广 西	Guangxi	4.07	29.2	1989.0	756.6	485.7
海 南	Hainan	1.13	8.6	3617.5	466.6	313.6
重 庆	Chongqing	6.05	55.8	5962.5	3137.8	1952.5
四 川	Sichuan	7.41	72.3	8398.9	4206.3	3165.2
贵 州	Guizhou	3.28	26.5	4985.7	790.1	364.3
云 南	Yunnan	4.35	31.4	3628.1	1163.4	735.4
西 藏	Tibet	0.31	3.3	487.0	223.0	11.2
陕 西	Shaanxi	5.19	42.9	5376.4	1594.5	1044.2
甘 肃	Gansu	1.94	13.4	1332.6	227.5	109.3
青 海	Qinghai	0.67	4.3	334.9	99.8	60.5
宁 夏	Ningxia	0.53	4.6	362.4	90.6	49.5
新 疆	Xinjiang	1.76	11.4	1688.9	666.9	233.1

注：本表数据来自第四次全国经济普查。

a) Data in the table above are based on the fourth National Economic Census.

2-2　按类别分文化及相关产业固定资产投资增速(2020年)
Growth Rate of Investment in Fixed Assets of Cultural and Related Industries by Category(2020)

单位：%　　　　(%)

类　　别	Category	增速 Growth Rate
合　　计	**Total**	**-5.3**
新闻信息服务	News Information Service	-17.8
内容创作生产	Creation and Manufacture of Content	-2.5
创意设计服务	Services of Creative Design	-4.6
文化传播渠道	Cultural Diffusion Channel	-6.0
文化投资运营	Investment and Operation of Culture	12.0
文化娱乐休闲服务	Culture Leisure and Entertainment	-8.8
文化辅助生产和中介服务	Supplementary Manufacture of Culture and Intermediary Services	-14.3
文化装备生产	Manufacture of Culture Equipment	12.2
文化消费终端生产	Manufacture of Culture Consumption Endpoint	-9.7

2-3-1 居民人均可支配收入与文化娱乐消费支出
Per Capita Disposable Income and Consumption Expenditure on Culture and Recreation of Households

单位：元，% (yuan, %)

指　　标	Item	2016	2017	2018	2019	2020
全国居民	**Nationwide Households**					
人均可支配收入	Per Capita Disposable Income	23821.0	25973.8	28228.0	30732.8	32188.8
人均消费支出	Per Capita Consumption Expenditure	17110.7	18322.1	19853.1	21558.9	21209.9
#文化娱乐	Cultural and Recreation	800.0	849.6	827.4	848.6	569.0
文化娱乐占消费支出比重	Expenditure on Culture and Recreation as Percentage of Consumption Expenditure	4.7	4.6	4.2	3.9	2.7
城镇居民	**Urban Households**					
人均可支配收入	Per Capita Disposable Income	33616.2	36396.2	39250.8	42358.8	43833.8
人均消费支出	Per Capita Consumption Expenditure	23078.9	24445.0	26112.3	28063.4	27007.4
#文化娱乐	Cultural and Recreation	1268.7	1338.7	1270.7	1290.6	821.8
文化娱乐占消费支出比重	Expenditure on Culture and Recreation as Percentage of Consumption Expenditure	5.5	5.5	4.9	4.6	3.0
农村居民	**Rural Households**					
人均可支配收入	Per Capita Disposable Income	12363.4	13432.4	14617.0	16020.7	17131.5
人均消费支出	Per Capita Consumption Expenditure	10129.8	10954.5	12124.3	13327.7	13713.4
#文化娱乐	Culture and Recreation	251.8	261.0	280.0	289.1	242.2
文化娱乐占消费支出比重	Expenditure on Culture and Recreation as Percentage of Consumption Expenditure	2.5	2.4	2.3	2.2	1.8

2-3-2 分地区全国居民人均文化娱乐消费支出
Per Capita Consumption Expenditure on Culture and Recreation of Nationwide Households by Region

单位：元 (yuan)

地 区	Region	2016	2017	2018	2019	2020
全 国	**National Total**	**800.0**	**849.6**	**827.4**	**848.6**	**569.0**
北 京	Beijing	2351.4	2394.7	2191.6	2272.1	1217.8
天 津	Tianjin	1173.0	1337.2	1522.2	1579.0	833.5
河 北	Hebei	555.6	606.0	620.5	655.7	467.6
山 西	Shanxi	546.8	634.7	617.6	667.5	390.9
内蒙古	Inner Mongolia	851.4	924.9	737.8	742.1	543.9
辽 宁	Liaoning	980.9	1014.4	1101.0	1056.3	586.4
吉 林	Jilin	656.2	655.9	675.3	663.0	432.7
黑龙江	Heilongjiang	535.8	584.4	602.8	609.7	397.5
上 海	Shanghai	2638.2	3008.5	2786.3	2898.0	1468.8
江 苏	Jiangsu	1311.8	1399.4	1100.2	1119.9	679.5
浙 江	Zhejiang	1209.2	1190.5	1258.9	1366.8	866.9
安 徽	Anhui	511.7	544.0	552.6	606.1	456.2
福 建	Fujian	770.1	735.2	767.3	788.6	480.0
江 西	Jiangxi	538.0	571.5	632.2	576.0	444.6
山 东	Shandong	708.3	656.2	718.9	786.9	779.4
河 南	Henan	537.1	542.0	511.4	539.2	353.9
湖 北	Hubei	589.7	688.8	691.4	734.1	422.7
湖 南	Hunan	915.2	1111.0	1130.2	1039.8	726.1
广 东	Guangdong	1153.0	1207.2	1114.0	1216.3	779.5
广 西	Guangxi	441.7	451.7	523.5	494.6	352.9
海 南	Hainan	413.1	455.6	530.4	512.1	353.4
重 庆	Chongqing	681.4	768.2	764.4	790.3	635.5
四 川	Sichuan	625.9	716.4	663.5	642.1	478.7
贵 州	Guizhou	519.5	554.5	477.2	484.0	365.6
云 南	Yunnan	540.5	584.9	552.1	549.6	418.7
西 藏	Tibet	151.7	156.9	200.4	199.7	158.5
陕 西	Shaanxi	686.6	669.8	704.5	691.5	435.2
甘 肃	Gansu	485.8	519.5	520.3	470.4	416.5
青 海	Qinghai	630.0	674.9	585.2	605.9	416.3
宁 夏	Ningxia	652.4	643.8	754.9	767.0	428.9
新 疆	Xinjiang	527.7	486.7	528.9	481.4	296.7

2-3-3 分地区城镇居民人均文化娱乐消费支出
Per Capita Consumption Expenditure on Culture and Recreation of Urban Households by Region

单位：元 (yuan)

地 区	Region	2016	2017	2018	2019	2020
全 国	**National Total**	**1268.7**	**1338.7**	**1270.7**	**1290.6**	**821.8**
北 京	Beijing	2634.8	2687.0	2441.1	2523.1	1335.3
天 津	Tianjin	1352.1	1539.7	1766.5	1834.3	950.9
河 北	Hebei	910.9	999.1	991.6	1032.1	721.1
山 西	Shanxi	893.2	1050.2	996.2	1068.2	592.8
内蒙古	Inner Mongolia	1277.7	1364.6	1066.0	1054.6	730.4
辽 宁	Liaoning	1340.3	1393.4	1517.8	1448.6	742.4
吉 林	Jilin	968.5	966.6	1003.7	980.4	594.8
黑龙江	Heilongjiang	743.5	817.8	869.8	862.0	524.6
上 海	Shanghai	2898.1	3298.1	3038.8	3156.3	1595.0
江 苏	Jiangsu	1733.6	1852.2	1431.3	1474.1	874.8
浙 江	Zhejiang	1636.3	1608.6	1652.1	1781.7	1084.2
安 徽	Anhui	847.2	882.4	829.1	918.8	617.7
福 建	Fujian	1114.6	1042.7	1050.2	1075.0	618.7
江 西	Jiangxi	887.8	946.4	1064.7	895.0	595.3
山 东	Shandong	1098.8	1003.2	1097.6	1196.8	1193.6
河 南	Henan	937.2	960.0	865.0	901.9	553.6
湖 北	Hubei	897.3	1033.5	989.8	1045.5	549.5
湖 南	Hunan	1514.1	1826.0	1870.2	1694.4	1121.4
广 东	Guangdong	1542.4	1601.6	1410.5	1565.2	973.8
广 西	Guangxi	800.6	805.5	914.8	830.3	546.0
海 南	Hainan	622.9	669.4	768.9	730.2	488.4
重 庆	Chongqing	1025.7	1154.8	1133.6	1151.5	890.6
四 川	Sichuan	1159.4	1297.2	1131.2	1017.6	719.0
贵 州	Guizhou	1129.7	1161.3	916.6	884.2	575.5
云 南	Yunnan	1147.3	1266.6	1101.3	1071.9	771.3
西 藏	Tibet	512.4	493.1	582.9	542.8	428.0
陕 西	Shaanxi	1171.5	1133.8	1169.7	1148.1	678.5
甘 肃	Gansu	1001.8	1071.1	1025.7	914.7	776.8
青 海	Qinghai	1120.4	1234.6	1025.8	1036.7	640.5
宁 夏	Ningxia	1064.0	1019.0	1215.0	1226.0	650.5
新 疆	Xinjiang	1017.5	921.3	1013.5	903.1	498.9

2-3-4　分地区农村居民人均文化娱乐消费支出
Per Capita Consumption Expenditure on Culture and Recreation of Rural Households by Region

单位：元　　　　(yuan)

地　区	Region	2016	2017	2018	2019	2020
全　国	**National Total**	**251.8**	**261.0**	**280.0**	**289.1**	**242.2**
北　京	Beijing	546.3	531.7	601.4	672.1	469.1
天　津	Tianjin	346.9	387.2	364.9	369.5	273.1
河　北	Hebei	230.3	232.8	253.9	271.0	201.2
山　西	Shanxi	172.8	175.3	188.9	203.4	151.9
内蒙古	Inner Mongolia	248.3	291.2	256.1	275.5	261.5
辽　宁	Liaoning	289.1	268.6	280.3	281.7	274.1
吉　林	Jilin	283.0	279.7	272.2	268.1	227.3
黑龙江	Heilongjiang	253.8	265.0	234.3	260.1	218.7
上　海	Shanghai	429.0	506.8	569.4	654.3	348.9
江　苏	Jiangsu	556.9	563.9	472.8	433.1	293.6
浙　江	Zhejiang	441.1	415.1	510.2	559.0	435.2
安　徽	Anhui	208.5	228.8	287.4	296.9	292.6
福　建	Fujian	253.4	264.1	324.7	329.2	252.6
江　西	Jiangxi	212.4	211.9	205.1	251.3	286.8
山　东	Shandong	258.9	240.6	246.5	259.0	239.5
河　南	Henan	230.0	210.2	221.3	231.4	179.1
湖　北	Hubei	222.9	267.2	317.1	333.8	256.4
湖　南	Hunan	374.3	440.7	410.1	378.5	315.5
广　东	Guangdong	321.4	355.1	465.9	442.4	339.8
广　西	Guangxi	157.1	165.2	200.2	210.8	186.3
海　南	Hainan	176.2	205.8	242.3	241.8	182.7
重　庆	Chongqing	204.8	214.5	217.1	238.0	233.8
四　川	Sichuan	200.0	238.3	266.5	313.0	261.7
贵　州	Guizhou	150.3	170.4	186.4	208.5	216.5
云　南	Yunnan	147.6	127.5	170.4	174.0	159.2
西　藏	Tibet	36.0	43.6	65.3	74.2	59.3
陕　西	Shaanxi	206.2	197.0	216.6	198.7	165.3
甘　肃	Gansu	148.1	147.1	168.3	149.9	149.6
青　海	Qinghai	182.1	149.8	160.6	178.6	187.6
宁　夏	Ningxia	208.2	230.2	236.8	232.1	166.0
新　疆	Xinjiang	131.8	127.3	119.0	117.4	116.7

2-3-5 分地区居民人均文化娱乐消费支出(2020年)
Per Capita Consumption Expenditure on Culture and Recreation of Households by Region(2020)

单位：元 (yuan)

地 区	Region	全国居民 Nationwide Households		城镇居民 Urban Households		农村居民 Rural Households	
		人均消费支出 Per Capita Consumption Expenditure	#文化娱乐 Culture and Recreation	人均消费支出 Per Capita Consumption Expenditure	#文化娱乐 Culture and Recreation	人均消费支出 Per Capita Consumption Expenditure	#文化娱乐 Culture and Recreation
全 国	**National Total**	**21210**	**569**	**27007**	**822**	**13713**	**242**
北 京	Beijing	38903	1218	41726	1335	20913	469
天 津	Tianjin	28461	833	30895	951	16844	273
河 北	Hebei	18037	468	23167	721	12644	201
山 西	Shanxi	15733	391	20332	593	10290	152
内蒙古	Inner Mongolia	19794	544	23888	730	13594	262
辽 宁	Liaoning	20672	586	24849	742	12311	274
吉 林	Jilin	17318	433	21623	595	11864	227
黑龙江	Heilongjiang	17056	397	20397	525	12360	219
上 海	Shanghai	42536	1469	44839	1595	22095	349
江 苏	Jiangsu	26225	680	30882	875	17022	294
浙 江	Zhejiang	31295	867	36197	1084	21555	435
安 徽	Anhui	18877	456	22683	618	15024	293
福 建	Fujian	25126	480	30487	619	16339	253
江 西	Jiangxi	17955	445	22134	595	13579	287
山 东	Shandong	20940	779	27291	1194	12660	239
河 南	Henan	16143	354	20645	554	12201	179
湖 北	Hubei	19246	423	22885	550	14472	256
湖 南	Hunan	20998	726	26796	1121	14974	316
广 东	Guangdong	28492	779	33511	974	17132	340
广 西	Guangxi	16357	353	20907	546	12431	186
海 南	Hainan	18972	353	23560	488	13169	183
重 庆	Chongqing	21678	636	26464	891	14140	234
四 川	Sichuan	19783	479	25133	719	14953	262
贵 州	Guizhou	14874	366	20587	575	10818	217
云 南	Yunnan	16792	419	24569	771	11069	159
西 藏	Tibet	13225	159	24927	428	8917	59
陕 西	Shaanxi	17418	435	22866	678	11376	165
甘 肃	Gansu	16175	416	24615	777	9923	150
青 海	Qinghai	18284	416	24315	641	12134	188
宁 夏	Ningxia	17506	429	22379	651	11724	166
新 疆	Xinjiang	16512	297	22952	499	10778	117

2-3-6 文化娱乐用品及服务价格指数
Price Indices of Articles and Service for Culture and Recreation

上年=100 (preceding year=100)

年 份 Year	居民消费价格指数 Consumer Price Index	#文娱耐用消费品 Durable Consumer Goods for Cultural and Recreation	#文化娱乐服务 Services for Culture and Recreation	#旅游 Touring
2008	105.9	92.3	101.3	101.1
2009	99.3	90.6	102.5	97.5
2010	103.3	94.3	101.0	104.9
2011	105.4	93.7	101.1	103.8
2012	102.6	94.5	101.3	101.7
2013	102.6	96.3	101.4	104.0
2014	102.0	97.3	101.3	105.0
2015	101.4	98.5	101.8	99.5
2016	102.0	97.3	100.9	102.0
2017	101.6	99.0	100.7	103.6
2018	102.1	98.3	100.8	103.3
2019	102.9	98.7	101.0	101.8
2020	102.5	98.7	99.1	101.1

2-3-7 按城乡分文化娱乐用品及服务价格指数(2020年)
Price Indices of Articles and Service for Culture and Recreation in Urban and Rural Area (2020)

上年=100 (preceding year=100)

项 目	Item	全国 National Indices	城市 Urban Indices	农村 Rural Indices
居民消费价格指数	**Consumer Price Index**	**102.5**	**102.3**	**103.0**
#文化娱乐	Culture and Recreation	100.1	100.1	99.6
文娱耐用消费品	Durable Consumer Goods for Culturaland Recreation Use	98.7	98.6	99.0
其他文娱用品	Other Articles	100.4	100.4	100.6
文化娱乐服务	Service for Culture and Recreation	99.1	99.1	99.4
旅游	Tourism	101.1	101.3	99.9

2-4-1 文化产品进出口情况
Imports and Exports of Cultural Commodities

单位：亿美元，% (USD 100 million ,%)

年 份 Year	进出口总额 Total Imports & Exports	出口额 Total Exports	进口额 Total Imports	贸易差额 Balance	增长 Increase Rate 出口额 Total Exports	增长 Increase Rate 进口额 Total Imports
2008	433.0	390.5	42.5	348.0	11.8	28.0
2009	388.9	346.5	42.4	304.1	-11.3	-0.2
2010	487.1	429.0	58.1	370.8	23.8	37.0
2011	671.4	582.1	89.3	492.9	35.7	53.6
2012	887.5	766.5	121.0	645.5	31.7	35.6
2013	1070.8	898.6	172.2	726.4	17.2	42.3
2014	1273.7	1118.3	155.4	962.9	24.5	-9.8
2015	1013.2	870.9	142.3	728.6	-22.1	-8.4
2016	881.5	784.9	96.6	688.3	-9.9	-32.1
2017	971.2	881.9	89.3	792.5	12.4	-7.6
2018	1023.8	925.3	98.5	826.8	4.9	10.3
2019	1114.5	998.9	115.7	883.2	7.9	17.4
2020	1086.9	972.0	114.9	857.1	-2.7	-0.7

注：按照《我国文化产品进出口统计目录》(2015修订)标准统计(下表同)。

a)Data in this table are according to "China's cultural products import and export statistics directory" (2015 Revision) standard statistics. The same applies to the table following.

2-4-2 按商品类别分文化产品进出口情况(2020年)
Imports and Exports of Cultural Commodities by Category of Commodities (2020)

单位：亿美元，% (USD 100 million ,%)

项 目	Item	进出口总额 Total Imports & Exports	出口额 Total Exports	进口额 Total Imports	贸易差额 Balance	增长 Increase Rate 出口额 Total Exports	增长 Increase Rate 进口额 Total Imports
合 计	**Total**	**1086.9**	**972.0**	**114.9**	**857.1**	**-2.7**	**-0.7**
出版物	Publications	49.2	32.4	16.8	15.7	-12.8	1.5
图书、报纸、期刊	Books,Newspapers and Magazines	24.1	15.8	8.3	7.5	-13.0	-2.6
音像制品及电子出版物	Audio-Vedio Products and Electronic Products	5.1	0.5	4.6	-4.0	-0.3	29.5
其他出版物	Other Publications	20.0	16.1	3.9	12.2	-13.0	-12.8
工艺美术品及收藏品	Arts,Crafts and Collections	292.8	244.4	48.4	196.0	-23.0	31.6
工艺美术品	Arts and Crafts	289.4	242.4	47.0	195.4	-23.3	37.7
收藏品	Collections	3.4	2.0	1.4	0.6	54.5	-47.3
文化用品	Cultural Products	587.5	566.1	21.4	544.8	8.3	-10.7
文具	Stationery	2.0	2.0	0.0	1.9	8.3	-27.8
乐器	Musical Instruments	23.3	18.8	4.4	14.4	8.3	-16.1
玩具	Toys	342.6	334.9	7.7	327.1	7.5	2.2
游艺器材及娱乐用品	Recreation Equipment and Entertainment Supplies	219.7	210.5	9.2	201.3	9.4	-17.0
文化专用设备	Special Cultural equipment	157.4	129.0	28.4	100.7	6.3	-26.2
印刷专用设备	Printing Equipment	27.1	16.3	10.8	5.6	-12.2	-20.5
广播电视电影专用设备	Radio,Television and Film Special Equipment	130.3	112.7	17.6	95.1	9.7	-29.3

2-4-3 按贸易方式分文化产品进出口情况(2020年)
Imports and Exports of Cultural Commodities by Type of Trade (2020)

单位：亿美元，% (USD 100 million ,%)

项目	Item	进出口总额 Total Imports & Exports	出口额 Total Exports	进口额 Total Imports	增长 Increase Rate 出口额 Total Exports	增长 Increase Rate 进口额 Total Imports
贸易总额	**Total**	**1086.9**	**972.0**	**114.9**	**-2.7**	**-0.7**
一般贸易	General Trade	587.5	523.2	64.2	4.0	2.4
加工贸易	Processing Trade	281.3	268.8	12.5	-19.8	-41.8
其他贸易	Other Trade	218.1	180.0	38.1	12.1	21.6

2-4-4 按企业性质分文化产品进出口情况(2020年)
Imports and Exports of Cultural Commodities by Registration Status of Enterprises (2020)

单位：亿美元，% (USD 100 million ,%)

项目	Item	进出口总额 Total Imports & Exports	出口额 Total Exports	进口额 Total Imports	增长 Increase Rate 出口额 Total Exports	增长 Increase Rate 进口额 Total Imports
贸易总额	**Total**	**1086.9**	**972.0**	**114.9**	**-2.7**	**-0.7**
国有企业	State-owned Enterprises	70.2	35.5	34.7	-23.9	18.4
外资企业	Foreign Funded Enterprises	324.0	278.4	45.6	-10.7	-12.9
集体、私营及其他企业	Collectived-owned, Private and Other Enterprises	692.7	658.2	34.6	2.8	1.7

2-4-5 文化产品前十五位出口市场
Ranking List of Exports of Cultural Commodities by Country (Region) of Destination

位 次 Ranking	2015			2016		
	国别（地区）	Country (Region)	累计金额（亿美元） Total Value (USD 100 million)	国别（地区）	Country (Region)	累计金额（亿美元） Total Value (USD 100 million)
1	美国	United States	240.47	美国	United States	227.76
2	中国香港	Hong Kong,China	224.93	中国香港	Hong Kong,China	157.97
3	英国	United Kingdom	36.37	荷兰	Netherlands	41.95
4	荷兰	Netherlands	35.03	英国	United Kingdom	35.03
5	日本	Japan	29.16	日本	Japan	30.47
6	德国	Germany	26.29	德国	Germany	22.17
7	新加坡	Singapore	16.94	加拿大	Canada	18.30
8	加拿大	Canada	15.03	韩国	Korea Rep.	15.50
9	韩国	Korea Rep.	13.52	澳大利亚	Australia	15.08
10	澳大利亚	Australia	12.92	新加坡	Singapore	15.07
11	菲律宾	Philippines	12.22	菲律宾	Philippines	12.57
12	印度	India	11.65	印度	India	12.19
13	法国	France	10.70	阿联酋	United Arab Emirates	12.05
14	意大利	Italy	10.49	意大利	Italy	10.02
15	马来西亚	Malaysia	9.76	法国	France	9.47

位 次 Ranking	2017			2018		
	国别（地区）	Country (Region)	累计金额（亿美元） Total Value (USD 100 million)	国别（地区）	Country (Region)	累计金额（亿美元） Total Value (USD 100 million)
1	美国	United States	273.35	美国	United States	282.68
2	中国香港	Hong Kong,China	122.97	中国香港	Hong Kong,China	144.09
3	荷兰	Netherlands	48.18	荷兰	Netherlands	44.63
4	英国	United Kingdom	40.59	英国	United Kingdom	40.13
5	日本	Japan	38.98	日本	Japan	39.54
6	德国	Germany	28.16	德国	Germany	28.65
7	加拿大	Canada	19.90	印度	India	23.85
8	印度	India	17.66	加拿大	Canada	21.34
9	澳大利亚	Australia	17.50	澳大利亚	Australia	18.62
10	韩国	Korea Rep.	14.23	韩国	Korea Rep.	14.09
11	西班牙	Spain	12.66	俄罗斯	Russia	13.07
12	新加坡	Singapore	12.36	意大利	Italy	12.51
13	阿联酋	United Arab Emirates	12.25	法国	France	12.32
14	俄罗斯	Russia	11.88	西班牙	Spain	12.08
15	意大利	Italy	11.78	墨西哥	Mexico	11.77

2-4-5 续表 continued

位 次 Ranking	2019			2020		
	国别（地区）	Country (Region)	累计金额（亿美元） Total Value (USD 100 million)	国别（地区）	Country (Region)	累计金额（亿美元） Total Value (USD 100 million)
1	美国	United States	264.87	美国	United States	281.86
2	中国香港	Hong Kong,China	143.97	中国香港	Hong Kong,China	95.65
3	英国	United Kingdom	49.46	英国	United Kingdom	51.04
4	荷兰	Netherlands	46.52	日本	Japan	45.25
5	日本	Japan	38.34	荷兰	Netherlands	45.25
6	德国	Germany	33.57	德国	Germany	32.15
7	加拿大	Canada	24.47	加拿大	Canada	26.14
8	印度	India	20.64	新加坡	Singapore	24.03
9	新加坡	Singapore	20.26	澳大利亚	Australia	22.89
10	澳大利亚	Australia	19.33	俄罗斯	Russia	21.14
11	马来西亚	Malaysia	17.02	韩国	Korea Rep.	20.42
12	韩国	Korea Rep.	16.50	印度	India	15.10
13	意大利	Italy	15.88	法国	France	14.66
14	西班牙	Spain	15.23	波兰	Poland	13.95
15	墨西哥	Mexico	15.09	沙特阿拉伯	Saudi Arabia	13.83

2-4-6 文化产品前十五位进口市场
Ranking List of Imports of Cultural Commodities by Country (Region) of Origin

位 次 Ranking	2015			2016		
	国别（地区）	Country (Region)	累计金额（亿美元） Total Value (USD 100 million)	国别（地区）	Country (Region)	累计金额（亿美元） Total Value (USD 100 million)
1	韩国	Korea Rep.	22.35	越南	Vietnam	12.56
2	越南	Vietnam	21.74	韩国	Korea Rep.	8.98
3	日本	Japan	7.29	美国	United States	6.09
4	德国	Germany	6.90	日本	Japan	6.04
5	美国	United States	6.52	德国	Germany	5.96
6	意大利	Italy	4.68	中国台湾	Taiwan,China	4.85
7	缅甸	Myanmar	3.34	意大利	Italy	3.96
8	法国	France	2.91	法国	France	2.66
9	中国台湾	Taiwan,China	2.89	新加坡	Singapore	2.30
10	新加坡	Singapore	2.58	英国	United Kingdom	2.04
11	中国香港	Hong Kong,China	2.30	泰国	Thailand	1.87
12	英国	United Kingdom	2.22	中国香港	Hong Kong,China	1.80
13	印度尼西亚	Indonesia	1.58	印度尼西亚	Indonesia	1.51
14	泰国	Thailand	1.53	瑞士	Switzerland	1.23
15	瑞士	Switzerland	1.23	加拿大	Canada	1.12

2-4-6 续表 continued

位 次 Ranking	2017 国别(地区)	Country (Region)	累计金额(亿美元) Total Value (USD 100 million)	2018 国别(地区)	Country (Region)	累计金额(亿美元) Total Value (USD 100 million)
1	韩国	Korea Rep.	11.81	德国	Germany	10.25
2	德国	Germany	7.68	韩国	Korea Rep.	10.14
3	越南	Vietnam	7.23	美国	United States	9.13
4	日本	Japan	7.18	越南	Vietnam	8.65
5	美国	United States	7.13	日本	Japan	8.34
6	意大利	Italy	4.27	意大利	Italy	5.26
7	中国台湾	Taiwan,China	3.72	泰国	Thailand	3.05
8	泰国	Thailand	2.61	中国台湾	Taiwan,China	2.84
9	法国	France	2.26	英国	United Kingdom	2.81
10	新加坡	Singapore	2.04	法国	France	2.78
11	英国	United Kingdom	1.96	瑞士	Switzerland	2.67
12	中国香港	Hong Kong,China	1.81	中国香港	Hong Kong,China	2.13
13	瑞士	Switzerland	1.67	印度尼西亚	Indonesia	2.06
14	印度尼西亚	Indonesia	1.61	新加坡	Singapore	2.04
15	加拿大	Canada	1.21	菲律宾	Philippines	1.11

位 次 Ranking	2019 国别(地区)	Country (Region)	累计金额(亿美元) Total Value (USD 100 million)	2020 国别(地区)	Country (Region)	累计金额(亿美元) Total Value (USD 100 million)
1	德国	Germany	12.10	意大利	Italy	11.95
2	日本	Japan	9.55	法国	France	11.92
3	越南	Vietnam	9.24	德国	Germany	10.78
4	美国	United States	8.68	美国	United States	10.63
5	意大利	Italy	8.30	日本	Japan	10.09
6	法国	France	7.08	瑞士	Switzerland	6.28
7	瑞士	Switzerland	4.48	中国香港	Hong Kong,China	5.13
8	新加坡	Singapore	4.22	英国	United Kingdom	3.86
9	中国台湾	Taiwan,China	3.97	新加坡	Singapore	3.78
10	英国	United Kingdom	3.85	中国台湾	Taiwan,China	2.22
11	中国香港	Hong Kong,China	3.76	韩国	Korea Rep.	1.64
12	韩国	Korea Rep.	3.43	印度尼西亚	Indonesia	1.60
13	泰国	Thailand	3.10	加拿大	Canada	0.97
14	印度尼西亚	Indonesia	2.11	荷兰	Netherlands	0.93
15	加拿大	Canada	1.64	波兰	Poland	0.64

2-5-1 全国一般公共预算文化旅游体育与传媒支出
Expenditure for Culture, Tourism, Sport and Media of National Government Revenue

单位：亿元 (100 million yuan)

年份 Year / 地区 Region	一般公共预算文化旅游体育与传媒支出 Expenditure for Culture,Tourism, Sport and Media	文化和旅游 Culture and Tourism	文物 Cultural	体育 Sport	广播影视新闻出版 Radio,Film, Television, Press and Publication	其他 Others
2009	1393.07	485.57	144.30	238.26	376.13	148.81
2010	1542.70	529.54	157.87	254.17	420.51	180.61
2011	1893.36	618.74	198.49	266.35	599.69	210.09
2012	2268.35	757.10	259.53	272.49	663.73	315.49
2013	2544.39	858.59	314.14	299.08	662.14	410.44
2014	2691.48	917.42	311.18	370.75	684.28	407.86
2015	3076.64	1064.54	338.50	356.48	754.79	562.33
2016	3163.08	1160.46	350.86	389.48	741.47	520.81
2017	3391.93	1254.68	355.54	474.85	770.88	535.98
2018	3537.86	1285.73	392.29	494.72	774.84	590.29
2019	4086.31	1783.30	385.92	537.97	776.15	602.97
2020	4245.58	1950.12	381.60	507.64	760.48	645.74
中央 Central-level	250.24	54.36	16.26	33.65	129.18	16.79
地方合计 Regional Total	3995.34	1895.76	365.34	473.99	631.30	628.95
北京 Beijing	225.11	99.71	26.89	54.64	30.37	13.51
天津 Tianjin	34.01	17.19	3.81	6.60	3.99	2.43
河北 Hebei	163.73	77.96	15.96	17.28	25.74	26.80
山西 Shanxi	112.31	45.86	20.44	9.54	21.73	14.75
内蒙古 Inner Mongolia	123.64	57.62	12.73	11.94	32.49	8.86
辽宁 Liaoning	89.73	39.04	8.34	8.09	24.90	9.35
吉林 Jilin	71.92	31.85	4.30	9.71	23.69	2.37
黑龙江 Heilongjiang	58.37	20.83	3.51	11.21	14.64	8.17
上海 Shanghai	161.26	68.58	14.26	42.69	5.58	30.15
江苏 Jiangsu	311.68	164.19	25.26	25.65	29.19	67.39
浙江 Zhejiang	229.62	123.94	18.93	20.01	23.22	43.52
安徽 Anhui	97.06	41.00	6.55	7.00	29.98	12.53
福建 Fujian	112.88	57.16	9.97	13.74	17.71	14.31
江西 Jiangxi	120.35	58.92	10.37	10.86	21.02	19.18
山东 Shandong	170.11	72.14	13.73	25.65	36.57	22.02
河南 Henan	140.93	67.82	25.10	12.10	26.09	9.82
湖北 Hubei	146.52	76.47	13.36	19.39	23.01	14.28
湖南 Hunan	139.87	71.22	11.58	11.56	18.50	27.02
广东 Guangdong	417.22	205.87	19.93	39.70	31.05	120.68
广西 Guangxi	109.49	57.02	6.78	13.82	15.11	16.76
海南 Hainan	53.22	19.54	2.46	4.83	5.65	20.74
重庆 Chongqing	64.89	30.93	6.51	10.50	9.67	7.28
四川 Sichuan	229.27	108.24	25.46	21.61	39.32	34.64
贵州 Guizhou	72.76	41.88	4.54	5.36	13.49	7.48
云南 Yunnan	93.08	48.55	7.16	8.04	18.51	10.81
西藏 Tibet	59.43	26.74	4.69	4.25	17.72	6.03
陕西 Shaanxi	140.57	51.13	21.25	27.91	14.48	25.81
甘肃 Gansu	88.43	42.15	12.69	7.33	16.19	10.07
青海 Qinghai	45.93	18.49	2.78	3.46	10.85	10.35
宁夏 Ningxia	29.43	14.59	2.17	4.45	5.60	2.62
新疆 Xinjiang	82.50	39.14	3.84	5.07	25.25	9.20

注：因政府收支分类科目调整，自2019年起“文化”决算数改为“文化和旅游”科目决算数(下表同)，2018年及以前仅包括“文化”。

a) Since 2019, data of "Culture" refers to "Culture and tourism" because of the adjustment of government revenue and expenditure classification. Data of 2009-2018 only include "Culture".

2-5-2 地方一般公共预算文化旅游体育与传媒支出
Expenditure for Culture, Tourism, Sport and Media of Regional Government Revenue

单位：亿元 (100 million yuan)

地区	Region	2011	2012	2013	2014	2015	2016	2017	2018	2019	2020
地方合计	**Regional Total**	**1704.64**	**2074.79**	**2339.94**	**2468.48**	**2804.65**	**2915.13**	**3121.02**	**3256.73**	**3777.47**	**3995.34**
北京	Beijing	87.01	141.37	154.71	163.90	188.50	198.35	208.96	245.43	279.32	225.11
天津	Tianjin	29.76	35.85	44.53	47.87	51.73	57.16	57.94	52.92	46.41	34.01
河北	Hebei	50.45	59.29	72.71	82.66	88.34	87.54	103.19	115.17	158.00	163.73
山西	Shanxi	48.17	60.20	66.69	63.95	73.08	72.64	71.92	92.85	112.24	112.31
内蒙古	Inner Mongolia	68.78	87.21	88.05	91.90	95.81	89.25	116.79	109.27	119.34	123.64
辽宁	Liaoning	68.60	79.25	95.34	92.60	88.59	84.70	86.44	71.59	85.98	89.73
吉林	Jilin	44.25	47.48	56.55	61.16	73.01	72.03	70.69	70.24	71.75	71.92
黑龙江	Heilongjiang	44.94	47.27	52.37	45.63	53.17	53.21	53.56	46.20	54.70	58.37
上海	Shanghai	68.80	72.51	89.17	86.38	108.22	113.34	191.32	186.52	179.87	161.26
江苏	Jiangsu	116.86	150.90	173.54	190.86	196.06	193.28	194.37	197.22	264.53	311.68
浙江	Zhejiang	85.09	94.18	106.00	115.36	165.38	158.72	159.66	174.59	203.26	229.62
安徽	Anhui	62.35	71.43	79.50	82.25	88.19	84.23	80.94	79.77	87.98	97.06
福建	Fujian	35.86	46.07	57.88	64.18	84.82	81.25	87.34	84.73	104.00	112.88
江西	Jiangxi	39.66	44.77	52.62	60.03	68.90	70.49	74.65	79.10	87.60	120.35
山东	Shandong	91.57	114.27	127.53	127.75	137.26	137.47	141.90	153.52	189.50	170.11
河南	Henan	57.54	69.63	80.78	91.16	105.38	97.33	97.52	103.04	127.87	140.93
湖北	Hubei	47.09	62.47	72.44	76.65	84.03	96.61	95.26	113.15	148.53	146.52
湖南	Hunan	44.87	54.50	68.95	80.01	111.74	140.68	148.83	134.54	144.83	139.87
广东	Guangdong	170.56	137.64	141.68	168.16	194.58	229.71	285.87	321.84	350.33	417.22
广西	Guangxi	37.48	45.52	49.85	68.52	79.00	71.08	64.36	63.59	76.33	109.49
海南	Hainan	16.60	19.85	21.90	23.51	25.48	26.90	29.86	47.37	56.34	53.22
重庆	Chongqing	31.16	33.08	34.94	36.02	47.01	47.98	48.89	49.31	55.24	64.89
四川	Sichuan	87.35	120.70	142.40	135.65	139.41	145.20	142.46	154.91	196.48	229.27
贵州	Guizhou	35.31	49.85	48.68	54.69	61.20	67.34	64.73	60.80	68.76	72.76
云南	Yunnan	45.34	62.06	61.35	56.21	61.66	77.93	71.30	72.20	77.90	93.08
西藏	Tibet	18.91	24.18	22.51	34.10	34.73	34.85	44.93	46.02	57.55	59.43
陕西	Shaanxi	61.27	91.81	100.44	93.23	103.09	125.85	121.95	126.11	127.58	140.57
甘肃	Gansu	33.07	49.87	59.76	49.60	62.76	63.84	64.59	72.52	84.85	88.43
青海	Qinghai	14.32	18.92	25.84	34.16	33.60	33.31	37.58	35.49	42.39	45.93
宁夏	Ningxia	13.94	14.44	16.60	16.02	20.97	25.23	22.82	23.33	25.85	29.43
新疆	Xinjiang	47.70	68.23	74.63	74.32	78.96	77.61	80.40	73.39	92.14	82.50

2-6-1 国内文化及相关产业专利授权情况
Statistics on Granted Patent Applications on Culture and Related Industries

单位：项 (piece)

年 份 地 区	Year Region	文化及相关产业专利授权总数 Total Patent Applications Granted	发明专利 Inventions	实用新型专利 Utility Models	外观设计专利 Designs
	2008	32767	1983	10769	20015
	2009	46067	3898	10754	31415
	2010	64205	4378	16947	42880
	2011	62194	5588	20277	36329
	2012	82769	6491	24281	51997
	2013	90326	5746	30463	54117
	2014	71304	6652	23923	40729
	2015	94652	9324	32785	52543
	2016	101495	12042	36356	53097
	2017	118432	13645	41070	63717
	2018	142904	18729	61189	62986
	2019	153268	22384	59785	71099
	2020	201732	27327	88455	85950
北 京	Beijing	10472	4247	2851	3374
天 津	Tianjin	2813	266	2049	498
河 北	Hebei	3565	194	1871	1500
山 西	Shanxi	1127	128	622	377
内蒙古	Inner Mongolia	607	29	331	247
辽 宁	Liaoning	2087	349	1130	608
吉 林	Jilin	1190	219	595	376
黑龙江	Heilongjiang	1363	194	744	425
上 海	Shanghai	7845	1636	3140	3069
江 苏	Jiangsu	16401	2127	10634	3640
浙 江	Zhejiang	21333	2875	8530	9928
安 徽	Anhui	4316	919	2281	1116
福 建	Fujian	7490	679	3768	3043
江 西	Jiangxi	4557	257	2372	1928
山 东	Shandong	10178	1499	5903	2776
河 南	Henan	5845	437	3174	2234
湖 北	Hubei	4685	1003	2232	1450
湖 南	Hunan	4502	521	2101	1880
广 东	Guangdong	74136	7425	25148	41563
广 西	Guangxi	1859	129	811	919
海 南	Hainan	490	19	370	101
重 庆	Chongqing	2519	429	1356	734
四 川	Sichuan	4829	811	2313	1705
贵 州	Guizhou	1222	83	661	478
云 南	Yunnan	1308	90	797	421
西 藏	Tibet	323	7	19	297
陕 西	Shaanxi	2975	681	1553	741
甘 肃	Gansu	903	27	643	233
青 海	Qinghai	133	11	87	35
宁 夏	Ningxia	298	16	171	111
新 疆	Xinjiang	361	20	198	143

2-6-2 按类别分文化及相关产业专利授权情况(2020年)
Statistics on Granted Patent Applications on Culture and Related Industries by Category(2020)

单位：项 (piece)

类别	Category	文化及相关产业专利授权总数 Total Patent Applications Granted	发明专利 Inventions	实用新型专利 Utility Models	外观设计专利 Designs
合　计	**National Total**	**201732**	**27327**	**88455**	**85950**
工艺美术品制造	Manufacture of Arts and Crafts	29930	974	8019	20937
艺术陶瓷制造	Manufacture of Creamic Products	1667	993	48	626
文化辅助用品制造	Manufacture of Cultural Supplementary Products	2001	445	468	1088
印刷复制服务	Printing and Duplicating Services	12976	4273	2874	5829
印刷设备制造	Manufacture of Printing Equipment	20167	2005	17882	280
广播电视电影设备制造及销售	Manufacture and Sales of Radio,Film and Television Equipment	40108	8550	18964	12594
摄录设备制造及销售	Manufacture and Sales of Vedio Equipment	18879	1928	11465	5486
游乐游艺设备制造	Manufacture of Games and Entertainment Equipment	16152	796	3482	11874
乐器制造及销售	Manufacture of Musical Instrument	4054	187	2217	1651
文具制造及销售	Manufacture of Stationery	13117	181	7451	5485
笔墨制造	Manufacture of Pens and Ink	3260	191	1294	1776
玩具制造	Manufacture of Toys	14820	226	4000	10594
节庆用品制造	Manufacture of Festival Products	406	41	332	34
信息服务终端制造及销售	Manufacture and Sales of Information Service Equipment	24194	6536	9959	7699

注：本表类别使用中类分组,具体类别参见《文化及相关产业分类(2018)》。

a) Data in the table above is divided by group.Details on more categories refer to Classification of Culture and Related Industries (2018).

3

文化及相关产业法人单位发展情况

Condition on Legal Entities of Culture and Related Industries

3-1-1 按类别分文化及相关产业法人单位基本情况(2020年)
Statistics on Culture and Related Industries by Category (2020)

单位：万元 (10 000 yuan)

类别	Category	年末从业人员(人) Engaged Persons at Year-end (person)	资产总计 Total Assets	营业收入 Total Revenue
合计	**Total**	**18937889**	**2741569830**	**1390045977**
文化制造业	Culture-Related Manufacture	5829209	433139078	446453833
文化批发和零售业	Culture-Related Whole and Retail Trade	1631678	195778765	231792591
文化服务业	Culture-Related Service	11477002	2112651987	711799553
一、新闻信息服务	News Information Service	1037284	246344288	112968427
二、内容创作生产	Creation and Manufacture of Content	3778636	491740402	274883451
三、创意设计服务	Services of Creative Design	4009074	340670947	276077994
四、文化传播渠道	Cultural Diffusion Channel	1406450	260445205	165572697
五、文化投资运营	Investment and Operation of Culture	137616	512047509	12275323
六、文化娱乐休闲服务	Culture Leisure and Entertainment	1514169	314297656	31716396
七、文化辅助生产和中介服务	Supplementary Manufacture of Culture and Intermediary Services	3753047	327827678	203894387
八、文化装备生产	Manufacture of Culture Equipment	790207	66391109	69462767
九、文化消费终端生产	Manufacture of Culture Consumption Endpoint	2511406	181805037	243194535

注：因规下推算四舍五入，表中数据存在合计与分项之和不等的情况。
a) The data of under designated size are rounded. Summation is probably not equal to the total of itemizes.

3-1-2 分地区文化及相关产业法人单位基本情况(2020年)
Statistics on Culture and Related Industries by Region (2020)

单位：万元 (10 000 yuan)

地 区	Region	年末从业人员 (人) Engaged Persons at Year-end (person)	资产总计 Total Assets	营业收入 Total Revenue
全 国	**National Total**	**18937889**	**2741569830**	**1390045977**
北 京	Beijing	1147184	353826709	176060243
天 津	Tianjin	146941	33966759	19403799
河 北	Hebei	490821	36915150	15248589
山 西	Shanxi	206532	30861718	4864084
内蒙古	Inner Mongolia	109247	11550065	2363554
辽 宁	Liaoning	324878	30528101	10604404
吉 林	Jilin	71434	12691659	1823804
黑龙江	Heilongjiang	102749	8745513	2564559
上 海	Shanghai	727780	183551459	115963590
江 苏	Jiangsu	2247846	424618816	153555295
浙 江	Zhejiang	1460806	246480109	152749760
安 徽	Anhui	630497	77818324	38989570
福 建	Fujian	1024106	62337444	76205340
江 西	Jiangxi	591244	54356242	33916708
山 东	Shandong	1008186	147198201	72961637
河 南	Henan	1042351	59143758	43886759
湖 北	Hubei	981505	113416986	54985723
湖 南	Hunan	816432	62665472	43239397
广 东	Guangdong	3008960	338252208	218757043
广 西	Guangxi	246267	23969912	12708370
海 南	Hainan	83865	47688290	7981925
重 庆	Chongqing	483248	64483057	29035038
四 川	Sichuan	801364	103102035	52806453
贵 州	Guizhou	188478	73455448	7371913
云 南	Yunnan	269150	26467514	10715527
西 藏	Tibet	30235	6277816	5243474
陕 西	Shaanxi	377125	63187737	15488708
甘 肃	Gansu	131009	11087723	2203315
青 海	Qinghai	38739	3859686	481860
宁 夏	Ningxia	39263	3509715	876954
新 疆	Xinjiang	109647	25556206	6988584

3-2-1 规模以上文化及相关产业企业基本情况(2020年)
Statistics on Culture and Related Industries above Designated Size(2020)

单位：万元 (10 000 yuan)

分组	Group	企业单位数(个) Number of Enterprises (unit)	年末从业人员(人) Engaged Persons at Year-end (person)	资产总计 Total Assets
合 计	**Total**	**63913**	**7882523**	**1562013617**
按登记注册类型分	**by Status of Registration**			
内资企业	Domestic Funded Enterprises	59444	6259269	1188096671
#国有企业	Stats-owned Enterprises	1502	238976	69563474
私营公司	Private Enterprises	43121	3566217	367365585
港、澳、台商投资企业	Enterprises with Funds from Hong Kong, Macao and Taiwan	2578	1013370	264049362
外商投资企业	Foreign Funded Enterprises	1891	609884	109867584
按企业控股情况分	**by Status of Holding**			
国有控股	State-holding	7269	1375223	545750304
集体控股	Collective-holding	530	88705	18133343
私人控股	Private-holding	49699	4502622	551963360
港澳台商控股	Hong Kong, Macao and Taiwan-holding	2352	961868	258155708
外商控股	Foreign-holding	1627	541007	96375480
其他	Others	2436	413098	91635423

3-2-1 续表 1 continued

单位：万元 (10 000 yuan)

分组	Group	营业收入 Total Revenue	税金及附加 Total Tax and Extra Charges
合 计	**Total**	**1034650504**	**4723769**
按登记注册类型分	**by Status of Registration**		
内资企业	Domestic Funded Enterprises	749687961	3717901
#国有企业	Stats-owned Enterprises	19820662	179298
私营公司	Private Enterprises	400893102	2048716
港、澳、台商投资企业	Enterprises with Funds from Hong Kong, Macao and Taiwan	179503538	685175
外商投资企业	Foreign Funded Enterprises	105459005	320693
按企业控股情况分	**by Status of Holding**		
国有控股	State-holding	175611868	1037143
集体控股	Collective-holding	11201355	47927
私人控股	Private-holding	515477083	2467734
港澳台商控股	Hong Kong, Macao and Taiwan-holding	175465989	660108
外商控股	Foreign-holding	96810783	288706
其他	Others	60083427	222150

3-2-1 续表 2 continued

单位：万元 (10 000 yuan)

分　组	Group	营业利润 Operating Profit	利润总额 Total Profit	应交增值税 Value-added Tax Payable
合　计	**Total**	**83562740**	**86486562**	**15101049**
按登记注册类型分	**by Status of Registration**			
内资企业	Domestic Funded Enterprises	43356558	45621313	10639921
#国有企业	Stats-owned Enterprises	1244445	1234131	424024
私营公司	Private Enterprises	21277139	22346586	5728437
港、澳、台商投资企业	Enterprises with Funds from Hong Kong, Macao and Taiwan	35908903	36204563	3316918
外商投资企业	Foreign Funded Enterprises	4297278	4660687	1144211
按企业控股情况分	**by Status of Holding**			
国有控股	State-holding	10458888	11297391	2360248
集体控股	Collective-holding	533852	618082	127795
私人控股	Private-holding	28736516	30183716	7436721
港澳台商控股	Hong Kong, Macao and Taiwan-holding	35845366	36171469	3213725
外商控股	Foreign-holding	4097101	4427018	1028769
其他	Others	3891017	3788885	933791

3-2-2 按类别分规模以上文化及相关产业企业基本情况(2020年)

Statistics on Culture and Related Industries above Designated Size by Category(2020)

单位：万元 (10 000 yuan)

类　别	Category	企业单位数（个） Number of Enterprises (unit)	年末从业人员（人） Engaged Persons at Year-end (person)	资产总计 Total Assets
合　计	**Total**	**63913**	**7882523**	**1562013617**
文化制造业	Culture-Related Manufacture	19479	3844794	350962184
文化批发和零售业	Culture-Related Whole and Retail	11183	511205	127847327
文化服务业	Culture-Related Service	33251	3526524	1083204106
一、新闻信息服务	News Information Service	2191	512265	180721800
二、内容创作生产	Creation and Manufacture of Content	12621	1701432	320174357
三、创意设计服务	Services of Creative Design	11400	1025073	171943774
四、文化传播渠道	Cultural Diffusion Channel	8110	713626	202328407
五、文化投资运营	Investment and Operation of Culture	455	37613	164880987
六、文化娱乐休闲服务	Culture Leisure and Entertainment	4342	427888	132303412
七、文化辅助生产和中介服务	Supplementary Manufacture of Culture and Intermediary Services	11832	1383076	195399248
八、文化装备生产	Manufacture of Culture Equipment	2986	589792	56069889
九、文化消费终端生产	Manufacture of Culture Consumption Endpoint	9976	1491758	138191743

3-2-2 续表 1 continued

单位：万元 (10 000 yuan)

类　别	Category	营业收入 Total Revenue	税　金及附加 Total Tax and Extra Charges
合　计	**Total**	**1034650504**	**4723769**
文化制造业	Culture-Related Manufacture	381374952	2114661
文化批发和零售业	Culture-Related Whole and Retail	164535350	558403
文化服务业	Culture-Related Service	488740202	2050706
一、新闻信息服务	News Information Service	97326218	360404
二、内容创作生产	Creation and Manufacture of Content	219824764	907220
三、创意设计服务	Services of Creative Design	168566490	501921
四、文化传播渠道	Cultural Diffusion Channel	135986408	540365
五、文化投资运营	Investment and Operation of Culture	4985982	133091
六、文化娱乐休闲服务	Culture Leisure and Entertainment	11244622	258116
七、文化辅助生产和中介服务	Supplementary Manufacture of Culture and Intermediary Services	140554788	853014
八、文化装备生产	Manufacture of Culture Equipment	61417826	228648
九、文化消费终端生产	Manufacture of Culture Consumption Endpoint	194743406	940990

3-2-2 续表 2 continued

单位：万元 (10 000 yuan)

类　别	Category	营业利润 Operating Profit	利润总额 Total Profit	应交增值税 Value-added Tax Payable
合　计	**Total**	**83562740**	**86486562**	**15101049**
文化制造业	Culture-Related Manufacture	20291745	21246613	5783566
文化批发和零售业	Culture-Related Whole and Retail	5479675	5702818	1336813
文化服务业	Culture-Related Service	57791320	59537131	7980670
一、新闻信息服务	News Information Service	14391744	14553388	1857456
二、内容创作生产	Creation and Manufacture of Content	29838856	30494675	3471121
三、创意设计服务	Services of Creative Design	7844863	8206041	2216567
四、文化传播渠道	Cultural Diffusion Channel	13392390	13758111	1469743
五、文化投资运营	Investment and Operation of Culture	1165518	1235396	152557
六、文化娱乐休闲服务	Culture Leisure and Entertainment	-1512992	-1248142	113480
七、文化辅助生产和中介服务	Supplementary Manufacture of Culture and Intermediary Services	9080217	9677080	3162739
八、文化装备生产	Manufacture of Culture Equipment	2791331	2986828	684259
九、文化消费终端生产	Manufacture of Culture Consumption Endpoint	6570814	6823184	1973128

3-2-3 分地区规模以上文化及相关产业企业基本情况(2020年)
Statistics on Culture and Related Industries above Designated Size by Region(2020)

单位：万元 (10 000 yuan)

地 区	Region	企业单位数 (个) Number of Enterprises (unit)	年末从业人员 (人) Engaged Persons at Year-end (person)	资产总计 Total Assets	营业收入 Total Revenue
全 国	**National Total**	**63913**	**7882523**	**1562013617**	**1034650504**
北 京	Beijing	5119	560339	237383553	149440260
天 津	Tianjin	888	68078	22311945	16544274
河 北	Hebei	1331	134297	20680228	8956715
山 西	Shanxi	339	36776	11181499	2547789
内蒙古	Inner Mongolia	168	16996	3553738	968554
辽 宁	Liaoning	776	119766	12376217	6897288
吉 林	Jilin	231	23489	5717185	1284045
黑龙江	Heilongjiang	247	24638	3126625	1186355
上 海	Shanghai	3548	406878	139904972	90502611
江 苏	Jiangsu	8191	1063498	216925103	111618487
浙 江	Zhejiang	5406	579998	155792257	117000967
安 徽	Anhui	2392	224536	36490636	26899199
福 建	Fujian	3522	432750	37759545	53130491
江 西	Jiangxi	1957	263202	25599851	24904673
山 东	Shandong	2648	375866	80294207	49664428
河 南	Henan	2897	334686	33092287	23263215
湖 北	Hubei	2967	366022	56866223	37963396
湖 南	Hunan	3744	390850	37692495	32684276
广 东	Guangdong	9925	1604278	248973541	180437587
广 西	Guangxi	731	84264	12979191	9107697
海 南	Hainan	193	26225	8888773	6656127
重 庆	Chongqing	1114	151136	32569385	17141369
四 川	Sichuan	2090	289375	56915344	40785835
贵 州	Guizhou	540	49843	11019005	3623968
云 南	Yunnan	691	74875	14789381	6813325
西 藏	Tibet	32	2640	714667	248414
陕 西	Shaanxi	1646	123861	27216998	10340428
甘 肃	Gansu	190	19629	2935544	1029378
青 海	Qinghai	52	6187	1333574	177758
宁 夏	Ningxia	73	10415	1424314	471459
新 疆	Xinjiang	265	17130	5505336	2360138

3-2-3 续表 continued

单位: 万元 (10 000 yuan)

地 区	Region	税 金及附加 Total Tax and Extra Charges	营业利润 Operating Profit	利润总额 Total Profit	应交增值税 Value-added Tax Payable
全 国	**National Total**	**4723769**	**83562740**	**86486562**	**15101049**
北 京	Beijing	420406	13387844	13243714	2004488
天 津	Tianjin	46362	920887	882994	215682
河 北	Hebei	54696	193687	294691	168080
山 西	Shanxi	11235	-48041	-25964	34066
内蒙古	Inner Mongolia	7580	-9341	12181	7401
辽 宁	Liaoning	41321	118390	179218	100700
吉 林	Jilin	10302	76376	94247	16720
黑龙江	Heilongjiang	11424	-79344	-54325	-22660
上 海	Shanghai	313523	8195328	8572638	1101787
江 苏	Jiangsu	484784	6774642	7205939	1710779
浙 江	Zhejiang	326165	15045857	15717473	1854833
安 徽	Anhui	114151	1498427	1579460	389918
福 建	Fujian	231911	3514470	3583069	455140
江 西	Jiangxi	155640	1922805	1979527	375906
山 东	Shandong	200070	1882002	2080066	673678
河 南	Henan	198559	1443889	1534857	311263
湖 北	Hubei	322413	2378876	2566699	721227
湖 南	Hunan	596283	1954153	2010447	531545
广 东	Guangdong	648491	16297891	16722849	2657623
广 西	Guangxi	33100	723024	764739	142141
海 南	Hainan	25380	225171	192899	74193
重 庆	Chongqing	84073	1631931	1721433	306909
四 川	Sichuan	244908	4105201	4074654	950879
贵 州	Guizhou	24532	175795	204880	66652
云 南	Yunnan	38167	569661	584656	79625
西 藏	Tibet	419	12093	16133	2673
陕 西	Shaanxi	58381	408494	462000	111574
甘 肃	Gansu	4803	-15597	-2286	13094
青 海	Qinghai	1410	-36229	-28213	330
宁 夏	Ningxia	3954	-5114	2395	9395
新 疆	Xinjiang	9327	299510	313494	35409

3-3-1 规模以上文化制造业企业基本情况(2020年)
Statistics on Culture-Related Manufacturing Enterprises above Designated Size(2020)

单位：万元 (10 000 yuan)

分 组	Group	企业单位数(个) Number of Enterprises (unit)	年末从业人员(人) Engaged Persons at Year-end (person)	资产总计(万元) Total Assets (10 000 yuan)
合 计	**Total**	**19479**	**3844794**	**350962184**
按企业规模分	**Grouped by Size of Enterprises**			
大型	Large	349	982105	142462910
中型	Medium-sized	2252	1235851	90001622
小型	Small	15588	1610646	109647845
微型	Micro-sized	1290	16192	8849808
按登记注册类型分	**by Status of Registration**			
内资企业	Domestic Funded Enterprises	16906	2733351	237424555
#国有企业	Stats-owned Enterprises	71	12960	1673407
私营公司	Private Enterprises	14583	2010937	121090158
港、澳、台商投资企业	Enterprises with Funds from Hong Kong, Macao and Taiwan	1562	684050	51788890
外商投资企业	Foreign Funded Enterprises	1011	427393	61748740
按企业控股情况分	**by Status of Holding**			
国有控股	State-holding	444	195825	44229181
集体控股	Collective-holding	140	37405	4232095
私人控股	Private-holding	16211	2445180	183920657
港澳台商控股	Hong Kong, Macao and Taiwan-holding	1407	644946	48220707
外商控股	Foreign-holding	857	386659	54623870
其他	Others	420	134779	15735674

3-3-1 续表 1 continued

单位：万元 (10 000 yuan)

分 组	Group	营业收入 Total Revenue	税金及附加 Total Tax and Extra Charges
合 计	**Total**	**381374952**	**2114661**
按企业规模分	**Grouped by Size of Enterprises**		
大型	Large	131880732	491467
中型	Medium-sized	96994779	577251
小型	Small	144618707	976522
微型	Micro-sized	7880734	69421
按登记注册类型分	**by Status of Registration**		
内资企业	Domestic Funded Enterprises	267522150	1700377
#国有企业	Stats-owned Enterprises	1453456	8664
私营公司	Private Enterprises	170579794	1251338
港、澳、台商投资企业	Enterprises with Funds from Hong Kong, Macao and Taiwan	58804318	204003
外商投资企业	Foreign Funded Enterprises	55048484	210281
按企业控股情况分	**by Status of Holding**		
国有控股	State-holding	38450869	200454
集体控股	Collective-holding	3508761	23546
私人控股	Private-holding	218373941	1450109
港澳台商控股	Hong Kong, Macao and Taiwan-holding	56139254	187581
外商控股	Foreign-holding	49786675	189343
其他	Others	15115452	63629

3-3-1 续表 2 continued

单位：万元 (10 000 yuan)

分 组	Group	营业利润 Operating Profit	应交增值税 Value-added Tax Payable	工业总产值（当年价格） Gross Industrial Output Value (current prices)
合 计	**Total**	**20291745**	**5783566**	**373339046**
按企业规模分	**Grouped by Size of Enterprises**			
大型	Large	7044817	1638616	122645100
中型	Medium-sized	6534531	1554426	96605359
小型	Small	6678136	2503974	146388419
微型	Micro-sized	34261	86550	7700168
按登记注册类型分	**by Status of Registration**			
内资企业	Domestic Funded Enterprises	14907363	4426835	260324226
#国有企业	Stats-owned Enterprises	117570	33374	1398670
私营公司	Private Enterprises	9447127	2962818	175334630
港、澳、台商投资企业	Enterprises with Funds from Hong Kong, Macao and Taiwan	2804591	712534	58039522
外商投资企业	Foreign Funded Enterprises	2579792	644197	54975298
按企业控股情况分	**by Status of Holding**			
国有控股	State-holding	1669920	592483	27959618
集体控股	Collective-holding	252716	67578	3342578
私人控股	Private-holding	12800827	3692871	222838024
港澳台商控股	Hong Kong, Macao and Taiwan-holding	2579378	622767	55401021
外商控股	Foreign-holding	2359537	563424	48633864
其他	Others	629367	244443	15163941

3-3-2 分地区规模以上文化制造业企业主要指标(2020年)
Main Indicators on Culture-Related Manufacturing Enterprises above Designated Size by Region(2020)

单位：万元 (10 000 yuan)

地 区	Region	企业单位数(个) Number of Enterprises (unit)	年末从业人员(人) Engaged Persons at Year-end (person)	资产总计 Total Assets	营业收入 Total Revenue	营业成本 Total Cost	利润总额 Total Profit
全 国	**National Total**	**19479**	**3844794**	**350962184**	**381374952**	**326389199**	**21246613**
北 京	Beijing	138	24921	5373319	4714441	4018254	176411
天 津	Tianjin	157	21464	2974773	2835743	2511752	-4439
河 北	Hebei	503	61260	5336990	4867336	4132266	296131
山 西	Shanxi	48	7558	738758	405115	360247	-4476
内蒙古	Inner Mongolia	10	1660	322883	222374	200849	5563
辽 宁	Liaoning	115	25765	2621832	2215450	1880479	128891
吉 林	Jilin	34	4433	609765	294515	246596	12043
黑龙江	Heilongjiang	38	3888	285677	177451	160790	-2929
上 海	Shanghai	360	57481	8564514	12838672	11316665	693160
江 苏	Jiangsu	2655	512462	55728085	55092977	47069085	3191011
浙 江	Zhejiang	2409	330433	31138720	26357171	22173697	1309289
安 徽	Anhui	1002	129338	14220955	14019366	11837339	828098
福 建	Fujian	1424	309459	15903946	32478991	27353116	2391213
江 西	Jiangxi	962	204163	12568811	18731421	15797911	1634945
山 东	Shandong	1008	215137	37396596	27730263	24529037	1410244
河 南	Henan	903	167607	13142051	11959495	10201330	728793
湖 北	Hubei	925	143422	13668254	16351527	13805994	1056450
湖 南	Hunan	1310	242866	11136349	20596234	16538176	1353427
广 东	Guangdong	4027	1065457	78015959	88378748	76965826	3899349
广 西	Guangxi	186	42709	5972831	4144691	3400279	310274
海 南	Hainan	9	3136	3060666	1173610	882376	117741
重 庆	Chongqing	225	54906	4139693	5505577	4704575	385230
四 川	Sichuan	522	135726	17026321	22217700	19761577	663920
贵 州	Guizhou	98	13941	928472	1009958	866103	60373
云 南	Yunnan	131	23317	3651321	2925654	2142268	411987
西 藏	Tibet	3	378	39965	9846	8217	161
陕 西	Shaanxi	213	30612	5562621	3677715	3131228	191130
甘 肃	Gansu	16	2299	100747	69102	60994	-1768
青 海	Qinghai	8	1048	84366	30977	26358	-1799
宁 夏	Ningxia	15	4073	477390	224589	195222	6631
新 疆	Xinjiang	25	3875	169557	118241	110596	-437

3-3-2 续表 1 continued

单位：万元 (10 000 yuan)

地 区	Region	税 金 及附加 Total Tax and Extra Charges	固定资产原价 Original Value of Fixed Assets	本年折旧 Depreciation This Year	销售费用 Selling Expenses
全 国	**National Total**	**2114661**	**145541133**	**9718192**	**9799057**
北 京	Beijing	20973	1925144	88584	148567
天 津	Tianjin	8223	1135998	72300	66972
河 北	Hebei	30125	3109377	161054	128491
山 西	Shanxi	2690	459903	21794	15691
内蒙古	Inner Mongolia	2389	144286	9379	2359
辽 宁	Liaoning	14120	1318599	60047	50122
吉 林	Jilin	2628	448764	8407	9105
黑龙江	Heilongjiang	1036	175408	8041	3825
上 海	Shanghai	21744	3336001	153456	255564
江 苏	Jiangsu	218451	25913129	1526882	1275492
浙 江	Zhejiang	116611	12203681	734374	782760
安 徽	Anhui	68609	4242122	268732	426456
福 建	Fujian	157490	7432994	567882	880899
江 西	Jiangxi	128986	6550944	604803	284314
山 东	Shandong	119288	17647360	1091003	592171
河 南	Henan	86947	6331579	398068	264935
湖 北	Hubei	129747	7785897	618824	430626
湖 南	Hunan	423259	5504873	476093	661242
广 东	Guangdong	317096	20179004	1450001	2380270
广 西	Guangxi	20244	2801510	149741	89207
海 南	Hainan	12511	2689461	116547	26082
重 庆	Chongqing	32790	2596778	268010	105342
四 川	Sichuan	127970	5706650	468525	700137
贵 州	Guizhou	8434	351236	18336	34769
云 南	Yunnan	17948	1888967	91530	96708
西 藏	Tibet	43	18298	1223	230
陕 西	Shaanxi	20541	3190862	264534	76277
甘 肃	Gansu	699	71387	3199	1155
青 海	Qinghai	616	53625	1465	1184
宁 夏	Ningxia	1879	241027	10774	3759
新 疆	Xinjiang	575	86271	4586	4347

3-3-2 续表 2 continued

单位：万元 (10 000 yuan)

地 区	Region	管理费用 Administrative Expenses	研发费用 R&D Expenses	财务费用 Financial Expenses	营业利润 Operating Profit
全 国	**National Total**	**13548178**	**7830387**	**3572782**	**20291745**
北 京	Beijing	230848	100557	14032	163759
天 津	Tianjin	104253	33840	20349	79199
河 北	Hebei	228562	57843	44429	276604
山 西	Shanxi	27082	10557	7059	-16453
内蒙古	Inner Mongolia	7662	5851	1372	4649
辽 宁	Liaoning	93969	47382	27207	105714
吉 林	Jilin	20193	5937	5460	11203
黑龙江	Heilongjiang	10791	2128	3040	-3568
上 海	Shanghai	446419	204091	53202	663989
江 苏	Jiangsu	1910449	1428479	494774	3022310
浙 江	Zhejiang	1113529	726749	403695	1173949
安 徽	Anhui	534877	401608	129956	797860
福 建	Fujian	1174768	339325	230155	2355917
江 西	Jiangxi	448418	379252	127917	1604517
山 东	Shandong	704621	578865	367684	1336186
河 南	Henan	342008	135905	169994	707340
湖 北	Hubei	621071	296429	145081	967024
湖 南	Hunan	877363	447302	193880	1383995
广 东	Guangdong	3366080	1966181	740857	3559452
广 西	Guangxi	102893	64539	100315	294705
海 南	Hainan	30535	44956	68982	116504
重 庆	Chongqing	164320	112873	36811	374654
四 川	Sichuan	554444	326383	95584	675258
贵 州	Guizhou	31889	16704	5919	57874
云 南	Yunnan	224542	34604	12752	406363
西 藏	Tibet	1647		154	-444
陕 西	Shaanxi	143110	55036	64111	181107
甘 肃	Gansu	7742	263	2171	-2607
青 海	Qinghai	3602	783	735	-2273
宁 夏	Ningxia	13087	5616	3569	3096
新 疆	Xinjiang	7405	352	1536	-6134

3-3-2　续表 3　continued

单位：万元　　(10 000 yuan)

地　区	Region	营业外收入 Non-operating Revenue	营业外支出 Non-operating Cost	应付职工薪　酬 Employee Benefits Payable	应交增值税 Value-added Tax Payable	工业总产值（当年价格） Gross Industrial Output Value (current prices)
全　国	**National Total**	**1599822**	**644978**	**31827864**	**5783566**	**373339046**
北　京	Beijing	17655	5004	422714	87223	2857600
天　津	Tianjin	7706	91345	203692	22180	2666205
河　北	Hebei	31158	11629	428603	100771	5158352
山　西	Shanxi	13066	1089	42287	12383	436222
内蒙古	Inner Mongolia	1015	101	11837	2047	207703
辽　宁	Liaoning	28293	5117	214211	38851	2130756
吉　林	Jilin	2417	1577	23920	6194	283308
黑龙江	Heilongjiang	4417	3779	19873	2564	187868
上　海	Shanghai	40377	11207	784245	109825	10461075
江　苏	Jiangsu	258057	89360	4444064	822448	54573862
浙　江	Zhejiang	214069	78731	2517021	608764	25882829
安　徽	Anhui	56609	26373	959901	243579	14231150
福　建	Fujian	53340	18044	3101236	263906	34359090
江　西	Jiangxi	40391	9961	1542660	312265	18595132
山　东	Shandong	104983	30926	1844088	378089	25743185
河　南	Henan	36903	15451	1058046	152673	12113398
湖　北	Hubei	109587	20160	1127557	314305	17711367
湖　南	Hunan	25671	56238	1958032	363901	21310549
广　东	Guangdong	441181	101300	8261226	1231404	89691519
广　西	Guangxi	18348	2779	251100	99103	4173140
海　南	Hainan	2023	785	65486	42882	995286
重　庆	Chongqing	14907	4331	449800	120327	5641976
四　川	Sichuan	41410	52746	1466215	353369	15184551
贵　州	Guizhou	3640	1141	91448	15936	1304038
云　南	Yunnan	8343	2719	198430	27101	3145170
西　藏	Tibet	606	1	2895	85	11829
陕　西	Shaanxi	12296	2274	274339	40556	3837435
甘　肃	Gansu	916	77	13231	3071	70703
青　海	Qinghai	688	214	5324	791	24213
宁　夏	Ningxia	3913	379	25677	4575	227059
新　疆	Xinjiang	5839	142	18707	2396	122476

3-3-3 规模以上文化制造业企业科技活动情况(2020年)
Statistics on Science and Technology Activities of Culture-Related Manufacturing Enterprises above Designated Size(2020)

分组	Group	有R&D活动的企业(个) Number of R&D Enterprises (unit)	R&D人员折合全时当量(人年) Full-time Equivalent of R&D Personnel (man-year)	R&D经费内部支出(万元) Internal Expenditure on R&D (10 000 yuan)
合计	**Total**	**7137**	**154730**	**5265438**
按企业规模分	**Grouped by Size of Enterprises**			
大型	Large	243	46106	2190922
中型	Medium-sized	1257	48143	1327992
小型	Small	5505	59665	1714233
微型	Micro-sized	132	815	32291
按登记注册类型分	**by Status of Registration**			
内资企业	Domestic Funded Enterprises	6177	118153	3957962
#国有企业	Stats-owned Enterprises	11	208	6606
私营公司	Private Enterprises	5190	74336	2160926
港、澳、台商投资企业	Enterprises with Funds from Hong Kong, Macao and Taiwan	566	21548	641385
外商投资企业	Foreign Funded Enterprises	394	15029	666092
按企业控股情况分	**by Status of Holding**			
国有控股	State-holding	169	13623	706439
集体控股	Collective-holding	41	1395	51731
私人控股	Private-holding	5909	99948	3109240
港澳台商控股	Hong Kong, Macao and Taiwan-holding	493	18895	582896
外商控股	Foreign-holding	325	13044	570182
其他	Others	200	7825	244950

3-3-3 续表 1 continued

分组	Group	新产品开发项目数(个) Number of New Products (unit)	新产品开发经费支出(万元) Expenditure on New Products Development (10 000 yuan)
合计	**Total**	**32517**	**6817756**
按企业规模分	**Grouped by Size of Enterprises**		
大型	Large	3237	2785228
中型	Medium-sized	7691	1681588
小型	Small	21146	2299663
微型	Micro-sized	443	51276
按登记注册类型分	**by Status of Registration**		
内资企业	Domestic Funded Enterprises	27288	5109115
#国有企业	Stats-owned Enterprises	82	8357
私营公司	Private Enterprises	20608	2768339
港、澳、台商投资企业	Enterprises with Funds from Hong Kong, Macao and Taiwan	3128	835303
外商投资企业	Foreign Funded Enterprises	2101	873338
按企业控股情况分	**by Status of Holding**		
国有控股	State-holding	1759	860288
集体控股	Collective-holding	177	53066
私人控股	Private-holding	24885	4103200
港澳台商控股	Hong Kong, Macao and Taiwan-holding	2759	757053
外商控股	Foreign-holding	1694	749236
其他	Others	1243	294913

3-3-3 续表 2 continued

分　组	Group	新产品销售收入（万元）Sales Revenue of New Products (10 000 yuan)	#出口 Export
合　计	**Total**	**103167448**	**32857078**
按企业规模分	**Grouped by Size of Enterprises**		
大型	Large	54682449	21077107
中型	Medium-sized	25546787	7773851
小型	Small	22363276	3944345
微型	Micro-sized	574937	61775
按登记注册类型分	**by Status of Registration**		
内资企业	Domestic Funded Enterprises	68579501	19740810
#国有企业	Stats-owned Enterprises	138939	46744
私营公司	Private Enterprises	32244161	7738752
港、澳、台商投资企业	Enterprises with Funds from Hong Kong, Macao and Taiwan	17133006	6596006
外商投资企业	Foreign Funded Enterprises	17454941	6520262
按企业控股情况分	**by Status of Holding**		
国有控股	State-holding	11451373	1495246
集体控股	Collective-holding	1180850	64516
私人控股	Private-holding	52608783	16500655
港澳台商控股	Hong Kong, Macao and Taiwan-holding	16035264	6349726
外商控股	Foreign-holding	15704147	6235785
其他	Others	6187031	2211150

3-3-3 续表 3 continued

分　组	Group	专利申请数（件）Patent Applications (piece)	#发明专利 Inventions	有效发明专利数（件）Number of Patents in Force (piece)
合　计	**Total**	**53174**	**14552**	**50293**
按企业规模分	**Grouped by Size of Enterprises**			
大型	Large	12077	5087	14045
中型	Medium-sized	13648	3460	14185
小型	Small	26844	5895	21006
微型	Micro-sized	605	110	1057
按登记注册类型分	**by Status of Registration**			
内资企业	Domestic Funded Enterprises	43342	11389	36926
#国有企业	Stats-owned Enterprises	101	13	51
私营公司	Private Enterprises	28231	5558	20490
港、澳、台商投资企业	Enterprises with Funds from Hong Kong, Macao and Taiwan	5819	1800	7636
外商投资企业	Foreign Funded Enterprises	4013	1363	5731
按企业控股情况分	**by Status of Holding**			
国有控股	State-holding	4878	2594	6152
集体控股	Collective-holding	247	62	576
私人控股	Private-holding	37957	8607	30170
港澳台商控股	Hong Kong, Macao and Taiwan-holding	5296	1677	6856
外商控股	Foreign-holding	2843	906	3806
其他	Others	1953	706	2733

3-3-4 分地区规模以上文化制造业企业科技活动情况(2020年)
Statistics on Science and Technology Activities of Culture-Related Manufacturing Enterprises above Designated Size by Region(2020)

地 区	Region	有R&D活动的企业(个) Enterprises (unit)	R&D人员折合全时当量(人年) Equivalent of R&D Personnel (man-year)	R&D经费内部支出(万元) Expenditure on R&D (10 000 yuan)	新产品开发项目数(个) New Products (unit)	新产品开发经费支出(万元) New Products Development (10 000 yuan)
全 国	**National Total**	**7137**	**154730**	**5265438**	**32517**	**6817756**
北 京	Beijing	46	736	44240	398	85086
天 津	Tianjin	47	1099	30110	280	35895
河 北	Hebei	103	1623	37272	623	49945
山 西	Shanxi	12	110	6802	57	7013
内蒙古	Inner Mongolia	1	13	947	9	5930
辽 宁	Liaoning	27	704	32501	155	35695
吉 林	Jilin	4	38	1206	21	4514
黑龙江	Heilongjiang	2	10	296	9	1250
上 海	Shanghai	83	2599	124945	541	113918
江 苏	Jiangsu	1231	24627	813949	4161	1161112
浙 江	Zhejiang	1127	19528	461932	5510	658180
安 徽	Anhui	370	7182	309276	1767	377027
福 建	Fujian	404	8521	310869	1595	321313
江 西	Jiangxi	367	9585	238679	1421	299741
山 东	Shandong	366	7883	523590	1589	528080
河 南	Henan	196	3712	155066	535	98858
湖 北	Hubei	399	6398	220467	839	269331
湖 南	Hunan	496	4706	202259	1045	274201
广 东	Guangdong	1475	42796	1226523	10329	1870071
广 西	Guangxi	21	441	21208	147	33808
海 南	Hainan	2	204	23006	26	34517
重 庆	Chongqing	97	1701	75234	400	79786
四 川	Sichuan	123	7371	317062	570	388388
贵 州	Guizhou	25	387	17553	61	12646
云 南	Yunnan	53	1802	26948	147	23795
西 藏	Tibet					
陕 西	Shaanxi	48	783	34885	245	38991
甘 肃	Gansu	1	12	357	4	437
青 海	Qinghai	1	1	30	11	733
宁 夏	Ningxia	9	156	7967	21	7235
新 疆	Xinjiang	1	1	261	1	261

3-3-4 续表 continued

地 区	Region	新产品销售收入(万元) Sales of New Products (10 000 yuan)	#出口 Export	专利申请数(件) Patent Applications (piece)	#发明专利 Inventions	有效发明专利数(件) Number of Patents in Force (piece)
全 国	**National Total**	**103167448**	**32857078**	**53174**	**14552**	**50293**
北 京	Beijing	1268258	38209	324	107	811
天 津	Tianjin	448225	49493	401	65	822
河 北	Hebei	694373	77077	566	199	723
山 西	Shanxi	127543	2689	31	7	42
内蒙古	Inner Mongolia	28613		3	2	6
辽 宁	Liaoning	240230	104251	269	86	328
吉 林	Jilin	132679		11	2	40
黑龙江	Heilongjiang	48196		34	12	23
上 海	Shanghai	2762922	1449196	1364	351	2032
江 苏	Jiangsu	19769040	5598203	8492	2353	9213
浙 江	Zhejiang	10610462	3212201	5366	800	2414
安 徽	Anhui	5707624	729669	3566	1323	3505
福 建	Fujian	3359974	2127020	2703	646	2230
江 西	Jiangxi	4966491	3082704	1930	264	658
山 东	Shandong	7801222	1836076	2877	1266	3239
河 南	Henan	1298859	226733	885	171	836
湖 北	Hubei	4583709	231453	1700	382	1485
湖 南	Hunan	2361333	276859	1197	367	786
广 东	Guangdong	26940916	12765905	17339	4392	16830
广 西	Guangxi	1209524	252633	167	28	81
海 南	Hainan	78926		24	2	41
重 庆	Chongqing	1390689	139440	695	159	524
四 川	Sichuan	6292475	618872	2376	1317	2789
贵 州	Guizhou	409169	4120	99	29	81
云 南	Yunnan	312435	2180	271	48	281
西 藏	Tibet					
陕 西	Shaanxi	244359	29535	412	156	423
甘 肃	Gansu	400				
青 海	Qinghai	420		19	5	15
宁 夏	Ningxia	78384	2561	53	13	35
新 疆	Xinjiang					

3-4-1 限额以上文化批发和零售业企业基本情况(2020年)
Statistics on Culture-Related Wholesale and Retail Enterprises above Designated Size(2020)

单位：万元 (10 000 yuan)

分组	Group	企业单位数（个） Number of Enterprises (unit)	年末从业人员（人） Engaged Persons at Year-end (person)	资产总计 Total Assets	营业收入 Total Revenue
合计	**Total**	**11183**	**511205**	**127847327**	**164535350**
按登记注册类型分	**Grouped by Status of Registration**				
内资企业	Domestic Funded Enterprises	10749	444748	109304162	139232287
#国有企业	Stats-owned Enterprises	232	16820	9516846	5803988
私营公司	Private Enterprises	8276	235259	34280988	59402230
港、澳、台商投资企业	Enterprises with Funds from Hong Kong, Macao and Taiwan	250	40095	10248112	12834259
外商投资企业	Foreign Funded Enterprises	184	26362	8295053	12468804
按企业控股情况分	**by Status of Holding**				
国有控股	State-holding	1233	131734	49599753	46723502
集体控股	Collective-holding	95	6919	2808174	5292214
私人控股	Private-holding	9080	278079	45015355	70957955
港澳台商控股	Hong Kong, Macao and Taiwan-holding	243	38862	10162465	12670235
外商控股	Foreign-holding	168	25415	7773929	12179810
其他	Others	364	30196	12487651	16711634

3-4-1 续表 continued

单位：万元 (10 000 yuan)

分组	Group	税金及附加 Total Tax and Extra Charges	营业利润 Operating Profit	应交增值税 Value-added Tax Payable
合计	**Total**	**558403**	**5479675**	**1336813**
按登记注册类型分	**Grouped by Status of Registration**			
内资企业	Domestic Funded Enterprises	406954	3951212	1044397
#国有企业	Stats-owned Enterprises	26350	361799	40196
私营公司	Private Enterprises	202896	1092859	558220
港、澳、台商投资企业	Enterprises with Funds from Hong Kong, Macao and Taiwan	105377	944143	129957
外商投资企业	Foreign Funded Enterprises	46072	584320	162460
按企业控股情况分	**by Status of Holding**			
国有控股	State-holding	114629	1966423	181327
集体控股	Collective-holding	6404	45819	1594
私人控股	Private-holding	235023	1540935	691336
港澳台商控股	Hong Kong, Macao and Taiwan-holding	102947	938673	129348
外商控股	Foreign-holding	45655	587570	158870
其他	Others	53745	400254	174339

3-4-2 分地区限额以上文化批发和零售业企业主要指标(2020年)
Main Indicators on Culture-Related Wholesale and Retail Enterprises above Designated Size by Region(2020)

地 区	Region	企业单位数 (个) Number of Enterprises (unit)	年末从业人员 (人) Engaged Persons at Year-end (person)	资产总计 (万元) Total Assets (10 000 yuan)
全 国	**National Total**	**11183**	**511205**	**127847327**
北 京	Beijing	575	41598	19731793
天 津	Tianjin	138	3592	1091589
河 北	Hebei	246	14041	1629225
山 西	Shanxi	104	5526	1165584
内蒙古	Inner Mongolia	38	2715	532974
辽 宁	Liaoning	155	7334	797537
吉 林	Jilin	76	3545	357414
黑龙江	Heilongjiang	91	3504	581705
上 海	Shanghai	586	38617	12856017
江 苏	Jiangsu	1558	58885	16798322
浙 江	Zhejiang	1015	35003	9181645
安 徽	Anhui	461	13914	4384210
福 建	Fujian	537	14215	4498780
江 西	Jiangxi	169	9199	3430898
山 东	Shandong	645	37204	10886541
河 南	Henan	610	30058	2239455
湖 北	Hubei	608	22277	3058986
湖 南	Hunan	495	20179	1787218
广 东	Guangdong	1645	87376	17713732
广 西	Guangxi	191	5256	1347052
海 南	Hainan	36	1803	575394
重 庆	Chongqing	196	11327	2247167
四 川	Sichuan	330	15879	6206549
贵 州	Guizhou	90	2455	851068
云 南	Yunnan	160	7781	1127207
西 藏	Tibet	4	71	8773
陕 西	Shaanxi	301	9546	1223954
甘 肃	Gansu	38	3655	483289
青 海	Qinghai	11	758	90229
宁 夏	Ningxia	18	540	138662
新 疆	Xinjiang	56	3352	824362

3-4-2 续表 1 continued

单位：万元 (10 000 yuan)

地 区	Region	营业收入 Total Revenue	营业成本 Total Cost	税 金 及附加 Total Tax and Extra Charges	利润总额 Total Profit
全 国	**National Total**	**164535350**	**144974687**	**558403**	**5702818**
北 京	Beijing	22569466	20005422	59915	759933
天 津	Tianjin	1368188	1201768	4294	33592
河 北	Hebei	1790896	1371589	5689	100827
山 西	Shanxi	982180	864282	3518	25346
内蒙古	Inner Mongolia	331618	268331	1465	38268
辽 宁	Liaoning	1445204	1305770	6135	10277
吉 林	Jilin	314179	267687	1419	11168
黑龙江	Heilongjiang	401853	348830	6728	1977
上 海	Shanghai	20996471	17602147	96055	1242854
江 苏	Jiangsu	21091250	18731094	45755	815725
浙 江	Zhejiang	15308322	14107609	21527	315967
安 徽	Anhui	5836096	5441432	11054	142589
福 建	Fujian	10606310	9917945	28801	207546
江 西	Jiangxi	1810612	1481996	6135	117940
山 东	Shandong	14452188	13547774	32922	253609
河 南	Henan	3834845	3322321	20768	159672
湖 北	Hubei	3518364	2991781	20884	161097
湖 南	Hunan	3238245	2652260	48939	214333
广 东	Guangdong	20786661	17579798	92405	448810
广 西	Guangxi	1227071	1062234	2481	50364
海 南	Hainan	1547116	1462032	2080	30831
重 庆	Chongqing	2369748	1922570	14602	208204
四 川	Sichuan	4177174	3641071	11644	162232
贵 州	Guizhou	522501	451364	481	24631
云 南	Yunnan	1342990	1103492	3958	87002
西 藏	Tibet	13360	11316	3	993
陕 西	Shaanxi	1517778	1308413	3887	46309
甘 肃	Gansu	484440	460932	1121	2479
青 海	Qinghai	44033	33008	293	2269
宁 夏	Ningxia	84242	72989	218	1761
新 疆	Xinjiang	521950	435432	3230	24215

3-4-2 续表 2 continued

单位：万元 (10 000 yuan)

地 区	Region	固定资产原价 Original Value of Fixed Assets	本年折旧 Depreciation This Year	销售费用 Selling Expenses	管理费用 Administrative Expenses
全 国	**National Total**	**9777544**	**518567**	**8332924**	**4581776**
北 京	Beijing	902836	45164	1069829	676992
天 津	Tianjin	83055	3007	89707	44249
河 北	Hebei	212002	15284	112117	77131
山 西	Shanxi	252060	11460	65938	25634
内蒙古	Inner Mongolia	99788	5314	19791	24905
辽 宁	Liaoning	89014	4979	69001	60448
吉 林	Jilin	65477	2516	14971	24367
黑龙江	Heilongjiang	168309	4738	24779	22425
上 海	Shanghai	682842	56338	1687018	636094
江 苏	Jiangsu	1114271	61926	1124019	449983
浙 江	Zhejiang	1205961	36036	529882	289917
安 徽	Anhui	218052	9687	179898	92825
福 建	Fujian	359268	23097	259812	167082
江 西	Jiangxi	208917	9950	86957	99900
山 东	Shandong	569275	28717	444379	249308
河 南	Henan	388614	16506	196528	119579
湖 北	Hubei	409206	25072	181135	159528
湖 南	Hunan	339970	17816	199127	143752
广 东	Guangdong	862720	62198	1204429	725443
广 西	Guangxi	119071	5458	78563	40727
海 南	Hainan	70376	2160	35616	18470
重 庆	Chongqing	189949	9801	152906	82485
四 川	Sichuan	356246	15522	209458	143917
贵 州	Guizhou	29988	2261	24324	20801
云 南	Yunnan	202269	15745	99163	53032
西 藏	Tibet	3838	194	323	1030
陕 西	Shaanxi	259575	9863	87299	69061
甘 肃	Gansu	92513	9278	32147	31999
青 海	Qinghai	24371	888	7536	3452
宁 夏	Ningxia	32985	1241	4256	5622
新 疆	Xinjiang	164727	6352	42016	21618

3-4-2 续表 3 continued

单位：万元 (10 000 yuan)

地 区	Region	研发费用 R&D Expenses	财务费用 Financial Expenses	营业利润 Operating Profit	营业外收入 Non-operating Revenue	应付职工薪酬 Employee Benefits Payable	应交增值税 Value-added Tax Payable
全 国	**National Total**	**207394**	**604611**	**5479675**	**363966**	**5425899**	**1336813**
北 京	Beijing	46751	116855	731033	46302	801824	204331
天 津	Tianjin	91	-123	31704	3339	39168	12510
河 北	Hebei	170	4551	100259	1712	96644	7631
山 西	Shanxi	3	4170	24383	1554	32324	4630
内蒙古	Inner Mongolia		-777	36382	2007	27690	3023
辽 宁	Liaoning	23	5172	8752	3058	52537	6075
吉 林	Jilin		1973	10212	1340	22114	-126
黑龙江	Heilongjiang		2719	1684	1061	21151	-1297
上 海	Shanghai	14012	35065	1164642	94583	710929	124802
江 苏	Jiangsu	18784	47174	790326	35609	599955	168489
浙 江	Zhejiang	14212	81569	288379	32431	351631	186555
安 徽	Anhui	1901	19073	142082	4004	107941	23190
福 建	Fujian	3963	41555	205247	6060	141127	25793
江 西	Jiangxi	1116	-3473	126258	9140	101572	27549
山 东	Shandong	31503	28669	238028	20826	321841	127273
河 南	Henan	4403	22074	157767	6195	155057	22616
湖 北	Hubei	1021	13202	153279	17133	197987	52036
湖 南	Hunan	553	16523	214349	2053	149946	41695
广 东	Guangdong	67402	131650	427552	32777	865920	210468
广 西	Guangxi	85	348	52048	2760	57024	3295
海 南	Hainan		1894	27637	4003	16025	4297
重 庆	Chongqing	211	3004	194703	15462	155216	38932
四 川	Sichuan	504	21528	166183	5179	147499	21701
贵 州	Guizhou	4	3706	31297	346	19549	1496
云 南	Yunnan	122	3779	86300	3742	76794	7022
西 藏	Tibet		-11	701	410	691	28
陕 西	Shaanxi	520	1899	40366	6858	74334	7720
甘 肃	Gansu	39	2244	2325	421	31205	917
青 海	Qinghai		252	815	1918	8027	232
宁 夏	Ningxia		721	1369	417	4168	98
新 疆	Xinjiang		-2372	23616	1266	38012	3834

3-5-1 规模以上文化服务业企业基本情况(2020年)
Statistics on Culture-Related Service Enterprises above Designated Size(2020)

分　组	Group	企业单位数(个) Number of Enterprises (unit)	年末从业人员(人) Engaged Persons at Year-end (person)	资产总计(万元) Total Assets (10 000 yuan)
合　计	**Total**	**33251**	**3526524**	**1083204106**
按登记注册类型分	**Grouped by Status of Registration**			
内资企业	Domestic Funded Enterprises	31789	3081170	841367954
#国有企业	Stats-owned Enterprises	1199	209196	58373220
私营公司	Private Enterprises	20262	1320021	211994440
港、澳、台商投资企业	Enterprises with Funds from Hong Kong, Macao and Taiwan	766	289225	202012361
外商投资企业	Foreign Funded Enterprises	696	156129	39823792
按企业控股情况分	**by Status of Holding**			
国有控股	State-holding	5592	1047664	451921370
集体控股	Collective-holding	295	44381	11093074
私人控股	Private-holding	24408	1779363	323027349
港澳台商控股	Hong Kong, Macao and Taiwan-holding	702	278060	199772535
外商控股	Foreign-holding	602	128933	33977681
其他	Others	1652	248123	63412098

3-5-1 续表 1 continued

单位：万元 (10 000 yuan)

分　组	Group	营业收入 Total Revenue	税金及附加 Total Tax and Extra Charges
合　计	**Total**	**488740202**	**2050706**
按登记注册类型分	**Grouped by Status of Registration**		
内资企业	Domestic Funded Enterprises	342933524	1610570
#国有企业	Stats-owned Enterprises	12563219	144284
私营公司	Private Enterprises	170911077	594482
港、澳、台商投资企业	Enterprises with Funds from Hong Kong, Macao and Taiwan	107864960	375796
外商投资企业	Foreign Funded Enterprises	37941718	64340
按企业控股情况分	**by Status of Holding**		
国有控股	State-holding	90437497	722061
集体控股	Collective-holding	2400380	17977
私人控股	Private-holding	226145188	782603
港澳台商控股	Hong Kong, Macao and Taiwan-holding	106656500	369581
外商控股	Foreign-holding	34844297	53708
其他	Others	28256341	104776

3-5-1 续表 2 continued

单位：万元 (10 000 yuan)

分　组	Group	营业利润 Operating Profit	应交增值税 Value-added Tax Payable
合　计	**Total**	**57791320**	**7980670**
按登记注册类型分	**Grouped by Status of Registration**		
内资企业	Domestic Funded Enterprises	24497984	5168690
#国有企业	Stats-owned Enterprises	765076	350454
私营公司	Private Enterprises	10737153	2207399
港、澳、台商投资企业	Enterprises with Funds from Hong Kong, Macao and Taiwan	32160170	2474427
外商投资企业	Foreign Funded Enterprises	1133166	337553
按企业控股情况分	**by Status of Holding**		
国有控股	State-holding	6822546	1586438
集体控股	Collective-holding	235316	58624
私人控股	Private-holding	14394754	3052514
港澳台商控股	Hong Kong, Macao and Taiwan-holding	32327315	2461610
外商控股	Foreign-holding	1149993	306475
其他	Others	2861395	515010

3-5-2 分地区规模以上文化服务业企业主要指标(2020年)

Main Indicators on Culture-Related Service Enterprises above Designated Size by Region(2020)

单位：万元 (10 000 yuan)

地 区	Region	企业单位数(个) Number of Enterprises (unit)	年末从业人员(人) Engaged Persons at Year-end (person)	资产总计 Total Assets
全 国	**National Total**	**33251**	**3526524**	**1083204106**
北 京	Beijing	4406	493820	212278442
天 津	Tianjin	593	43022	18245584
河 北	Hebei	582	58996	13714013
山 西	Shanxi	187	23692	9277158
内蒙古	Inner Mongolia	120	12621	2697881
辽 宁	Liaoning	506	86667	8956849
吉 林	Jilin	121	15511	4750005
黑龙江	Heilongjiang	118	17246	2259243
上 海	Shanghai	2602	310780	118484441
江 苏	Jiangsu	3978	492151	144398697
浙 江	Zhejiang	1982	214562	115471892
安 徽	Anhui	929	81284	17885471
福 建	Fujian	1561	109076	17356819
江 西	Jiangxi	826	49840	9600142
山 东	Shandong	995	123525	32011071
河 南	Henan	1384	137021	17710781
湖 北	Hubei	1434	200323	40138984
湖 南	Hunan	1939	127805	24768928
广 东	Guangdong	4253	451445	153243851
广 西	Guangxi	354	36299	5659308
海 南	Hainan	148	21286	5252712
重 庆	Chongqing	693	84903	26182525
四 川	Sichuan	1238	137770	33682474
贵 州	Guizhou	352	33447	9239465
云 南	Yunnan	400	43777	10010854
西 藏	Tibet	25	2191	665929
陕 西	Shaanxi	1132	83703	20430423
甘 肃	Gansu	136	13675	2351509
青 海	Qinghai	33	4381	1158979
宁 夏	Ningxia	40	5802	808262
新 疆	Xinjiang	184	9903	4511417

3-5-2 续表 1 continued

单位：万元 (10 000 yuan)

地 区	Region	营业收入 Total Revenue	营业成本 Total Cost	税 金 及附加 Total Tax and Extra Charges	利润总额 Total Profit
全 国	**National Total**	**488740202**	**329600816**	**2050706**	**59537131**
北 京	Beijing	122156352	81396021	339519	12307370
天 津	Tianjin	12340343	9956523	33845	853841
河 北	Hebei	2298483	1714508	18882	-102267
山 西	Shanxi	1160494	913634	5027	-46834
内蒙古	Inner Mongolia	414562	308544	3726	-31650
辽 宁	Liaoning	3236634	2429721	21065	40051
吉 林	Jilin	675351	451949	6256	71036
黑龙江	Heilongjiang	607051	525789	3660	-53373
上 海	Shanghai	56667467	38310805	195723	6636624
江 苏	Jiangsu	35434261	25884201	220579	3199203
浙 江	Zhejiang	75335474	44691975	188027	14092217
安 徽	Anhui	7043737	5389570	34487	608774
福 建	Fujian	10045190	7335689	45619	984311
江 西	Jiangxi	4362640	2987180	20519	226641
山 东	Shandong	7481976	5644301	47860	416213
河 南	Henan	7468875	5628466	90844	646393
湖 北	Hubei	18093504	13649151	171783	1349152
湖 南	Hunan	8849797	6338682	124085	442688
广 东	Guangdong	71272177	46349106	238991	12374690
广 西	Guangxi	3735935	2474342	10375	404101
海 南	Hainan	3935401	3425295	10790	44328
重 庆	Chongqing	9266045	5378445	36682	1127999
四 川	Sichuan	14390961	8904575	105295	3248502
贵 州	Guizhou	2091509	1613429	15617	119876
云 南	Yunnan	2544680	1979042	16261	85667
西 藏	Tibet	225209	185086	373	14978
陕 西	Shaanxi	5144935	3904154	33952	224561
甘 肃	Gansu	475837	335907	2983	-2997
青 海	Qinghai	102748	85768	502	-28682
宁 夏	Ningxia	162628	121013	1858	-5996
新 疆	Xinjiang	1719947	1287948	5522	289716

3-5-2 续表 2 continued

单位：万元 (10 000 yuan)

地 区	Region	固定资产原价 Original Value of Fixed Assets	本年折旧 Depreciation This Year	销售费用 Selling Expenses	管理费用 Administrative Expenses
全 国	**National Total**	**176465487**	**12603488**	**39724027**	**48564218**
北 京	Beijing	26603276	2412624	14172635	9230332
天 津	Tianjin	2092496	111914	696367	525511
河 北	Hebei	3563119	222616	159388	396992
山 西	Shanxi	2552690	105674	75272	179994
内蒙古	Inner Mongolia	1556913	74068	34902	119416
辽 宁	Liaoning	3647841	224170	178755	512143
吉 林	Jilin	1857998	85116	61449	122563
黑龙江	Heilongjiang	1410995	73994	23664	117317
上 海	Shanghai	16000397	1427234	4861844	6167794
江 苏	Jiangsu	18157874	1077385	1921015	3583623
浙 江	Zhejiang	15180908	1863971	5557362	11754980
安 徽	Anhui	3288095	188988	296246	548020
福 建	Fujian	3971416	211509	860604	823447
江 西	Jiangxi	1905867	103452	707651	336777
山 东	Shandong	14079014	405468	446175	889148
河 南	Henan	4859165	269413	368070	600236
湖 北	Hubei	6660613	385573	1601973	1007007
湖 南	Hunan	5397853	303498	891057	896791
广 东	Guangdong	18477177	1711945	4508646	5411686
广 西	Guangxi	1640140	90215	176851	683660
海 南	Hainan	1427532	108750	185447	186875
重 庆	Chongqing	3632443	197121	372749	2280781
四 川	Sichuan	6543585	344475	754703	897977
贵 州	Guizhou	2106156	130427	99794	218353
云 南	Yunnan	2930949	148157	123583	290315
西 藏	Tibet	207071	7431	16342	15541
陕 西	Shaanxi	4143035	194356	441894	533472
甘 肃	Gansu	943930	42018	38626	88778
青 海	Qinghai	672609	30375	12982	27153
宁 夏	Ningxia	348915	14469	22585	28980
新 疆	Xinjiang	605420	37084	55397	88557

3-5-2 续表 3 continued

单位：万元 (10 000 yuan)

地 区	Region	研发费用 R&D Expenses	财务费用 Finiancial Expenses	营业利润 Operating Profit	应付职工薪酬 Employee Benefits Payable	应交增值税 Value-added Tax Payable
全 国	**National Total**	**22680236**	**1840526**	**57791320**	**65627184**	**7980670**
北 京	Beijing	7513120	-342633	12493052	15208191	1712934
天 津	Tianjin	427626	45018	809983	1030224	180993
河 北	Hebei	33287	170580	-183175	491807	59678
山 西	Shanxi	16745	55490	-55970	199306	17053
内蒙古	Inner Mongolia	553	14779	-50371	114969	2331
辽 宁	Liaoning	102491	74177	3924	1068391	55773
吉 林	Jilin	16125	28552	54961	134853	10652
黑龙江	Heilongjiang	3534	19226	-77460	124659	-23927
上 海	Shanghai	3354051	87783	6366698	8212933	867160
江 苏	Jiangsu	1688754	525803	2962006	6613033	719842
浙 江	Zhejiang	821154	-336907	13583529	7092783	1059515
安 徽	Anhui	298823	90716	558486	971028	123149
福 建	Fujian	427649	77967	953307	1396067	165441
江 西	Jiangxi	72466	88330	192030	391013	36092
山 东	Shandong	230563	216997	307789	1499692	168316
河 南	Henan	172729	144270	578783	1177124	135975
湖 北	Hubei	646396	131365	1258573	2834125	354887
湖 南	Hunan	204117	104358	355809	1389744	125948
广 东	Guangdong	5553581	28705	12310887	10243196	1215750
广 西	Guangxi	21312	30526	376271	392294	39743
海 南	Hainan	64417	21654	81031	259098	27015
重 庆	Chongqing	180745	75254	1062574	1123994	147650
四 川	Sichuan	669340	49825	3263761	1822658	575809
贵 州	Guizhou	34323	66514	86624	312044	49221
云 南	Yunnan	46664	113131	76998	461393	45501
西 藏	Tibet	176	2769	11835	15430	2560
陕 西	Shaanxi	64679	199840	187021	742087	63298
甘 肃	Gansu	5705	28240	-15316	118612	9106
青 海	Qinghai		15570	-34771	33718	-693
宁 夏	Ningxia	331	4957	-9580	47789	4722
新 疆	Xinjiang	8781	7673	282028	104933	29179

4

主要文化行业发展情况

Development of Main Cultural Industries

4-1-1 出版物基本情况
Statistics on Publications

年份 Year / 地区 Region	图书 Books Published 种数(种) Number of Publications (kind)	图书 总印数(万册、万张) Printed Copies (10 000 copies)	期刊 Periodicals Published 种数(种) Number of Publications (kind)	期刊 总印数(万册) Printed Copies (10 000 copies)	报纸 Newspapers Published 种数(种) Number of Publications (kind)	报纸 总印数(万份) Printed Copies (10 000 copies)
2008	274123	706000	9549	310490	1943	4429222
2009	301719	703675	9851	315250	1937	4391132
2010	328387	717051	9884	321535	1939	4521391
2011	369523	770500	9849	328522	1928	4674000
2012	414005	792464	9867	335000	1918	4822568
2013	444427	831048	9877	327243	1915	4824132
2014	448431	818465	9966	309452	1912	4638987
2015	475768	866233	10014	287833	1906	4300869
2016	499884	903682	10084	269669	1894	3900666
2017	512487	924399	10130	249213	1884	3624989
2018	519250	1000974	10139	229205	1871	3372583
2019	505979	1059756	10171	218928	1851	3175891
2020	489051	1037305	10192	203524	1810	2891363
中央 Central Level	199060	276228	3108	72959	209	747841
地方 Local Level	289991	761077	7084	130564	1601	2143522
北京 Beijing	12803	23445	171	2334	32	29418
天津 Tianjin	7278	9485	250	2648	16	19621
河北 Hebei	9938	34137	226	3908	62	102409
山西 Shanxi	3154	11033	202	1997	60	213427
内蒙古 Inner Mongolia	3524	6322	151	1129	55	24449
辽宁 Liaoning	10557	15226	321	6372	66	57487
吉林 Jilin	24577	27255	241	3878	51	57398
黑龙江 Heilongjiang	7638	8804	316	2487	56	32898
上海 Shanghai	28056	49509	642	6214	67	69175
江苏 Jiangsu	26983	70039	476	10936	80	192499
浙江 Zhejiang	14477	41513	236	6430	66	181008
安徽 Anhui	10015	31793	186	3485	49	56092
福建 Fujian	4405	13620	174	2017	42	69515
江西 Jiangxi	9437	27050	166	7959	37	75566
山东 Shandong	15303	53288	277	7110	82	155035
河南 Henan	8735	41154	252	6799	77	132314
湖北 Hubei	13209	29561	432	7052	73	57194
湖南 Hunan	10167	48269	260	9549	45	72306
广东 Guangdong	10970	43448	387	9887	97	153310
广西 Guangxi	6695	31375	179	3499	46	47814
海南 Hainan	4088	7021	42	307	14	16951
重庆 Chongqing	5008	13475	143	3203	27	17614
四川 Sichuan	12891	34996	364	5131	79	104858
贵州 Guizhou	1370	13052	93	1436	27	23339
云南 Yunnan	5879	17018	129	1869	40	31242
西藏 Tibet	676	1649	40	246	26	9501
陕西 Shaanxi	11569	20190	288	3034	43	44348
甘肃 Gansu	3587	9593	132	7971	47	34347
青海 Qinghai	586	1288	55	262	25	7891
宁夏 Ningxia	2855	7948	37	380	13	8926
新疆 Xinjiang	3561	18521	216	1037	101	45569

4-1-1 续表 continued

年 份 地 区	Year Region	音像制品 Audio-Vedio Products		电子出版物 Electronic Products	
		种数（种）Number of Publications (kind)	出版数量（万盒、万张）Volume of Publication (10 000 cassettes, 10 000 discs)	种数（种）Number of Publications (kind)	数量（万张）Volume of Publication (10 000 discs)
	2008	23493	43268.0	9668	15770.6
	2009	25384	39146.5	10708	22914.0
	2010	21552	42383.9	11175	25911.9
	2011	19408	46431.0	11154	21322.2
	2012	18485	39365.8	11822	26344.9
	2013	16972	40604.6	11708	35220.2
	2014	15355	32839.0	11823	35048.8
	2015	15372	29418.2	10091	21438.4
	2016	14384	27584.6	9836	29064.7
	2017	13552	25591.9	9240	28132.9
	2018	11063	24124.1	8403	25884.2
	2019	10712	23171.4	9070	29261.9
	2020	8611	17515.0	7825	25270.7
中 央	Central Level	3511	12443.7	3818	19223.4
地 方	Local Level	5100	5071.3	4007	6047.4
北 京	Beijing	222	102.9	40	82.4
天 津	Tianjin	17	2.9	14	4.9
河 北	Hebei	50	272.7	129	157.3
山 西	Shanxi	86	85.4	46	2.5
内蒙古	Inner Mongolia	27	6.5	100	52.4
辽 宁	Liaoning	193	136.3	181	125.7
吉 林	Jilin	256	133.5	28	1.7
黑龙江	Heilongjiang	3	0.1	22	73.2
上 海	Shanghai	1195	1788.9	448	1031.8
江 苏	Jiangsu	182	124.2	404	2091.9
浙 江	Zhejiang	110	243.7	296	705.8
安 徽	Anhui	46	4.2	16	2.4
福 建	Fujian	44	14.5	20	6.4
江 西	Jiangxi	305	716.4	40	6.8
山 东	Shandong	178	37.6	419	90.2
河 南	Henan	46	7.2	208	56.6
湖 北	Hubei	57	13.5	113	11.3
湖 南	Hunan	349	333.8	82	161.7
广 东	Guangdong	1019	572.7	358	1195.5
广 西	Guangxi	154	62.2	9	0.9
海 南	Hainan	20	1.1	1	0.1
重 庆	Chongqing	41	17.4	108	47.7
四 川	Sichuan	74	6.3	707	107.5
贵 州	Guizhou	2	0.1	7	2.5
云 南	Yunnan	186	14.6	42	11.8
西 藏	Tibet	18	13.9	30	3.0
陕 西	Shaanxi	58	24.8	139	13.7
甘 肃	Gansu	17	1.7		
青 海	Qinghai	10	1.1		
宁 夏	Ningxia	5	0.3		
新 疆	Xinjiang	130	331.2		

4-1-2 分地区少年儿童读物和课本出版情况(2020年)
Statistics on Juvenile and Children's Books, Textbooks by Region (2020)

地 区	Region	种数(种) Number of Publications (kind)		总印数 (万册) Printed Copies (10 000 copies)		总印张(千印张) Printed Sheets (1000 sheets)	
		少儿读物 Juvenile and Children's Books	课 本 Textbooks	少儿读物 Juvenile and Children's Books	课 本 Textbooks	少儿读物 Juvenile and Children's Books	课 本 Textbooks
全 国	**National Total**	**42517**	**84809**	**90432**	**379061**	**5023408**	**29321614**
中 央	Central Level	10852	51612	25714	92853	1359241	9189454
北 京	Beijing	2395	832	5538	2343	359977	205649
天 津	Tianjin	883	330	1576	1645	77525	120487
河 北	Hebei	913	277	2125	14183	92740	965797
山 西	Shanxi	124	185	95	5226	10080	365996
内蒙古	Inner Mongolia	278	854	122	4157	4876	298530
辽 宁	Liaoning	1004	2432	1508	6281	107160	501554
吉 林	Jilin	3076	593	3341	4553	157002	331595
黑龙江	Heilongjiang	865	903	522	3248	28839	240987
上 海	Shanghai	1272	6411	7338	14223	254036	1221360
江 苏	Jiangsu	1913	3415	2965	23758	207714	1605460
浙 江	Zhejiang	2158	1398	3784	13742	280393	887849
安 徽	Anhui	1456	751	3158	14689	190915	1077107
福 建	Fujian	606	321	776	6123	58773	429106
江 西	Jiangxi	2439	376	5423	9234	260360	710785
山 东	Shandong	2048	1268	4551	20335	274451	1405963
河 南	Henan	465	1139	1018	23525	30825	1530006
湖 北	Hubei	1170	1919	2315	8363	188510	657386
湖 南	Hunan	1131	756	3622	15967	308189	1014889
广 东	Guangdong	654	1717	1699	24432	68260	1582663
广 西	Guangxi	1978	466	2797	11193	127267	767923
海 南	Hainan	160	26	182	1896	9982	119631
重 庆	Chongqing	216	2124	187	6802	7568	486580
四 川	Sichuan	2260	2082	4957	11943	307343	866848
贵 州	Guizhou	272	98	2005	7853	73927	553429
云 南	Yunnan	644	217	1161	8556	75771	592541
西 藏	Tibet	47	104	23	1076	864	80348
陕 西	Shaanxi	551	1905	1070	7689	35174	577346
甘 肃	Gansu	399	52	586	3593	40840	270174
青 海	Qinghai	8	143	2	1078	101	81562
宁 夏	Ningxia	84	17	129	1043	18280	77714
新 疆	Xinjiang	196	86	143	7459	6425	504895

4-1-3 全国图书出版机构及人员情况
Statistics on Institutions and Employed Persons of Publication Industry

年份 地区	Year Region	机构数 (个) Number of Institutions (unit)	职工人数 (人) Number of Employed Persons (person)
	2008	579	60906
	2009	580	62890
	2010	581	63903
	2011	580	67173
	2012	580	67125
	2013	582	64757
	2014	583	66074
	2015	584	67103
	2016	584	66820
	2017	585	67252
	2018	585	67166
	2019	585	66507
	2020	586	65759
中　央	Central Level	219	28852
北　京	Beijing	20	1068
天　津	Tianjin	12	920
河　北	Hebei	8	883
山　西	Shanxi	8	644
内蒙古	Inner Mongolia	7	554
辽　宁	Liaoning	18	1531
吉　林	Jilin	15	1812
黑龙江	Heilongjiang	13	909
上　海	Shanghai	40	3783
江　苏	Jiangsu	19	2758
浙　江	Zhejiang	14	1468
安　徽	Anhui	11	1069
福　建	Fujian	11	745
江　西	Jiangxi	7	1305
山　东	Shandong	17	2045
河　南	Henan	12	1461
湖　北	Hubei	14	2242
湖　南	Hunan	13	1446
广　东	Guangdong	19	1676
广　西	Guangxi	8	1321
海　南	Hainan	4	326
重　庆	Chongqing	3	1019
四　川	Sichuan	16	1446
贵　州	Guizhou	6	399
云　南	Yunnan	8	757
西　藏	Tibet	2	90
陕　西	Shaanxi	17	1766
甘　肃	Gansu	9	280
青　海	Qinghai	2	166
宁　夏	Ningxia	3	166
新　疆	Xinjiang	11	852

4-1-4 出版物发行购、销、存情况
Statistics on Purchase,Sales and Stock of Publications

单位：万元 (10 000 yuan)

年份 地区	Year Region	购进金额 Purchase	销售金额 Sales	库存金额 Stock
	2008	15438415	14563927	6727773
	2009	16005755	15569553	6582141
	2010	17753997	17541569	7377979
	2011	20248910	19534916	8040534
	2012	21609143	21598845	8418751
	2013	24182149	23461488	9643972
	2014	24478617	24155210	10101107
	2015	26693829	25637427	10824358
	2016	28571116	8330971	11430050
	2017	30421914	29544348	12209707
	2018	33605735	32133713	13754029
	2019	36618876	35655010	14771552
	2020	37047468	36589123	15185913
中　央	Central Level	8055571	8029031	5526572
北　京	Beijing	644160	670636	496530
天　津	Tianjin	310843	303027	153581
河　北	Hebei	1244811	1242237	183033
山　西	Shanxi	506338	505361	189362
内蒙古	Inner Mongolia	280801	277250	69814
辽　宁	Liaoning	509581	505002	251775
吉　林	Jilin	453720	457086	154673
黑龙江	Heilongjiang	326031	326031	86458
上　海	Shanghai	1317766	1232634	1015218
江　苏	Jiangsu	2807772	2615816	1433002
浙　江	Zhejiang	2462736	2511778	1023139
安　徽	Anhui	1483216	1474462	346230
福　建	Fujian	654585	648787	187906
江　西	Jiangxi	1499883	1530140	207659
山　东	Shandong	2244320	2171684	609588
河　南	Henan	1542068	1538863	242683
湖　北	Hubei	920853	856704	258343
湖　南	Hunan	1903446	1875226	724255
广　东	Guangdong	1485562	1524878	444210
广　西	Guangxi	946596	934912	170265
海　南	Hainan	204339	212745	22456
重　庆	Chongqing	535818	515798	156781
四　川	Sichuan	1477162	1411776	594918
贵　州	Guizhou	481418	479384	63687
云　南	Yunnan	599719	583501	125135
西　藏	Tibet	49386	47584	24748
陕　西	Shaanxi	894120	889494	223757
甘　肃	Gansu	359727	355324	45263
青　海	Qinghai	36330	35602	13238
宁　夏	Ningxia	111636	112251	19434
新　疆	Xinjiang	697154	714119	122200

注：本表数据为全国新华书店系统和出版社自办发行单位的数据(以下相关表同)。

a)Data in the table above refer to data of issuing units owned by Xinhua bookstores and presses. The same applies to the relevant tables following.

4-1-5 出版物印刷机构情况
Statistics on Printing Institutions

年份 地区	Year Region	印刷单位数（个） Number of Printing Institutions (unit)	职工人数（万人） Number of Employed Persons (10 000 persons)	印刷产量 Output of Printing 黑白（万令） Black and White (10 000 reams)	彩色（万对开色令） Color (10 000 bisect color reams)	装订产量（万令） Output of Bookbinding (10 000 reams)
	2008	6290	58.34	29047	93251	25129
	2009	8189	63.14	27034	129520	35498
	2010	8484	61.28	28272	141917	29007
	2011	8309	57.62	30091	152913	28985
	2012	8714	55.09	32654	164713	29740
	2013	8963	51.68	32608	255672	36316
	2014	9079	48.85	31936	252659	31965
	2015	8910	48.29	30945	219634	31630
	2016	8936	47.83	31518	150688	33669
	2017	8753	45.17	30375	140601	33425
	2018	8923	42.98	27760	116388	33358
	2019	9014	40.86	24907	119584	34739
	2020	9271	37.28	20960	110037	29640
北京	Beijing	881	2.57	1536	11923	2483
天津	Tianjin	222	0.59	263	2268	369
河北	Hebei	736	2.69	1830	2693	3305
山西	Shanxi	148	0.64	187	1377	290
内蒙古	Inner Mongolia	189	0.28	130	814	154
辽宁	Liaoning	190	0.53	385	2106	479
吉林	Jilin	211	0.57	531	1555	365
黑龙江	Heilongjiang	160	0.38	156	980	224
上海	Shanghai	183	1.45	368	9199	440
江苏	Jiangsu	447	2.70	1357	7182	1890
浙江	Zhejiang	705	2.74	1974	11934	2422
安徽	Anhui	365	1.25	587	4044	985
福建	Fujian	296	1.21	562	1323	547
江西	Jiangxi	144	0.64	740	1343	850
山东	Shandong	615	3.61	2714	7427	2951
河南	Henan	464	1.47	862	4364	1245
湖北	Hubei	370	1.44	1167	3495	1594
湖南	Hunan	417	1.65	792	4904	1285
广东	Guangdong	809	6.11	2190	17055	4503
广西	Guangxi	258	0.63	372	2935	507
海南	Hainan	40	0.14	45	568	32
重庆	Chongqing	97	0.38	218	1266	258
四川	Sichuan	303	0.85	989	2936	1177
贵州	Guizhou	152	0.34	88	1206	133
云南	Yunnan	189	0.55	205	1663	268
西藏	Tibet	26	0.08	37	144	44
陕西	Shaanxi	258	0.78	364	1598	435
甘肃	Gansu	108	0.37	148	475	166
青海	Qinghai	55	0.14	34	120	38
宁夏	Ningxia	106	0.11	42	100	43
新疆	Xinjiang	127	0.39	89	1040	160

4-1-6　图书、期刊、报纸进出口情况
Statistics on Import and Export of Books, Periodicals and Newspapers

年　份 Year	进口 Imports		出口 Exports	
	数量（万册、份） Number (10 000 copies)	金额（万美元） Value (10 000 USD)	数量（万册、份） Number (10 000 copies)	金额（万美元） Value (10 000 USD)
2008	3452.54	24061.40	801.82	3487.25
2009	2794.53	24505.27	885.16	3437.72
2010	2881.87	26008.58	945.64	3711.00
2011	2979.88	28373.26	1144.18	3905.51
2012	3138.07	30121.65	1639.27	4863.15
2013	2361.54	28048.63	1992.86	6012.40
2014	2538.85	28381.57	1689.42	5649.66
2015	2811.75	30557.53	1552.63	5726.74
2016	3108.18	30051.73	1765.52	5886.67
2017	3255.60	31978.76	1870.72	6024.66
2018	4088.02	36202.19	1478.09	5723.00
2019	4206.50	38560.51	1472.85	6079.69
2020	3974.18	36216.29	928.63	3262.80

注：本表仅包括有出版物进口经营许可证的出版物进出口经营单位数据(下表同)。

a)Data in the table above only source from those units with the quanlification of publication imports and exports. The same applies to the table following.

4-1-7　全国音像制品、电子出版物与数字出版物进出口情况
Statistics on Import and Export of Audio-Visual Products, Electronic Publications and Digital Publications

年　份 Year	进口 Imports		出口 Exports	
	数量（盒、张） Number (cassette, disc)	金额（万美元） Value (10 000 USD)	数量（盒、张） Number (cassette, disc)	金额（万美元） Value (10 000 USD)
2008	163822	4556.81	271204	101.32
2009	167428	6527.06	100053	61.11
2010	629542	11382.70	1018687	47.16
2011	396287	14134.78	77091	35.17
2012	185646	16685.95	93448	33.54
2013	285070	20022.34	34136	122.43
2014	134380	21000.13	20692	156.46
2015	116213	24207.67	9409	136.76
2016	108096	25859.38	13270	156.43
2017	135551	34584.46	19294	163.34
2018	88444	38019.93	12354	212.20
2019	113804	41116.31	11126	205.90
2020	200690	43293.73	6660	171.74

4-1-8 版权合同登记情况
Statistics on Registration of Copyright Contracts

单位：份 (unit)

年份 地区	Year Region	合计 Total	#书刊 Books	#音像制品 Audio-Video Products	#电子出版物 Electronic Publications	#软件 Software
	2008	12002	10736	451	311	499
	2009	14223	12741	257	473	393
	2010	15160	13537	306	418	453
	2011	20797	14689	245	485	955
	2012	18645	16753	319	417	1085
	2013	19521	17431	150	183	1161
	2014	17376	16214	130	194	276
	2015	19030	16085	1688	190	762
	2016	19744	16854	1790	238	686
	2017	20015	16635	1860	424	869
	2018	20339	16685	1877	420	1045
	2019	20313	16218	1563	296	1156
	2020	17811	15336	1001	169	965
中国版权保护中心	Copyright Protection Center of China	1065		967		98
北京	Beijing	7792	7761		30	1
天津	Tianjin	438	427			11
河北	Hebei	253	253			
山西	Shanxi	14	14			
内蒙古	Inner Mongolia					
辽宁	Liaoning	254	251			3
吉林	Jilin	107	107			
黑龙江	Heilongjiang	225	225			
上海	Shanghai	1376	1257	34	85	
江苏	Jiangsu	1451	586		26	839
浙江	Zhejiang	511	511			
安徽	Anhui	35	35			
福建	Fujian	81	77			4
江西	Jiangxi	328	328			
山东	Shandong	392	392			
河南	Henan	221	221			
湖北	Hubei	265	262		3	
湖南	Hunan	249	248			
广东	Guangdong	539	179		25	
广西	Guangxi	281	280			
海南	Hainan	156	151			5
重庆	Chongqing	240	239			1
四川	Sichuan	843	840			3
贵州	Guizhou	120	120			
云南	Yunnan	234	234			
西藏	Tibet	5	5			
陕西	Shaanxi	209	206			
甘肃	Gansu	115	115			
青海	Qinghai					
宁夏	Ningxia	4	4			
新疆	Xinjiang	8	8			

4-1-9 全国作品自愿登记情况
Statistics on Registration of Original Products

单位：件 (piece)

年份 地区	Year Region	合计 Total	#文字 Literature	#音乐 Music	#曲艺 Recitation and Ballad	#舞蹈 Dance	#美术 Arts	#摄影 Photograph	#影视 Films and TV
	2008	1040454	2823	2084	56	22	19903	1014365	267
	2009	336086	3509	1360	94	47	30501	299218	291
	2010	359871	6294	1425	112	18	37607	311897	1243
	2011	442983	80424	2004	46	34	53326	297028	7544
	2012	560583	179471	3901	58	40	85873	239801	30335
	2013	834569	124948	62119	118	21	171059	429903	11943
	2014	997350	349885	6094	73	19	187408	424449	11222
	2015	1349552	485539	2839	90	119	279884	540722	13820
	2016	1895053	631997	18496	310	147	440099	729473	26530
	2017	2068388	487238	11683	179	270	668930	778647	45938
	2018	2458995	291489	35119	382	175	1019601	961561	71746
	2019	2967177	192974	17467	397	164	1370975	1179451	93331
	2020	3362591	219440	16478	374	185	1318146	1526428	197659
北京	Beijing	1004676	12700	3889		4	8075	976333	1296
天津	Tianjin	213415	951	61	6	1	41543	156129	14342
河北	Hebei	25967	4373	255	158	13	14767	4424	217
山西	Shanxi	1496	68	3	9		1300		85
内蒙古	Inner Mongolia	3560	708	442	13	39	1573	491	91
辽宁	Liaoning	12072	1003	280		4	7194	54	
吉林	Jilin	11118	148	36			10511	54	131
黑龙江	Heilongjiang	2057	489	64			456	1002	34
上海	Shanghai	318906	27013	1717	1	7	183460	49483	16010
江苏	Jiangsu	281984	55725	609	10	18	186545	21097	13569
浙江	Zhejiang	32590	942	192			27809	2537	247
安徽	Anhui	84758	4694	116	27	14	16890	61296	640
福建	Fujian	163786	3576	150	5	2	138092	11343	8865
江西	Jiangxi	23266	9453	75	1	6	11563	1942	143
山东	Shandong	201181	12201	595	21	7	41411	143500	1752
河南	Henan	1513	477	16			733	159	89
湖北	Hubei	50474	5932	94	5		42795	576	1006
湖南	Hunan	8102	667	48			4443	1350	1168
广东	Guangdong	64195	1579	977	15	17	40730	12206	2645
广西	Guangxi	1755	319	62			794	39	115
海南	Hainan	192	37	9		2	106		3
重庆	Chongqing	171204	2830	323	1	1	50433	1503	114723
四川	Sichuan	163081	42330	2015	10	17	62490	52460	3253
贵州	Guizhou	136138	1982	490		7	126369	1957	1796
云南	Yunnan	11129	1970	167			3951	2683	
西藏	Tibet	18	1				3		14
陕西	Shaanxi	20128	1433	55		1	8613	1782	7760
甘肃	Gansu	15271	4278	375	80	3	4603	5550	146
青海	Qinghai	53	6	29			17		
宁夏	Ningxia	460	44	11			302		2
新疆	Xinjiang	953	239	142			546		

注：全国作品自愿登记中包含中国版权保护中心数据，故各地区合计与全国合计不等。

a)The total data of registration of original products include those registered in Copyright Protection Center of China, so the sum of regional data do not equal to the total.

4-1-10 版权引进和输出情况
Statistics on Copyright Import and Export

单位：项 (item)

项 目	Item	2009	2010	2011	2012	2013	2014
引进合计	**Total Number of Copyright Import**	**13793**	**16602**	**16639**	**17589**	**18167**	**16695**
#图书	Books	12914	13724	14708	16115	16625	15542
录音制品	Audio Products	262	439	278	475	378	208
录像制品	Video Products	124	356	421	503	538	451
电子出版物	Electronic Publications	86	49	185	100	72	120
输出合计	**Total Number of Copyright Export**	**4205**	**5691**	**7783**	**9365**	**10401**	**10293**
#图书	Books	3103	3880	5922	7568	7305	8088
录音制品	Audio Products	77	36	130	97	300	139
录像制品	Video Products		8	20	51	193	73
电子出版物	Electronic Publications	34	187	125	115	646	433

4-1-10 续表 continued

单位：项 (item)

项 目	Item	2015	2016	2017	2018	2019	2020
引进合计	**Total Number of Copyright Import**	**16467**	**17252**	**18120**	**16829**	**16140**	**14185**
#图书	Books	15458	16587	17154	16071	15684	13919
录音制品	Audio Products	133	119	147	125	78	79
录像制品	Video Products	90	251	364	192	204	154
电子出版物	Electronic Publications	292	217	372	214	11	33
输出合计	**Total Number of Copyright Export**	**10471**	**11133**	**13816**	**12778**	**15767**	**13895**
#图书	Books	7998	8328	10670	10873	13680	12915
录音制品	Audio Products	217	201	322	214	290	230
录像制品	Video Products		18	102		8	14
电子出版物	Electronic Publications	650	1264	1557	743	838	736

4-2-1 全国广播和电视综合人口覆盖情况
Population Coverage of Radio and TV Programs

单位：% (%)

年份地区	Year Region	广播节目综合人口覆盖率 Population Covertage Rate of Radio Programs	#乡村 Rural	电视节目综合人口覆盖率 Population Covertage Rate of TV Programs	#乡村 Rural
	2008	95.96	94.74	96.95	91.60
	2009	96.31	95.10	97.23	91.90
	2010	96.78	95.64	97.62	96.78
	2011	97.06	96.09	97.82	97.10
	2012	97.51	96.60	98.20	97.55
	2013	97.79	97.00	98.42	97.86
	2014	97.99	97.29	98.60	98.11
	2015	98.17	97.53	98.77	98.32
	2016	98.37	97.79	98.88	98.49
	2017	98.71	98.24	99.07	98.74
	2018	98.94	98.58	99.25	99.01
	2019	99.13	98.84	99.39	99.19
	2020	99.38	99.17	99.59	99.45
北京	Beijing	100.00	100.00	100.00	100.00
天津	Tianjin	100.00	100.00	100.00	100.00
河北	Hebei	99.76	99.68	99.83	99.80
山西	Shanxi	99.16	98.80	99.65	99.43
内蒙古	Inner Mongolia	99.66	99.37	99.68	99.37
辽宁	Liaoning	99.44	98.95	99.41	98.93
吉林	Jilin	99.42	99.31	99.50	99.25
黑龙江	Heilongjiang	99.94	99.93	99.86	99.86
上海	Shanghai	100.00	100.00	100.00	100.00
江苏	Jiangsu	100.00	100.00	100.00	100.00
浙江	Zhejiang	99.77	99.75	99.84	99.82
安徽	Anhui	99.93	99.92	99.90	99.88
福建	Fujian	99.82	99.76	99.85	99.79
江西	Jiangxi	99.07	98.92	99.51	99.37
山东	Shandong	99.45	99.24	99.59	99.52
河南	Henan	99.64	99.59	99.58	99.51
湖北	Hubei	99.86	99.80	99.82	99.73
湖南	Hunan	99.37	98.93	99.74	99.58
广东	Guangdong	99.98	99.95	99.98	99.97
广西	Guangxi	98.16	97.83	99.15	98.99
海南	Hainan	99.20	98.83	99.23	98.88
重庆	Chongqing	99.42	99.15	99.51	99.31
四川	Sichuan	98.87	98.47	99.33	99.24
贵州	Guizhou	95.45	95.05	97.51	97.18
云南	Yunnan	99.26	99.07	99.38	99.24
西藏	Tibet	99.07	99.17	99.23	99.31
陕西	Shaanxi	99.29	99.02	99.62	99.45
甘肃	Gansu	99.31	99.15	99.41	99.29
青海	Qinghai	99.05	98.70	99.11	98.74
宁夏	Ningxia	99.76	99.52	99.94	99.87
新疆	Xinjiang	98.68	98.46	98.85	98.55

4-2-2 全国有线广播电视实际用户情况
Actual Users of Cable Radio and TV

年份 地区	Year Region	有线广播电视实际用户数（万户） Actual Users of Cable Radio and TV (10 000 households)	#乡村 Rural	#数字电视 Digital TV	有线广播电视实际用户数占家庭总户数的比重（%） Popularization Rate of Cable Radios and TVs (%)
	2008	16398	6568	4528	41.6
	2009	17523	6863	6322	44.0
	2010	18872	7293	8870	46.4
	2011	20264	8123	11489	49.4
	2012	21509	8432	14303	51.5
	2013	22894	8911	17160	54.1
	2014	23458	7986	19143	54.8
	2015	23567	8250	19776	54.6
	2016	22830	8093	20157	52.8
	2017	21446	7504	19404	48.3
	2018	21832	7404	20144	49.0
	2019	20661	7322	19417	46.2
	2020	20745	7055	19889	46.2
北京	Beijing	606	96	605	109.4
天津	Tianjin	359	50	354	88.3
河北	Hebei	616	163	595	25.6
山西	Shanxi	413	103	345	31.9
内蒙古	Inner Mongolia	207	40	207	23.4
辽宁	Liaoning	599	149	576	38.8
吉林	Jilin	618	209	618	60.1
黑龙江	Heilongjiang	585	112	579	39.4
上海	Shanghai	751	14	733	135.1
江苏	Jiangsu	1528	587	1515	60.6
浙江	Zhejiang	1321	811	1303	77.1
安徽	Anhui	795	267	618	36.6
福建	Fujian	727	477	727	63.5
江西	Jiangxi	545	273	528	41.7
山东	Shandong	1571	774	1451	47.9
河南	Henan	748	216	696	22.7
湖北	Hubei	1203	508	1174	57.3
湖南	Hunan	679	154	640	31.7
广东	Guangdong	1706	425	1639	66.6
广西	Guangxi	734	293	734	45.7
海南	Hainan	143	47	133	53.4
重庆	Chongqing	606	159	548	48.8
四川	Sichuan	969	293	935	29.9
贵州	Guizhou	837	431	837	62.3
云南	Yunnan	417	132	389	29.1
西藏	Tibet	24	0	18	29.1
陕西	Shaanxi	751	238	751	56.5
甘肃	Gansu	165	20	126	19.6
青海	Qinghai	98	1	97	66.9
宁夏	Ningxia	111	3	110	48.0
新疆	Xinjiang	315	9	306	40.1

4-2-3 全国广播电视节目制作和播出情况
Production and Broadcasting of Radio and TV Programs

单位：小时 (hour)

年 份 Year	广播节目制作时间 Radio Programs Produced	公共广播节目播出时间 Broadcasting Hours of Public Radio Programs	电视节目制作时间 TV Programs Produced	公共电视节目播出时间 Broadcasting Hours of Public TV Programs
2008	6443045	11629729	2628524	14953362
2009	6716500	12265513	2653552	15776767
2010	6814226	12660314	2742949	16355043
2011	6936960	13057496	2950490	16753029
2012	7188245	13383651	3436301	16985291
2013	7391000	13795461	3398000	17057212
2014	7647267	14058328	3277394	17476126
2015	7718163	14218253	3520190	17796010
2016	7820296	14565058	3507217	17924388
2017	7888254	14918863	3651775	18810197
2018	8017573	15267407	3577444	19250257
2019	8018667	15533983	3455809	19509935
2020	8210448	15807230	3282440	19883117

4-2-4 分地区广播节目制作情况(2020年)
Production and Transaction of Radio Program by Region(2020)

单位：小时 (hour)

地区	Region	全年制作广播节目时间 Radio Programs Produced	新闻资讯类 News Programs	专题服务类 Special Subject Programs	综艺类 General Entertainment Programs	广播剧类 Radio Play Programs	广告类 Advertising Programs	其他类 Others
全　国	**National Total**	**8210448**	**1452701**	**2241754**	**1977798**	**218581**	**684014**	**1635600**
国家广播电视总局	National Radio and Television Administration	1177		502	387		90	197
中央广播电视总台	China Media Group	277270	69694	112719	43018	2409	6354	43076
其他部门所属单位	Under Other Department	2			0	2		
北　京	Beijing	112999	12097	29810	32964	13346	803	23980
天　津	Tianjin	97469	9587	22420	40270	62	15068	10062
河　北	Hebei	445918	55925	101879	151505	13795	41071	81743
山　西	Shanxi	265900	51750	76516	59661	12543	25278	40152
内蒙古	Inner Mongolia	299322	52758	92728	93446	9321	16577	34492
辽　宁	Liaoning	394168	57077	131904	106098	11451	35745	51893
吉　林	Jilin	248677	25476	76177	97226	8436	17203	24160
黑龙江	Heilongjiang	234014	34201	69391	43559	10089	15817	60957
上　海	Shanghai	152811	10578	28272	43159	2123	6007	62672
江　苏	Jiangsu	568126	89775	141324	137035	12425	71044	116524
浙　江	Zhejiang	523379	96541	135792	124412	11022	49124	106490
安　徽	Anhui	268925	47676	79072	37404	4347	27476	72950
福　建	Fujian	251980	57345	64620	62693	2826	7560	56936
江　西	Jiangxi	181012	38132	43485	44664	4731	16577	33423
山　东	Shandong	597398	97997	140676	149810	17065	54590	137261
河　南	Henan	310878	58012	91432	92107	4523	27145	37660
湖　北	Hubei	225006	50114	73363	49455	5834	22105	24135
湖　南	Hunan	241508	49870	37015	43821	4350	22813	83637
广　东	Guangdong	662735	102731	163084	92190	14191	52769	237770
广　西	Guangxi	215456	49313	34765	80091	1242	13105	36940
海　南	Hainan	69753	13227	10747	11541	686	3360	30192
重　庆	Chongqing	103670	21654	35226	17081	2625	5900	21183
四　川	Sichuan	315376	75358	101276	55391	8339	17412	57600
贵　州	Guizhou	138635	26637	31643	33179	7581	15260	24335
云　南	Yunnan	195365	37715	67652	38745	9607	17544	24102
西　藏	Tibet	39313	7125	12030	14574	2289	2053	1242
陕　西	Shanxi	244475	40517	74262	53131	10026	23573	42965
甘　肃	Gansu	154714	34664	40306	40788	4265	15831	18861
青　海	Qinghai	50058	16390	13131	11865	2349	5144	1180
宁　夏	Ningxia	57342	11413	18688	9990	1515	7436	8302
新　疆	Xinjiang	265616	51355	89848	66539	3167	26181	28526

4-2-5 分地区电视节目制作交易情况(2020年)
Production and Transaction of TV Program by Region(2020)

地 区	Region	全年制作电视节目时间(小时) TV Programs Produced (hour)	新闻资讯类 News Programs	专题服务类 Special Subject Programs	综艺益智类 General Entertainment Programs	影视剧类 TV Drama Programs
全 国	**National Total**	**3282440**	**1097543**	**899825**	**341886**	**95403**
国家广播电视总局	National Radio and Television Administration					
中央广播电视总台	Chian Media Group	213737	103591	61334	33270	8955
其他部门所属单位	Under Other Department	6637	1476	859	2064	556
北 京	Beijing	76341	17756	23338	4269	5375
天 津	Tianjin	16579	6731	8374	1031	101
河 北	Hebei	125740	39561	36222	19307	2385
山 西	Shanxi	142692	39017	29096	12954	5376
内蒙古	Inner Mongolia	85210	32218	23118	8602	52
辽 宁	Liaoning	142183	32226	27108	20426	1490
吉 林	Jilin	88410	13748	23028	23527	116
黑龙江	Heilongjiang	107621	35502	29757	10971	1897
上 海	Shanghai	46499	16582	10137	6445	4071
江 苏	Jiangsu	200940	61591	54393	25673	11673
浙 江	Zhejiang	165833	51409	42717	16447	4013
安 徽	Anhui	76041	29206	19723	6934	818
福 建	Fujian	55418	25286	14113	2964	254
江 西	Jiangxi	89905	30346	21542	6693	8585
山 东	Shandong	208269	57438	65015	29691	4031
河 南	Henan	126158	41389	30940	21358	326
湖 北	Hubei	92712	28464	29335	7871	2775
湖 南	Hunan	105333	40760	19909	11439	330
广 东	Guangdong	206714	48227	28390	16572	12332
广 西	Guangxi	93984	39381	13530	3855	2062
海 南	Hainan	19631	9292	4076	2728	138
重 庆	Chongqing	160908	20206	119234	7506	245
四 川	Sichuan	148762	60055	38338	9954	5073
贵 州	Guizhou	51438	31247	10740	1138	
云 南	Yunnan	127484	53288	39018	3984	2687
西 藏	Tibet	20245	13688	3088	1247	205
陕 西	Shaanxi	101814	40573	26705	9904	626
甘 肃	Gansu	64162	24752	18158	5601	2124
青 海	Qinghai	23104	10786	7914	1122	1098
宁 夏	Ningxia	19181	7058	4369	3008	1
新 疆	Xinjiang	72754	34694	16209	3332	5634

4-2-5 续表 1 continued

地 区	Region	广告类 Advertising Programs	其他类 Others	全年电视节目制作投资额(万元) Investment in Production of TV Programs (10 000 yuan)	#电视剧 TV Dramas
全 国	**National Total**	**389655**	**458128**	**3488058**	**1859630**
国家广播电视总局	National Radio and Television Administration				
中央广播电视总台	Chian Media Group	79	6509	901951	33728
其他部门所属单位	Under Other Department	2	1681	55818	15000
北 京	Beijing	2444	23159	871562	724148
天 津	Tianjin	327	16	30186	25078
河 北	Hebei	19970	8295	9596	7490
山 西	Shanxi	15803	40446	3964	3583
内蒙古	Inner Mongolia	13514	7706	335	
辽 宁	Liaoning	32501	28433	1235	110
吉 林	Jilin	17472	10519	1618	300
黑龙江	Heilongjiang	13044	16449	1461	
上 海	Shanghai	1063	8201	294784	220419
江 苏	Jiangsu	29156	18454	145511	88007
浙 江	Zhejiang	33133	18114	423048	311069
安 徽	Anhui	12124	7236	8080	3588
福 建	Fujian	4859	7943	55344	51323
江 西	Jiangxi	14151	8587	14469	6000
山 东	Shandong	31689	20406	38459	16031
河 南	Henan	13751	18395	5867	
湖 北	Hubei	15326	8941	91605	12150
湖 南	Hunan	17138	15757	83692	69589
广 东	Guangdong	11033	90161	143044	13327
广 西	Guangxi	20681	14474	4069	3550
海 南	Hainan	2338	1059	845	200
重 庆	Chongqing	5371	8346	25002	17595
四 川	Sichuan	14021	21320	9541	7556
贵 州	Guizhou	2070	6243	2612	1306
云 南	Yunnan	15857	12650	9974	7812
西 藏	Tibet	1453	563	26905	23180
陕 西	Shaanxi	15417	8589	82897	78502
甘 肃	Gansu	7723	5804	2034	12
青 海	Qinghai	792	1393		
宁 夏	Ningxia	2169	2576	291	
新 疆	Xinjiang	3183	9703	142259	118975

4-2-5 续表 2 continued

地区	Region	#动画电视 Cartoon Programs	全年电视节目国内销售额(万元) Domestic Sales of TV Programs (10 000 yuan)	#电视剧 TV Dramas	#动画电视 Cartoon Programs
全国	**National Total**	**173420**	**3417615**	**2078229**	**141206**
国家广播电视总局	National Radio and Television Administration				
中央广播电视总台	Chian Media Group	17739	381090	35515	24624
其他部门所属单位	Under Other Department	11040	1018	623	
北京	Beijing	10665	300696	178928	6614
天津	Tianjin	1287	108734	105113	2266
河北	Hebei	990	2006	1230	13
山西	Shanxi		614	306	
内蒙古	Inner Mongolia		186	166	
辽宁	Liaoning	731	1023	105	919
吉林	Jilin	306	781	428	340
黑龙江	Heilongjiang	308	519	47	292
上海	Shanghai	17350	490846	481502	3014
江苏	Jiangsu	5894	262216	106047	6666
浙江	Zhejiang	13591	600633	548162	4884
安徽	Anhui	2192	1727	652	299
福建	Fujian	1679	29366	11602	13225
江西	Jiangxi	2030	9809	651	1608
山东	Shandong	6706	18460	10775	107
河南	Henan		39		
湖北	Hubei	2733	9065	4789	1196
湖南	Hunan	4989	123062	95818	1508
广东	Guangdong	65119	104528	13129	65158
广西	Guangxi	312	1757	1094	16
海南	Hainan	100	391	85	
重庆	Chongqing	7166	18317	9223	7867
四川	Sichuan	5	14087	12452	33
贵州	Guizhou		955	955	
云南	Yunnan	295	5457	1895	387
西藏	Tibet	20	507	311	50
陕西	Shaanxi	2	57802	56805	5
甘肃	Gansu	71	1827	34	115
青海	Qinghai				
宁夏	Ningxia	16	104		
新疆	Xinjiang	83	869991	399789	0

4-2-6 分地区广播节目播出情况(2020年)
Broadcasting of Radio Programs by Region(2020)

地区	Region	公共广播节目套数(套) Number of Public Radio Programs (set)	全年公共广播节目播出时间(小时) Broadcasting Hours of Radio Programs (hour)	#转中央台节目 Relaying Programs of CCTV	#自制节目 Own-produced Programs	#购买交换节目 Purchased or Exchanged Programs
全　国	**National Total**	**2932**	**15807230**	**1891331**	**9460536**	**2998629**
中央广播电视总台	China Media Group	23	181545		180371	1174
北　京	Beijing	26	174465	2429	84745	86225
天　津	Tianjin	22	142147	8352	116659	7051
河　北	Hebei	183	886126	92823	489603	242294
山　西	Shanxi	129	561630	85106	291347	132648
内蒙古	Inner Mongolia	126	697337	108557	385058	111577
辽　宁	Liaoning	110	680782	44752	456039	167735
吉　林	Jilin	83	593198	48120	357867	174543
黑龙江	Heilongjiang	101	547200	90367	278471	91460
上　海	Shanghai	23	151413	9414	103762	34761
江　苏	Jiangsu	121	753560	39585	577548	115143
浙　江	Zhejiang	112	773410	56523	574805	90294
安　徽	Anhui	107	611347	64517	347321	150286
福　建	Fujian	93	526175	90807	315777	46029
江　西	Jiangxi	99	385967	76563	201124	68945
山　东	Shandong	171	1030104	76173	657742	244978
河　南	Henan	160	727321	79217	480528	107984
湖　北	Hubei	98	585248	58548	346650	139014
湖　南	Hunan	123	525859	69423	306232	81782
广　东	Guangdong	137	801087	41309	609326	81457
广　西	Guangxi	78	436175	47862	260961	85881
海　南	Hainan	25	142503	19663	76704	32822
重　庆	Chongqing	37	213980	23261	132436	45935
四　川	Sichuan	154	713209	154237	368031	128549
贵　州	Guizhou	44	262047	29405	171936	52479
云　南	Yunnan	74	425935	74487	271131	57461
西　藏	Tibet	30	158904	25952	39409	36440
陕　西	Shaanxi	110	485569	72285	279391	95796
甘　肃	Gansu	99	385455	73014	192961	62693
青　海	Qinghai	48	255157	80499	75873	53862
宁　夏	Ningxia	24	128183	21080	73432	30662
新　疆	Xinjiang	162	864191	127004	357294	140671

4-2-6 续表 continued

地 区	Region	按节目类型分播出时间(小时) by Type of Programs (hour)					
		新闻资讯类 News	专题服务类 Special Subject	综艺益智类 General Entertainment	广播剧类 Radio Plays	广告类 Advertising	其他类 Others
全 国	**National Total**	**3135478**	**3338991**	**3642425**	**974411**	**1414110**	**3301814**
中央广播电视总台	China Media Group	42520	60806	52644	3620	9031	12925
北 京	Beijing	18711	37164	92254	6671	14177	5488
天 津	Tianjin	19772	33287	54069	460	18135	16423
河 北	Hebei	136255	151451	264741	78941	87577	167162
山 西	Shanxi	118388	113410	116341	45771	45522	122199
内蒙古	Inner Mongolia	132203	133951	201266	39792	34738	155387
辽 宁	Liaoning	103554	180102	179835	43199	63289	110803
吉 林	Jilin	70195	125954	196436	37105	68773	94735
黑龙江	Heilongjiang	115465	116857	88249	48568	38318	139744
上 海	Shanghai	25653	41341	51374	5258	8446	19341
江 苏	Jiangsu	130829	170217	175209	32657	93167	151481
浙 江	Zhejiang	155532	172024	173678	20313	76684	175180
安 徽	Anhui	115677	120823	100452	38271	63602	172523
福 建	Fujian	124679	108183	109190	12007	24993	147122
江 西	Jiangxi	85337	74357	81333	32931	31078	80932
山 东	Shandong	158795	213390	243830	61304	103595	249189
河 南	Henan	137893	150703	212932	53853	60252	111688
湖 北	Hubei	115087	154204	151710	38262	63877	62109
湖 南	Hunan	115722	72144	92828	28425	51499	165241
广 东	Guangdong	142643	142475	109807	27496	87922	290745
广 西	Guangxi	112537	52715	121942	15585	35778	97618
海 南	Hainan	29470	21292	19511	3358	12504	56368
重 庆	Chongqing	42342	56447	39413	14937	17447	43394
四 川	Sichuan	179466	152593	126304	46253	48861	159731
贵 州	Guizhou	55228	44207	53443	18988	31639	58542
云 南	Yunnan	97715	102282	75293	32918	34178	83549
西 藏	Tibet	33677	27951	37072	29647	3671	26886
陕 西	Shaanxi	112762	108062	95886	42390	44438	82031
甘 肃	Gansu	109577	81103	76239	22353	28695	67488
青 海	Qinghai	65881	46272	53869	52368	13540	23226
宁 夏	Ningxia	28600	24614	31099	7489	16259	20122
新 疆	Xinjiang	203314	248612	164179	33220	82427	132440

4-2-7 分地区电视节目播出情况(2020年)
Statistics on Broadcasting of TV Program by Region(2020)

地区	Region	公共电视节目套数(套) Number of Public TV Programs (set)	全年公共电视节目播出时间(小时) Broadcasting Hours of TV Programs (hour)	#转中央台节目 Relaying Programs of CCTV	#自制节目 Own-produced Programs	#购买交换节目 Purchased or Exchanged Programs
全　国	**National Total**	**3603**	**19883117**	**1611961**	**5915280**	**11016958**
中央广播电视总台	China Media Group	29	241751		232750	9001
其他部门所属单位	Under Other Department	5	43896	237	21062	22597
北　京	Beijing	26	135507	1043	58092	71430
天　津	Tianjin	21	146181	11744	51892	80977
河　北	Hebei	212	986644	68762	292197	574123
山　西	Shanxi	140	651071	61621	180487	356696
内蒙古	Inner Mongolia	120	684933	68966	193414	375072
辽　宁	Liaoning	132	807119	31292	271360	479452
吉　林	Jilin	77	525185	16944	184726	317575
黑龙江	Heilongjiang	104	610150	66413	177784	279415
上　海	Shanghai	21	139274	2828	64864	70578
江　苏	Jiangsu	126	792592	28981	292822	458896
浙　江	Zhejiang	110	706897	24886	282037	389852
安　徽	Anhui	111	648361	38416	210053	363832
福　建	Fujian	100	423489	16114	126369	266305
江　西	Jiangxi	128	657603	98289	162247	352589
山　东	Shandong	259	1448441	72135	448530	884381
河　南	Henan	174	948206	87449	320238	493634
湖　北	Hubei	114	702970	37504	193502	449833
湖　南	Hunan	144	782780	96403	205410	400883
广　东	Guangdong	164	902869	45067	271208	537604
广　西	Guangxi	118	638046	28418	166362	395054
海　南	Hainan	16	112125	3093	41031	64636
重　庆	Chongqing	52	310961	11295	112253	185326
四　川	Sichuan	206	1166911	172533	318865	589832
贵　州	Guizhou	105	512563	31580	139154	311323
云　南	Yunnan	172	924710	142885	249569	481214
西　藏	Tibet	82	381867	40265	34646	183115
陕　西	Shaanxi	121	615128	70101	183053	329742
甘　肃	Gansu	117	584168	63052	142218	337984
青　海	Qinghai	50	324572	49377	63263	141319
宁　夏	Ningxia	28	172451	14619	40059	112502
新　疆	Xinjiang	219	1153696	109649	183762	650185

4-2-7 续表 continued

地 区	Region	按节目类型分播出时间(小时) by Type of Programs (hour)					
		新闻资讯类 News	专题服务类 Special Subject	综艺益智类 General Entertainment	影视剧类 TV Plays	广告类 Advertising	其他类 Others
全 国	**National Total**	**2855504**	**2619993**	**1159168**	**8731162**	**2249658**	**2267632**
中央广播电视总台	China Media Group	72956	73148	35773	54247	5628	
其他部门所属单位	Under Other Department	1062	8650	11599	13088	4166	5331
北 京	Beijing	22887	42821	7401	32448	14233	15718
天 津	Tianjin	17796	42691	8467	51211	15960	10056
河 北	Hebei	121155	108977	61858	504428	100498	89728
山 西	Shanxi	88304	72409	32870	307076	76032	74380
内蒙古	Inner Mongolia	95858	81270	46011	312153	53227	96414
辽 宁	Liaoning	75402	120767	82242	331581	102087	95042
吉 林	Jilin	39778	70618	77842	220809	70885	45254
黑龙江	Heilongjiang	86914	74821	30977	245739	59086	112612
上 海	Shanghai	24389	35597	9234	43827	12507	13721
江 苏	Jiangsu	109816	128327	39776	312720	115378	86575
浙 江	Zhejiang	110315	104476	24339	300737	106847	60184
安 徽	Anhui	94169	75840	24809	308969	94051	50523
福 建	Fujian	75578	76297	16639	154502	52682	47793
江 西	Jiangxi	89184	66956	34673	311458	65704	89629
山 东	Shandong	166989	194327	109616	663283	162960	151266
河 南	Henan	120413	134570	73900	430962	86657	101704
湖 北	Hubei	95793	85169	30869	346197	102813	42129
湖 南	Hunan	105872	75952	57595	361645	95353	86363
广 东	Guangdong	129690	112963	30207	350360	125072	154578
广 西	Guangxi	106365	71502	20219	246796	109158	84006
海 南	Hainan	28587	9504	5528	42989	18199	7318
重 庆	Chongqing	36718	69956	20481	110186	34715	38905
四 川	Sichuan	179047	119646	59235	555130	108743	145110
贵 州	Guizhou	95608	56375	9192	202764	71307	77317
云 南	Yunnan	134653	105289	27257	409241	103806	144464
西 藏	Tibet	73659	20196	19254	195544	12033	61181
陕 西	Shaanxi	108091	73798	34894	280334	62398	55613
甘 肃	Gansu	100655	70259	26776	281938	47392	57148
青 海	Qinghai	55455	45994	33430	143115	17259	29318
宁 夏	Ningxia	22943	22118	6275	81497	19499	20118
新 疆	Xinjiang	169403	168711	49932	524189	123324	118136

4-2-8 分地区电视剧播出情况(2020年)
Statistics on Broadcasting of TV Plays by Region(2020)

地区	Region	全年电视剧播出数 Number of TV Plays Broadcasted		#进口电视剧 Imported TV Plays		全年电视动画片播出时间(小时) Broadcasting Hours of Cartoon (hour)	#进口动画电视 Imported Cartoon
		部 series	集 episodes	部 series	集 episodes		
全国	**National Total**	**212716**	**7393772**	**392**	**11823**	**446113**	**7058**
中央广播电视总台	China Media Group	761	60761	3	27	7180	833
其他部门所属单位	Under Other Department	95	4100			526	45
北京	Beijing	510	26597			7495	72
天津	Tianjin	1565	48476	5	132	6686	
河北	Hebei	12079	431658	1	7	14435	
山西	Shanxi	6816	251229	10	400	14422	201
内蒙古	Inner Mongolia	8354	281723			17489	
辽宁	Liaoning	8716	326466	84	3112	8885	78
吉林	Jilin	5588	210383	10	300	2695	
黑龙江	Heilongjiang	5189	175079			8963	
上海	Shanghai	781	35315	27	411	8767	
江苏	Jiangsu	6856	246854			15179	
浙江	Zhejiang	6899	263229	1	20	21804	
安徽	Anhui	8863	274069	16	499	11227	
福建	Fujian	3608	129278			17050	
江西	Jiangxi	9146	228719	99	2622	16112	471
山东	Shandong	14400	545431	2	49	26351	4452
河南	Henan	13295	415231			8659	
湖北	Hubei	11292	375669			16973	
湖南	Hunan	10811	309875	56	1737	26028	133
广东	Guangdong	6546	266844	16	459	39864	69
广西	Guangxi	6391	248194			11329	
海南	Hainan	866	38695			5066	
重庆	Chongqing	2582	114763			9723	
四川	Sichuan	15526	498654	44	1323	22419	16
贵州	Guizhou	4875	163997			12054	13
云南	Yunnan	7937	282738	8	246	20898	189
西藏	Tibet	1335	46678			1587	
陕西	Shaanxi	7052	235052	3	157	8623	
甘肃	Gansu	5953	219541	6	302	12766	
青海	Qinghai	2406	88855	1	20	7053	
宁夏	Ningxia	1564	59814			5337	122
新疆	Xinjiang	14059	489805			32470	366

4-2-9 全国广播电视从业人员情况

Number of Employed Persons in Radio and TV Broadcasting Industry

单位：人 (person)

年份地区	Year Region	从业人员 Number of Employed Persons	#编辑、记者 Editors and Reporters	#播音员、主持人 Announcers and Anchor Persons	#工程技术人员 Engineering Technical Personnel
2008		672722	116045	23691	124159
2009		705817	122004	24627	126257
2010		750899	132186	25743	132431
2011		786372	135748	28007	143474
2012		820410	142297	28164	151884
2013		844330	146798	29683	152130
2014		864351	152571	29116	149882
2015		900664	154976	30191	153624
2016		919283	160253	30563	151234
2017		976856	167284	30812	158294
2018		978974	167792	30962	152859
2019		994422	172246	31001	152592
2020		1010997	175679	29997	149627
国家广播电视总局	National Radio and Television Administration	9847	159	1	5236
中央广播电视总台	China Media Group	40577	8101	585	4228
其他部门所属单位	Under Other Department	5386	1789	37	548
北京	Beijing	108545	11556	1705	10616
天津	Tianjin	8733	2348	239	1301
河北	Hebei	35212	6756	1418	4110
山西	Shanxi	25229	6441	759	3185
内蒙古	Inner Mongolia	18976	5041	979	3805
辽宁	Liaoning	24935	4658	1084	4639
吉林	Jilin	20329	4557	796	3574
黑龙江	Heilongjiang	22921	4646	803	4345
上海	Shanghai	35753	3286	525	4965
江苏	Jiangsu	62886	10714	1823	8884
浙江	Zhejiang	61850	9630	1605	9704
安徽	Anhui	27846	5135	1169	4022
福建	Fujian	30895	5267	768	3710
江西	Jiangxi	20199	3133	721	2214
山东	Shandong	54671	12566	2480	9132
河南	Henan	43775	9607	1568	5941
湖北	Hubei	36887	6376	1010	5899
湖南	Hunan	47933	6741	1033	6656
广东	Guangdong	74375	8733	1873	12945
广西	Guangxi	17770	3798	631	3227
海南	Hainan	6839	1509	278	879
重庆	Chongqing	14170	2632	451	1785
四川	Sichuan	45881	6159	1273	5543
贵州	Guizhou	20749	3662	608	3436
云南	Yunnan	20695	5575	838	4214
西藏	Tibet	4830	1193	284	1056
陕西	Shaanxi	21186	4262	850	2709
甘肃	Gansu	15130	3295	623	2009
青海	Qinghai	4295	1026	251	879
宁夏	Ningxia	4606	1099	202	841
新疆	Xinjiang	17086	4229	727	3390

4-2-10 全国广播电视实际创收收入及资产情况
Revenue and Assets of Radio and TV Broadcasting Industry

单位：万元 (10 000 yuan)

年份 Year	实际创收收入 Actual Revenue	#广告收入 Revenue from Advertising	#广播广告收入 Radio Advertising Revenue	#电视广告收入 TV Advertising Revenue
2008	13506431	7016926	722244	6091123
2009	15820227	7817757	814648	6758184
2010	20028538	9399745	995807	7965883
2011	23711781	11228956	1233178	9345355
2012	28033517	12702465	1361954	10462897
2013	32427688	13870071	1399245	11192629
2014	36355079	14644911	1599361	11161883
2015	39522681	15295391	1564218	10651632
2016	43224005	15472245	1458277	10048691
2017	48417556	16512368	1555599	9683447
2018	56396113	18644866	1403677	9588555
2019	67668964	20752728	1212365	8776106
2020	77117578	19400576	956710	6939079

4-2-10 续表 continued

单位：万元 (10 000 yuan)

年份 Year	#有线电视网络收入 Revenue from Network Services	#有线电视收视费收入 Revenue from Subscription of Cable TV Programs	#付费电视收入 Revenue from Pay Digital TV	#增值业务收入 Revenue from Value-Added Service
2008	3694988	2500593	142183	
2009	4188499	2846206	181747	
2010	4874430	3225188	252921	
2011	5637763	3641728	376876	205841
2012	6609791	4083530	448793	376684
2013	7549089	4378749	585982	501372
2014	8272101	4573905	665108	579657
2015	8660586	4751534	702337	845340
2016	9102646	4579214	764358	1223967
2017	8344311	4140032	655596	1028187
2018	7794763	3683780	568467	1114073
2019	7533513	3266825	503951	1161175
2020	7569791	2987229	343302	1016509

注：原指标“三网融合业务收入”于2020年调整为“增值业务收入”，统计范围与口径与原指标基本一致。

a)“Revenue from Value-Added Service ”is changed from"Revenue from Three-network Convergence" in 2020, statistical range and specification are basically consistent with the original index.

4-2-11 分地区广播电视实际创收收入及资产情况(2020年)

Revenue of Radio and TV Broadcasting Industry by Region(2020)

单位：万元 (10 000 yuan)

地区	Region	实际创收收入 Actual Revenue	#广告收入 Revenue from Advertising	#有线电视网络收入 Revenue from Network Services
全 国	**National Total**	**77117578**	**19400576**	**7569791**
国家广播电视总局	National Radio and Television Administration	333431	18080	33375
中央广播电视总台	China Media Group	4912137	2013570	1
其他部门所属单位	Under Other Department	344799	181649	166
北 京	Beijing	29100728	7031282	274107
天 津	Tianjin	600491	79641	63585
河 北	Hebei	570138	149616	238977
山 西	Shanxi	232886	55907	73756
内蒙古	Inner Mongolia	182929	33453	103417
辽 宁	Liaoning	401216	122409	218339
吉 林	Jilin	335059	92285	182179
黑龙江	Heilongjiang	376591	78520	166728
上 海	Shanghai	6255438	1770315	366737
江 苏	Jiangsu	3470081	727080	691037
浙 江	Zhejiang	5003588	859603	763070
安 徽	Anhui	745091	302066	142292
福 建	Fujian	1642373	447851	399683
江 西	Jiangxi	374350	107793	160297
山 东	Shandong	1231050	458395	448515
河 南	Henan	433277	114263	104379
湖 北	Hubei	1470750	195635	333160
湖 南	Hunan	3223374	1419384	226891
广 东	Guangdong	8740664	1997789	870373
广 西	Guangxi	528667	167185	213556
海 南	Hainan	598144	133744	42544
重 庆	Chongqing	522734	78600	194453
四 川	Sichuan	1243760	160708	430644
贵 州	Guizhou	943359	130000	387667
云 南	Yunnan	484906	113978	127109
西 藏	Tibet	89497	84524	2262
陕 西	Shaanxi	632962	117870	180905
甘 肃	Gansu	107594	33144	42897
青 海	Qinghai	29993	9434	15492
宁 夏	Ningxia	55378	19584	21063
新 疆	Xinjiang	1900144	95221	50133

4-2-11 续表 continued

单位：万元 (10 000 yuan)

地区	Region	#新媒体业务收入 revenue New media	#广播电视节目销售收入 Revenue from Sales of Radio and TV Programs	#电视购物频道收入 Revenue from TV Shopping
全国	**National Total**	**26563808**	**4118168**	**1354658**
国家广播电视总局	National Radio and Television Administration	99467	3755	
中央广播电视总台	China Media Group	780259	395157	133925
其他部门所属单位	Under Other Department	19592	21895	
北京	Beijing	16998728	561819	85503
天津	Tianjin	53644	112189	12277
河北	Hebei	82999	2948	34
山西	Shanxi	22681	653	32076
内蒙古	Inner Mongolia	9687	2523	
辽宁	Liaoning	15875	5955	12574
吉林	Jilin	19306	998	300
黑龙江	Heilongjiang	26138	1257	
上海	Shanghai	2120862	601875	119350
江苏	Jiangsu	270871	272725	145351
浙江	Zhejiang	745236	771716	77078
安徽	Anhui	39548	13130	146395
福建	Fujian	86547	51173	8125
江西	Jiangxi	18534	19002	33483
山东	Shandong	107602	29948	27615
河南	Henan	91191	1256	
湖北	Hubei	785871	8614	
湖南	Hunan	706104	166724	180460
广东	Guangdong	2739533	123992	46012
广西	Guangxi	48276	32720	3793
海南	Hainan	254361	1570	
重庆	Chongqing	43169	32747	350
四川	Sichuan	74842	13818	6385
贵州	Guizhou	47263	3126	189773
云南	Yunnan	19838	7309	4930
西藏	Tibet	20	384	
陕西	Shaanxi	33630	61118	80251
甘肃	Gansu	9672	1264	
青海	Qinghai	2529		
宁夏	Ningxia	4227		943
新疆	Xinjiang	185706	794807	7677

4-2-12　分地区广播电视行政事业单位财务收支情况(2020年)

Main Financial Indicators of Administrative Organs and Institutions Engaged in Radio and TV Broadcasting(2020)

单位：万元　　(10 000元)

地区	Region	总收入 Total Revenue	财政补助收入 Government Subsidy	事业收入 Revenue from Radio and TV Institutions	经营收入 Business Revenue	其他收入 Other income	总支出 Total Expenses
全　国	**National Total**	**11730914**	**8633352**	**2119643**	**474233**	**503685**	**11662366**
国家广播电视总局	National Radio and Television Administration	475268	381872	64246		29151	505409
中央广播电视总台	China Media Group						
其他部门所属单位	Under Other Department	210206	35734	128066	31817	14588	212778
北　京	Beijing	569153	314366	227276	15506	12005	567628
天　津	Tianjin	121097	50954	56085	3035	11022	143200
河　北	Hebei	339905	299074	25770	5529	9531	327132
山　西	Shanxi	409681	361297	40281	2426	5676	395377
内蒙古	Inner Mongolia	317308	313113	447	1630	2118	305056
辽　宁	Liaoning	340223	239966	90206	5097	4954	338065
吉　林	Jilin	291315	282762	2489	3277	2786	284395
黑龙江	Heilongjiang	285554	270062	4264	7243	3986	264000
上　海	Shanghai	201791	177467	15218	1166	7941	200760
江　苏	Jiangsu	517907	245370	140752	88372	43413	554110
浙　江	Zhejiang	692179	420036	159556	65064	47523	685495
安　徽	Anhui	556675	397673	132526	4867	21608	625895
福　建	Fujian	313769	248349	37188	1190	27042	306276
江　西	Jiangxi	391830	351218	13551	17298	9763	380846
山　东	Shandong	696798	376324	262269	14431	43773	671921
河　南	Henan	496901	324440	156417	5072	10970	437311
湖　北	Hubei	350228	291365	46926	4007	7930	343664
湖　南	Hunan	307018	206597	65568	15337	19515	306406
广　东	Guangdong	583677	298300	184043	42392	58942	664973
广　西	Guangxi	416000	308375	72226	229	35169	536374
海　南	Hainan	96439	66800	11932	5433	12275	83786
重　庆	Chongqing	116489	111625	1651	1576	1637	117880
四　川	Sichuan	823034	739783	31433	41343	10475	768571
贵　州	Guizhou	184756	172115	6171	79	6391	169482
云　南	Yunnan	293256	213597	69590	2231	7837	284609
西　藏	Tibet	136906	132781	3226	26	872	112228
陕　西	Shaanxi	257650	180567	16315	53237	7530	271521
甘　肃	Gansu	278363	242977	25471	3208	6708	259800
青　海	Qinghai	122595	112036	5170	2340	3049	111440
宁　夏	Ningxia	103416	78891	17847	2019	4658	95310
新　疆	Xinjiang	433527	387466	5463	27754	12844	330667

4-2-13 分地区广播电视行政事业单位实际创收情况(2020年)
Actual Revenue of Administrative Organs and Institutions Engaged in Radio and TV Broadcasting by Region(2020)

单位：万元 (10 000 yuan)

地 区	Region	实际创收收入 Actual Revenue	#广告收入 Revenue from Advertising	#有线电视网络收入 Revenue from Network Services	#新媒体业务收入 revenue New media	#广播电视节目销售收入 Revenue from Sales of Radio and TV Programs	#电视购物频道收入 Revenue from TV Shopping
全 国	**National Total**	**3360903**	**2220367**	**224745**	**122466**	**40325**	**6666**
国家广播电视总局	National Radio and Television Administration	75023	266				
中央广播电视总台	China Media Group						
其他部门所属单位	Under Other Department	156347	80105	166	16137	6557	
北 京	Beijing	268646	174553		38	19278	
天 津	Tianjin	63732	42702			117	
河 北	Hebei	33394	28754	200	13	2	
山 西	Shanxi	68948	49349	9484	305		
内蒙古	Inner Mongolia	47398	33229	41	8606		
辽 宁	Liaoning	109819	57699	32598	5702	1776	
吉 林	Jilin	99128	86884	1623	7501		300
黑龙江	Heilongjiang	26286	15119	750	11	50	
上 海	Shanghai	2710	97				
江 苏	Jiangsu	271001	171082		4868	268	
浙 江	Zhejiang	262149	166765	56179	940	85	
安 徽	Anhui	171671	147279	14358	454		
福 建	Fujian	40855	27371		477	699	
江 西	Jiangxi	107021	89894	6319	1143	512	
山 东	Shandong	309177	279602		740	3004	
河 南	Henan	168707	93040	9438	48108	62	
湖 北	Hubei	60170	47771		365	796	
湖 南	Hunan	88925	62460	14947	1897	19	
广 东	Guangdong	287076	121215	62372	3765	3376	
广 西	Guangxi	216569	164656	59	107	407	3793
海 南	Hainan	21692	11304				
重 庆	Chongqing	7514	5297		240		
四 川	Sichuan	109952	50797	9567	5143	130	117
贵 州	Guizhou	15276	13501	1264	12		
云 南	Yunnan	78473	53289	835	11599	98	2457
西 藏	Tibet	1904	1492	312			
陕 西	Shaanxi	72502	64763		32	50	
甘 肃	Gansu	28625	24740				
青 海	Qinghai	7917	7589				
宁 夏	Ningxia	19992	13043		4122		
新 疆	Xinjiang	62304	34659	4234	140	3037	

4-2-14 分地区广播电视行政事业单位资产负债情况(2020年)
Assets and Liabilities of Administrative Organs and Institutions Engaged in Radio and TV Broadcasting by Region(2020)

单位：万元 (10 000 yuan)

地区	Region	资产总额 Total Assets	#固定资产原值 Net Value of Fixed Assets	负债合计 Total Liabilities
全国	**National Total**	**24240397**	**18529293**	**5400830**
国家广播电视总局	National Radio and Television Administration	1132051	1597265	82648
中央广播电视总台	China Media Group			
其他部门所属单位	Under Other Department	440202	206972	14794
北京	Beijing	1132099	1120758	231696
天津	Tianjin	652114	509043	75213
河北	Hebei	460535	400309	130251
山西	Shanxi	632256	426273	135971
内蒙古	Inner Mongolia	570592	462802	84335
辽宁	Liaoning	832603	642684	428425
吉林	Jilin	580986	540903	182157
黑龙江	Heilongjiang	441083	367123	50965
上海	Shanghai	408045	274279	80422
江苏	Jiangsu	2574535	1225865	918755
浙江	Zhejiang	1810107	1116683	402966
安徽	Anhui	1218652	853933	295536
福建	Fujian	525268	469648	62327
江西	Jiangxi	449187	303802	65074
山东	Shandong	1566279	1136976	282137
河南	Henan	898186	827972	135775
湖北	Hubei	563050	416368	100280
湖南	Hunan	586103	385180	149449
广东	Guangdong	1713364	1160024	448331
广西	Guangxi	676990	499083	243625
海南	Hainan	166581	119630	8917
重庆	Chongqing	106873	120056	13765
四川	Sichuan	1364878	780643	152057
贵州	Guizhou	349499	255455	67142
云南	Yunnan	520025	491434	209313
西藏	Tibet	165067	168700	4891
陕西	Shaanxi	445791	421205	169072
甘肃	Gansu	407677	297261	29431
青海	Qinghai	153915	168227	19951
宁夏	Ningxia	179453	183786	56697
新疆	Xinjiang	516351	578949	68464

4-2-15 分地区广播电视企业单位经营情况(2020年)

Main Financial Indicators of Enterprises Engaged in Radio and TV Broadcasting by Region(2020)

单位：万元 (10 000 yuan)

地 区	Region	总收入 Total Revenue	#营业收入 Revenue from Principal Business	本年应缴税金 Value Tax Payable	营业利润 Principal Profits	本年新增固定资产 Newly Increased Fixed Assets
全 国	**National Total**	**80415050**	**77492094**	**837587**	**4367831**	**3012537**
国家广播电视总局	National Radio and Television Administration	263958	255225	5229	-69334	6222
中央广播电视总台	China Media Group	5080688	4624328	193712	773023	125135
其他部门所属单位	Under Other Department	312537	308425	13972	47684	2171
北 京	Beijing	31681421	31389006	592542	1263846	358480
天 津	Tianjin	544887	530313	22039	11198	6842
河 北	Hebei	621296	554258	11712	76930	73737
山 西	Shanxi	209546	198609	1469	-1164	14011
内蒙古	Inner Mongolia	160456	147559	-166	-986	11472
辽 宁	Liaoning	303571	290067	8122	-13432	60646
吉 林	Jilin	241109	230408	1222	48710	102277
黑龙江	Heilongjiang	356467	332910	4184	-32307	57239
上 海	Shanghai	7046204	6963794	-998266	-60603	140018
江 苏	Jiangsu	3378560	3280172	164448	217372	502726
浙 江	Zhejiang	5111408	4986412	166267	386285	195446
安 徽	Anhui	653968	631939	14545	29753	58695
福 建	Fujian	1791194	1710673	38766	83517	49516
江 西	Jiangxi	286422	279708	2069	-3044	36105
山 东	Shandong	1043725	1019093	38271	27010	58052
河 南	Henan	273512	264602	3641	-65989	18070
湖 北	Hubei	1559262	1484025	20782	-152658	104284
湖 南	Hunan	3165957	3128216	144936	518659	65618
广 东	Guangdong	9050894	7818609	190710	1015460	356935
广 西	Guangxi	370597	361106	5629	6774	68110
海 南	Hainan	598158	593033	16656	8391	16257
重 庆	Chongqing	576743	537312	17765	27698	49257
四 川	Sichuan	1592792	1536089	57322	58643	81029
贵 州	Guizhou	936750	907504	17692	60997	127315
云 南	Yunnan	445636	438498	25295	41265	143546
西 藏	Tibet	124066	123088	1567	-27368	1870
陕 西	Shaanxi	636688	628077	13956	17037	89338
甘 肃	Gansu	82807	74216	709	-36451	5283
青 海	Qinghai	22077	19958	-645	-2551	1389
宁 夏	Ningxia	41648	38771	951	-1044	557
新 疆	Xinjiang	1850045	1806094	40485	114509	24890

4-2-16　分地区广播电视企业单位创收情况(2020年)

Actual Revenue of Enterprises Engaged in Radio and TV Broadcasting by Region(2020)

单位：万元　　(10 000 yuan)

地　区	Region	实际创收收入 Actual Revenue	#广告收入 Revenue from Advertising	#有线电视网络收入 Revenue from Network Services	#新媒体业务收入 revenue New media	#广播电视节目销售收入 Revenue from Sales of Radio and TV Programs	#电视购物频道收入 Revenue from TV Shopping
全　国	**National Total**	**73756675**	**17180209**	**7345046**	**26441342**	**4077843**	**1347992**
国家广播电视总局	National Radio and Television Administration	258407	17814	33375	99467	3755	
中央广播电视总台	China Media Group	4912137	2013570	1	780259	395157	133925
其他部门所属单位	Under Other Department	188453	101544		3455	15338	
北　京	Beijing	28832082	6856729	274107	16998689	542541	85503
天　津	Tianjin	536758	36939	63585	53644	112072	12277
河　北	Hebei	536744	120862	238777	82986	2946	34
山　西	Shanxi	163938	6557	64272	22376	653	32076
内蒙古	Inner Mongolia	135531	224	103377	1081	2523	
辽　宁	Liaoning	291396	64710	185741	10173	4179	12574
吉　林	Jilin	235931	5401	180556	11805	998	
黑龙江	Heilongjiang	350306	63401	165978	26127	1207	
上　海	Shanghai	6252728	1770218	366737	2120862	601875	119350
江　苏	Jiangsu	3199080	555997	691037	266003	272457	145351
浙　江	Zhejiang	4741439	692838	706891	744296	771631	77078
安　徽	Anhui	573420	154787	127935	39094	13130	146395
福　建	Fujian	1601519	420480	399683	86069	50473	8125
江　西	Jiangxi	267329	17899	153978	17391	18490	33483
山　东	Shandong	921873	178793	448515	106862	26944	27615
河　南	Henan	264570	21223	94940	43084	1194	
湖　北	Hubei	1410579	147864	333160	785506	7818	
湖　南	Hunan	3134449	1356924	211944	704207	166705	180460
广　东	Guangdong	8453588	1876574	808002	2735768	120615	46012
广　西	Guangxi	312098	2528	213497	48169	32314	
海　南	Hainan	576451	122440	42544	254361	1570	
重　庆	Chongqing	515219	73303	194453	42929	32747	350
四　川	Sichuan	1133808	109910	421077	69699	13687	6268
贵　州	Guizhou	928083	116499	386403	47251	3126	189773
云　南	Yunnan	406433	60689	126274	8238	7212	2473
西　藏	Tibet	87593	83033	1950	20	384	
陕　西	Shaanxi	560461	53107	180905	33598	61068	80251
甘　肃	Gansu	78969	8404	42897	9672	1264	
青　海	Qinghai	22077	1844	15492	2529		
宁　夏	Ningxia	35385	6541	21063	105		943
新　疆	Xinjiang	1837840	60562	45898	185566	791769	7677

4-2-17 分地区广播电视企业单位资产负债情况(2020年)
Assets and Liabilities of Enterprises Engaged in Radio and TV Broadcasting by Region(2020)

单位：万元 (10 000 yuan)

地 区	Region	资产总额 Total Assets	#固定资产净值 Net Value of Fixed Assets	负债总额 Total Liabilities
全 国	**National Total**	**216384415**	**21490802**	**131528286**
国家广播电视总局	National Radio and Television Administration	2025602	193349	972619
中央广播电视总台	China Media Group	19065875	1299994	2761820
其他部门所属单位	Under Other Department	1222243	34931	229025
北 京	Beijing	54837639	1357917	42057438
天 津	Tianjin	2153755	254486	1546182
河 北	Hebei	2239627	595144	1371779
山 西	Shanxi	671612	148373	2864150
内蒙古	Inner Mongolia	546793	106901	256214
辽 宁	Liaoning	1396378	459390	846381
吉 林	Jilin	2633099	663558	1272608
黑龙江	Heilongjiang	1457171	459438	1000139
上 海	Shanghai	19265987	1139860	12690700
江 苏	Jiangsu	16856818	3004982	8286391
浙 江	Zhejiang	20504211	1472693	10507904
安 徽	Anhui	1309759	419444	837386
福 建	Fujian	3007931	453499	1900547
江 西	Jiangxi	819189	223057	607228
山 东	Shandong	3394974	1246741	1556462
河 南	Henan	1502797	433166	1226718
湖 北	Hubei	4116784	1018432	2927763
湖 南	Hunan	9608849	986697	4053114
广 东	Guangdong	24934635	1407813	16831299
广 西	Guangxi	1259103	522794	758113
海 南	Hainan	816913	114523	688434
重 庆	Chongqing	1461052	377851	977837
四 川	Sichuan	4532839	928960	2943053
贵 州	Guizhou	3210766	736400	2163359
云 南	Yunnan	1588692	446199	1070678
西 藏	Tibet	200953	5377	163827
陕 西	Shaanxi	2302460	501853	1304940
甘 肃	Gansu	1350526	223737	1132743
青 海	Qinghai	76458	54102	25578
宁 夏	Ningxia	352558	27495	179612
新 疆	Xinjiang	5660368	171646	3516245

4-2-18 全国电视节目进口情况
Statistics on Imported TV Programs

单位：万元 (10 000 yuan)

年 份 Year	电视节目进口额 Value of Imported TV Programs	#电视剧 TV Dramas	#动画电视 Cartoon Programs
2008	45421	24293	878
2009	49146	26887	128
2010	43047	21450	247
2011	54099	34564	702
2012	62534	39584	1489
2013	58658	24498	4432
2014	209024	169807	11028
2015	99398	29466	44472
2016	209872	81500	105645
2017	190278	81453	82254
2018	360621	80657	250634
2019	164302	33793	108290
2020	96223	37885	45826

4-2-19 全国电视节目进口情况(2020年)
Statistics on Imported TV Programs(2020)

指 标	Item	合计 Total	欧洲 Europe	美洲 America
全年电视节目进口总额(万元)	**Value of Imported TV Programs (10 000 yuan)**	**96223**	**20958**	**15397**
#电视剧	TV Dramas	37885	1861	5954
动画电视	Cartoon Programs	45826	15460	4239
纪录片	Documentary	3810	1218	1450
全年电视节目进口量(小时)	**Time of Imported TV Programs (hour)**	**6932**	**1633**	**1082**
#电视剧(部)	TV Play (series)	179	17	29
#电视剧(集)	TV Play (episodes)	3142	107	486
动画电视(小时)	Cartoon Programs (hour)	2783	1009	174
纪录片(小时)	Documentary (hour)	957	395	414

4-2-19 续表 1 continued

指　　标	Item	#美国 United States	亚洲 Asia	#日本 Japan	#韩国 Republic of Korea
全年电视节目进口总额(万元)	**Value of Imported TV Programs (10 000 yuan)**	**14943**	**59414**	**27580**	**909**
#电视剧	TV Dramas	5954	30070	2793	
动画电视	Cartoon Programs	4170	26108	24610	906
纪录片	Documentary	1441	830	151	4
全年电视节目进口量(小时)	**Time of Imported TV Programs (hour)**	**1000**	**4107**	**1941**	**49**
#电视剧(部)	TV Play (series)	29	133	44	
#电视剧(集)	TV Play (episodes)	486	2549	484	
动画电视(小时)	Cartoon (hour)	158	1601	1504	47
纪录片(小时)	Documentary (hour)	378	117		2

4-2-19 续表 2 continued

指　　标	Item	#东南亚 Southeast Asia	#中国香港 Hong Kong China	#中国台湾 Taiwan, China	大洋洲 Oceania
全年电视节目进口总额(万元)	**Value of Imported TV Programs (10 000 yuan)**	**7688**	**18052**	**5113**	**388**
#电视剧	TV Dramas	7547	14612	5103	
动画电视	Cartoon Programs	1	582	10	20
纪录片	Documentary	140	530		246
全年电视节目进口量(小时)	**Time of Imported TV Programs (hour)**	**1143**	**395**	**280**	**110**
#电视剧(部)	TV Play (series)	63	7	16	
#电视剧(集)	TV Play (episodes)	1476	153	361	
动画电视(小时)	Cartoon Programs (hour)	24	19	6	
纪录片(小时)	Documentary (hour)	24	89		30

4-2-20　分地区电视节目进口情况(2020年)

Statistics on Imported TV Programs by Region(2020)

地　区	Region	全年电视节目进口总额(万元) Value of Imported TV Programs (10 000 yuan)	#电视剧 TV Dramas	#动画电视 Cartoon Programs	全年电视节目进口量(小时) Time of Imported TV Programs (hour)	进口电视剧 Imported TV Plays 部 series	集 episodes
全　国	**National Total**	**96223**	**37885**	**45826**	**6932**	**179**	**3142**
中央广播电视总台	China Media Group	1919	94	20	535	3	20
其他部门所属单位	Under Other Department	8460			450		
北　京	Beijing	68808	32988	33709	5210	142	2598
天　津	Tianjin	2562	2407	155	214	13	270
河　北	Hebei						
山　西	Shanxi						
内蒙古	Inner Mongolia						
辽　宁	Liaoning						
吉　林	Jilin						
黑龙江	Heilongjiang						
上　海	Shanghai	944	809		179	4	29
江　苏	Jiangsu						
浙　江	Zhejiang						
安　徽	Anhui						
福　建	Fujian						
江　西	Jiangxi						
山　东	Shandong	14	14		15	1	20
河　南	Henan						
湖　北	Hubei						
湖　南	Hunan	2397	809	1588	242	9	116
广　东	Guangdong	1119	765	354	86	7	89
广　西	Guangxi						
海　南	Hainan						
重　庆	Chongqing						
四　川	Sichuan	10000		10000	2		
贵　州	Guizhou						
云　南	Yunnan						
西　藏	Tibet						
陕　西	Shaanxi						
甘　肃	Gansu						
青　海	Qinghai						
宁　夏	Ningxia						
新　疆	Xinjiang						

4-2-21　全国电影发展情况
Statistics on Film Industry

年　份 Year	生产故事影片(部) Feature Films (reel)	生产动画影片(部) Cartoon Films (reel)	生产科教影片(部) Popular Science Films (reel)	生产纪录影片(部) Documentary Films (reel)	生产特种影片(部) Special Films (reel)	电影院线 Movie Circuit 数量（条） Number of Movie Circuit (line)
2008	406	16	39	16	2	34
2009	456	27	52	19	4	37
2010	526	16	54	16	9	37
2011	558	24	76	26	5	39
2012	745	33	74	15	26	40
2013	638	29	121	18	18	42
2014	618	40	52	25	23	45
2015	686	51	96	38	17	46
2016	772	49	67	32	24	48
2017	798	32	68	44	28	48
2018	902	51	61	57	11	48
2019	850	51	74	47	15	50
2020	531	45	25	31	18	51

4-2-21　续表　continued

年　份 Year	院线内影院(家) Cinemas in Movie Circuit (unit)	银幕(块) Screens in Movie Circuit (unit)	全国电影票房收入(亿元) Domestic Movie Box Office Revenue (100 million yuan)	国产电影票房收入(亿元) Chinese Movies (100 million yuan)	进口电影票房收入(亿元) Imported Movies (100 million yuan)
2008	1545	4097	84.3		
2009	1687	4723	106.7		
2010	1820	6256	157.2		
2011	2803	9286	177.5		
2012		13118	208.2		
2013		18195	217.7	127.7	90.0
2014		23600	296.4	161.6	134.8
2015	6395	31600	440.7	271.4	169.3
2016	8011	41129	492.8	287.5	205.4
2017	9293	50776	559.1	301.0	258.1
2018	10955	60079	609.8	379.0	230.8
2019	12408	69787	642.7	411.8	230.9
2020	13374	75581	204.2	170.9	33.2

4-3-1 博物馆基本情况
Statistics on Museums

年 份 Year	机构数（个） Number of Institutions (unit)	从业人员（人） Number of Employed Persons (person)	藏品数（件/套） Number of Collections (piece/set)	基本陈列展览（个） Regular Exhibitions (unit)
2008	1893	51587	14554158	8364
2009	2252	59919	15711150	14057
2010	2435	57431	17552482	26704
2011	2650	62181	19023423	16921
2012	3069	71748	23180726	20115
2013	3473	79075	27191601	16822
2014	3658	83970	29299673	19565
2015	3852	89133	30441422	21154
2016	4109	93431	33293561	23109
2017	4721	105079	36623080	24611
2018	4918	107506	37540740	26346
2019	5132	107993	39548334	28701
2020	5452	118913	43190898	27719

4-3-1 续表 continued

年 份 Year	参观人次（万人次） Visitors (10 000 person-times)	实际使用房屋建筑面积（万平方米） Floor Space of Buildings Actually Used (10 000 sq.m)	收入合计（万元） Total Revenue (10 000 yuan)	支出合计（万元） Total Expenditure (10 000 yuan)
2008	28328	748	609161	572440
2009	32716	967	765924	700720
2010	40679	1088	961176	878727
2011	47051	1179	1205789	1171131
2012	56401	1471	1492024	1424802
2013	63777	1700	1755739	1706897
2014	71774	1933	1955512	1874197
2015	78112	2034	2169987	2167639
2016	85061	2185	2348521	2286951
2017	97172	2668	3255558	3306813
2018	104404	2791	3043180	3084586
2019	112225	2959	3376342	3391845
2020	52652	3189	3269706	3227243

4-3-2 分地区博物馆基本情况(2020年)
Basic Statistics on Museums by Region(2020)

地区	Region	机构数(个) Number of Institutions (unit)	从业人员(人) Number of Employed Persons (person)	#专业技术人员 Professional &Technical Staff	藏品数(件/套) Number of Collections (piece/set)	基本陈列、展览(个) Regular Exhibitions (unit)
全　国	**National Total**	**5452**	**118913**	**40005**	**43190898**	**27719**
中央本级	Central-level	5	2620	1742	3374092	138
北　京	Beijing	80	4323	1189	2192500	360
天　津	Tianjin	71	1545	716	761363	406
河　北	Hebei	148	4219	1295	409994	715
山　西	Shanxi	159	4786	1343	1445779	462
内蒙古	Inner Mongolia	172	2649	981	1183832	643
辽　宁	Liaoning	65	2460	974	530401	382
吉　林	Jilin	107	1993	885	646423	474
黑龙江	Heilongjiang	191	2743	1129	1002934	759
上　海	Shanghai	107	3443	1853	2086603	888
江　苏	Jiangsu	367	7947	2514	2025066	2071
浙　江	Zhejiang	406	6550	1984	1511944	2417
安　徽	Anhui	230	3342	1200	908842	1198
福　建	Fujian	132	2696	949	745277	1001
江　西	Jiangxi	172	4033	1308	601851	925
山　东	Shandong	577	8871	3194	4607278	3072
河　南	Henan	336	7433	2112	1200736	1429
湖　北	Hubei	214	4324	1789	2137113	1069
湖　南	Hunan	122	3245	971	648179	516
广　东	Guangdong	296	5811	2243	2531279	2276
广　西	Guangxi	142	2540	977	387903	540
海　南	Hainan	35	694	237	175897	165
重　庆	Chongqing	105	3229	978	596494	637
四　川	Sichuan	258	6522	1655	4588431	1132
贵　州	Guizhou	92	1923	532	192149	325
云　南	Yunnan	161	2007	1025	1566085	904
西　藏	Tibet	8	233	83	72012	25
陕　西	Shaanxi	309	9466	2108	3852109	1120
甘　肃	Gansu	226	4834	1365	564617	1173
青　海	Qinghai	24	530	161	74172	69
宁　夏	Ningxia	54	774	211	346058	189
新　疆	Xinjiang	81	1128	302	223485	239

4-3-2 续表 1 continued

地 区	Region	参观人次（万人次） Visitors (10 000 person-times)	门票销售总额（万元） Revenue from Entrance Tickets (10 000 yuan)	收入合计（万元） Total Revenue (10 000 yuan)	支出合计（万元） Total Expenses (10 000 yuan)	资产总计（万元） Total Assets (10 000 yuan)
全 国	**National Total**	**52652**	**193619**	**3269706**	**3227243**	**19487655**
中央本级	Central-level	614	18211	172501	178269	494039
北 京	Beijing	819	5627	313842	164718	760858
天 津	Tianjin	521	2095	48022	54412	347564
河 北	Hebei	897	999	77800	68912	283621
山 西	Shanxi	1310	5657	93834	95672	493226
内蒙古	Inner Mongolia	789	114	55708	73005	429428
辽 宁	Liaoning	679	4588	51601	50815	110509
吉 林	Jilin	333	1427	39693	43345	113465
黑龙江	Heilongjiang	2675	10	42988	42020	224697
上 海	Shanghai	1236	8702	249543	240749	1318017
江 苏	Jiangsu	5396	13501	248238	258822	6892309
浙 江	Zhejiang	3077	2678	202133	209997	815163
安 徽	Anhui	1454	161	61483	66531	255657
福 建	Fujian	1194	114	67434	63678	158029
江 西	Jiangxi	3239	4711	81266	78973	189920
山 东	Shandong	3525	11397	161232	186568	1242122
河 南	Henan	3191	2190	137420	142937	464198
湖 北	Hubei	1380	721	106042	106784	297969
湖 南	Hunan	3394	1688	95192	90062	407839
广 东	Guangdong	2494	4617	200101	215310	1061679
广 西	Guangxi	1242	148	54544	50949	229317
海 南	Hainan	181	89	19004	18950	168834
重 庆	Chongqing	1751	3587	83420	97490	246536
四 川	Sichuan	3753	21388	146977	151221	666428
贵 州	Guizhou	1904	35	28290	26405	95956
云 南	Yunnan	937	159	49653	55433	230519
西 藏	Tibet	18		33184	28892	55361
陕 西	Shaanxi	2242	52766	162842	202352	749255
甘 肃	Gansu	1749	23977	118959	103186	468855
青 海	Qinghai	118		17292	15641	54078
宁 夏	Ningxia	335	2194	11773	12308	67685
新 疆	Xinjiang	203	68	37699	32839	94524

4-3-2 续表 2 continued

地 区	Region	#固定资产原价 Original Value of Fixed Assets	实际使用房屋建筑面积(万平方米) Floor Space of Buildings Actually Used (10 000 sq.m)	#展览用房 Buildings for Exhibitions	#库房 Storeroom
全 国	**National Total**	**11012928**	**3189.16**	**1474.77**	**239.78**
中央本级	Central-level	109345	52.18	10.01	3.80
北 京	Beijing	383877	91.74	37.58	6.00
天 津	Tianjin	161149	41.68	19.63	3.89
河 北	Hebei	212607	85.39	45.94	5.00
山 西	Shanxi	173832	94.38	39.86	7.31
内蒙古	Inner Mongolia	336355	105.91	59.93	6.90
辽 宁	Liaoning	80155	54.25	30.14	6.11
吉 林	Jilin	80677	41.94	23.92	3.94
黑龙江	Heilongjiang	180340	66.90	43.73	5.34
上 海	Shanghai	550680	91.11	40.11	6.99
江 苏	Jiangsu	4388067	293.01	130.90	14.60
浙 江	Zhejiang	387606	189.87	94.15	15.06
安 徽	Anhui	165596	102.75	49.58	10.31
福 建	Fujian	80762	101.43	32.69	5.73
江 西	Jiangxi	107227	84.39	44.38	5.87
山 东	Shandong	859227	304.46	158.95	29.22
河 南	Henan	210579	132.57	69.64	13.03
湖 北	Hubei	132505	277.85	87.10	10.83
湖 南	Hunan	122524	74.98	32.68	7.18
广 东	Guangdong	640001	169.47	71.15	12.82
广 西	Guangxi	146666	65.11	30.22	4.86
海 南	Hainan	134890	19.56	8.89	1.97
重 庆	Chongqing	74999	72.60	38.43	5.68
四 川	Sichuan	336632	149.55	73.96	11.34
贵 州	Guizhou	52662	42.11	20.47	3.84
云 南	Yunnan	137573	62.07	30.04	5.91
西 藏	Tibet	2664	8.81	1.21	0.18
陕 西	Shaanxi	384056	146.05	63.45	12.58
甘 肃	Gansu	258890	93.87	44.33	8.33
青 海	Qinghai	45216	10.51	5.03	0.86
宁 夏	Ningxia	43072	26.52	16.03	1.68
新 疆	Xinjiang	32496	36.14	20.64	2.62

4-3-3 群众文化机构基本情况
Statistics on Cultural Institutions

年份 Year	机构数（个） Number of Institutions (unit)	从业人员（人） Number of Employed Persons (person)	组织文艺活动次数（次） Number of Art and Cultural Activities (time)	举办训练班次（次） Number of Training Courses (time)	举办展览个数（个） Number of Exhibitions (unit)	收入合计（万元） Total Revenue (10 000 yuan)	支出合计（万元） Total Expenditure (10 000 yuan)	实际使用房屋建筑面积（万平方米） Floor Space of Buildings Actually Used (10 000 sq.m)
2008	41156	131142	473613	299791	100877	660111	653613	1931
2009	41959	137484	555052	304955	110251	807244	794190	2194
2010	43382	141002	576799	358719	117353	944397	931951	2527
2011	43675	147732	620586	339883	107785	1285601	1267505	2983
2012	43876	156228	688482	387201	114774	1453601	1467803	3172
2013	44260	164355	740611	390758	138225	1667594	1635395	3389
2014	44423	170299	845421	469300	131728	1901726	1828632	3686
2015	44291	173499	959901	536328	139792	2077606	2014894	3848
2016	44497	182030	1065287	590516	150128	2272289	2183721	3991
2017	44521	180911	1114261	675852	154106	2533892	2562411	4107
2018	44464	185636	1231269	768995	158742	2955019	3057577	4283
2019	44073	190068	1359460	889247	163968	2998761	3094571	4518
2020	43687	185076	1088949	668940	137945	2828093	2871598	4678

4-3-4 分地区群众文化机构基本情况(2020年)
Statistics on Cultural Institutions by Region(2020)

地区	Region	机构数(个) Number of Institutions (unit)	从业人员(人) Number of Employed Persons (person)	#专业技术人员 Professional &Technical Staff	组织文艺活动次数(次) Number of Art and Cultural Activities (time)	组织文艺活动观众人次(万人次) Attending Art and Cultural Activities (10 000 person-times)
全国	**National Total**	**43687**	**185076**	**76158**	**1088949**	**43134.4**
北京	Beijing	356	3692	783	27418	727.5
天津	Tianjin	262	1598	530	13718	200.6
河北	Hebei	2458	7326	2568	40653	1255.8
山西	Shanxi	1541	4491	1804	39817	1403.8
内蒙古	Inner Mongolia	1205	4869	2457	16284	666.6
辽宁	Liaoning	1477	4513	1988	15570	888.1
吉林	Jilin	989	4313	2557	10142	322.7
黑龙江	Heilongjiang	1387	5175	2370	13785	402.2
上海	Shanghai	242	4862	1182	40235	879.1
江苏	Jiangsu	1371	7763	3236	83206	2750.3
浙江	Zhejiang	1446	8186	3641	122326	5363.5
安徽	Anhui	1628	6260	3105	44633	1785.4
福建	Fujian	1220	4019	1463	16144	614.1
江西	Jiangxi	1859	6215	2057	28047	1040.0
山东	Shandong	1979	8515	4250	117743	4608.0
河南	Henan	2683	11399	2967	63711	2142.5
湖北	Hubei	1424	5355	2694	27991	1296.5
湖南	Hunan	2379	8964	3152	31846	1718.2
广东	Guangdong	1763	13481	4241	54739	3834.4
广西	Guangxi	1300	5288	2847	31729	1522.4
海南	Hainan	242	804	251	3111	220.9
重庆	Chongqing	1071	5030	1695	27026	1268.6
四川	Sichuan	4438	11190	3891	56093	1744.9
贵州	Guizhou	1701	7493	2983	19394	1761.4
云南	Yunnan	1603	7505	5596	24937	1299.1
西藏	Tibet	779	5930	3610	20561	437.6
陕西	Shaanxi	1483	6883	2704	24667	918.2
甘肃	Gansu	1450	6084	1873	17593	676.3
青海	Qinghai	442	1651	562	6913	395.5
宁夏	Ningxia	272	1327	687	10172	369.5
新疆	Xinjiang	1237	4895	2414	38745	620.8

4-3-4 续表 1 continued

地区 Region	举办训练班 Training Courses		举办展览 Exhibitions		收入合计（万元）Total Revenue (10 000 yuan)
	班次（次）Number of Training Courses (time)	培训人次（万人次）Attending Training (10 000 person-times)	个数（个）Number of Exhibitions (time)	参观人次（万人次）Visitors (10 000 person-times)	
全 国 National Total	**668940**	**3931.3**	**137945**	**8692.4**	**2828093**
北 京 Beijing	26421	129.2	1350	78.0	93104
天 津 Tianjin	13674	67.9	1079	44.0	23014
河 北 Hebei	17908	104.9	4454	174.9	61728
山 西 Shanxi	14223	69.9	3584	168.5	39273
内蒙古 Inner Mongolia	7852	51.3	1969	90.9	50723
辽 宁 Liaoning	13859	78.9	1686	88.5	37726
吉 林 Jilin	5899	39.5	1214	64.9	49753
黑龙江 Heilongjiang	9070	61.9	1431	69.1	45285
上 海 Shanghai	38415	184.4	3393	201.1	203408
江 苏 Jiangsu	61386	412.2	12565	1252.9	196867
浙 江 Zhejiang	95271	502.5	15656	1153.0	285784
安 徽 Anhui	25947	164.5	5924	282.8	64164
福 建 Fujian	13417	57.5	3702	218.8	62785
江 西 Jiangxi	13985	84.5	4571	267.0	56131
山 东 Shandong	47471	353.7	9803	547.9	107933
河 南 Henan	26276	167.8	8532	407.2	84595
湖 北 Hubei	15414	115.6	4791	253.4	86759
湖 南 Hunan	22308	160.0	5888	466.9	89645
广 东 Guangdong	73294	361.1	7131	643.0	387156
广 西 Guangxi	10480	74.8	2194	129.8	65078
海 南 Hainan	3204	14.2	365	25.7	18622
重 庆 Chongqing	22083	144.7	6247	404.4	87658
四 川 Sichuan	28291	126.7	9121	424.3	135713
贵 州 Guizhou	9207	56.5	2474	133.5	104702
云 南 Yunnan	13091	102.1	4137	279.6	111345
西 藏 Tibet	3759	11.5	1019	29.0	49860
陕 西 Shaanxi	12946	96.8	4476	210.5	63531
甘 肃 Gansu	9719	75.0	4051	237.8	58545
青 海 Qinghai	3272	11.3	872	190.3	30287
宁 夏 Ningxia	3895	17.4	622	40.5	22358
新 疆 Xinjiang	6903	33.0	3644	114.5	54565

4-3-4 续表 2 continued

地 区	Region	支出合计(万元) Total Expenditure (10 000 yuan)	资产总计(万元) Total Assets (10 000 yuan)	#固定资产原价 Original Value of Fixed Assets	实际使用房屋建筑面积(万平方米) Floor Space of Buildings Actually Used (10 000 sq.m)	#业务用房面积 Buildings for Mass Cultural Activities
全 国	**National Total**	**2871598**	**7693420**	**6052650**	**4677.88**	**3387.86**
北 京	Beijing	122250	123308	97047	98.03	71.03
天 津	Tianjin	22665	62628	49578	49.59	37.27
河 北	Hebei	59967	173825	154652	143.39	104.35
山 西	Shanxi	38424	116424	88696	99.23	76.09
内蒙古	Inner Mongolia	49651	140089	112530	97.19	68.68
辽 宁	Liaoning	38434	118314	96695	114.11	67.11
吉 林	Jilin	53870	93112	67733	66.36	38.48
黑龙江	Heilongjiang	44723	94988	83112	95.45	61.34
上 海	Shanghai	198405	272582	182866	148.42	105.85
江 苏	Jiangsu	197045	824207	636638	615.95	477.23
浙 江	Zhejiang	285887	831028	669613	513.54	368.96
安 徽	Anhui	64118	274787	246156	132.82	107.07
福 建	Fujian	60585	169489	135395	128.69	97.08
江 西	Jiangxi	50776	229283	179656	120.83	85.62
山 东	Shandong	109263	312344	262478	289.66	201.82
河 南	Henan	84091	152046	131605	168.11	125.07
湖 北	Hubei	86697	304972	149843	157.48	107.45
湖 南	Hunan	96622	409788	368805	174.92	123.91
广 东	Guangdong	402269	816471	604006	447.29	331.98
广 西	Guangxi	63830	142146	117507	80.10	58.62
海 南	Hainan	18083	28311	19465	14.36	11.57
重 庆	Chongqing	87527	173177	140508	98.89	74.55
四 川	Sichuan	137046	422525	336077	228.76	176.92
贵 州	Guizhou	109592	371855	275871	92.91	65.63
云 南	Yunnan	111007	270527	200238	113.80	84.03
西 藏	Tibet	47403	100295	84001	41.93	30.15
陕 西	Shaanxi	63454	326626	302119	100.86	72.41
甘 肃	Gansu	57023	141720	100104	81.96	57.10
青 海	Qinghai	31759	40928	34804	22.24	14.54
宁 夏	Ningxia	24657	42259	33459	31.95	19.09
新 疆	Xinjiang	54476	113367	91397	109.06	66.86

4-3-5 公共图书馆基本情况
Statistics on Public Libraries

年 份 Year	机构数（个） Number of Institutions (unit)	从业人员（人） Number of Employed Persons (person)	总藏量（万册件） Total Collections (10 000 copies)	总流通人次（万人次） Total Number of Circulation (10 000 person-times)	#外借人次 Borrowing from Libraries
2008	2820	52021	55064	28141	12251
2009	2850	52688	58521	32167	13277
2010	2884	53564	61726	32823	13934
2011	2952	54475	63896	37423	15316
2012	3076	54997	68827	43437	17402
2013	3112	56320	74896	49232	20552
2014	3117	56071	79092	53036	22737
2015	3139	56422	83844	58892	23085
2016	3153	57208	90163	66037	24892
2017	3166	57567	96953	74450	25503
2018	3176	57602	103716	82032	25814
2019	3196	57796	111181	90135	26609
2020	3212	57980	117930	54146	17467

4-3-5 续表 continued

年 份 Year	书刊文献外借册次（万册次） Number of Books and Periodicals Lent to Readers (10 000 copy-times)	实际持证读者数（万个） Actual Number of Licensed Readers (10 000 units)	收入合计（万元） Total Revenue (10 000 yuan)	支出合计（万元） Total Expenses (10 000 yuan)	实际使用公用房屋建筑面积（万平方米） Floor Space of Buildings Actually Used (10 000 sq.m)
2008	23129	1454	531926	519841	780
2009	25857	1749	613175	606630	850
2010	26392	2020	646085	643629	900
2011	28452	2214	813232	776839	995
2012	33191	2485	1002068	977556	1058
2013	40868	2877	1151163	1130035	1158
2014	46734	3944	1212979	1163583	1232
2015	50896	5721	1358370	1340481	1301
2016	54725	5593	1494998	1451469	1424
2017	55091	6736	1801357	1692580	1515
2018	58010	7263	1829159	1876015	1596
2019	61373	8627	1912115	1928714	1700
2020	42087	10251	1914647	1883153	1786

4-3-6 分地区公共图书馆基本情况(2020年)
Statistics on Public Libraries by Region(2020)

地 区	Region	机构数(个) Number of Institutions (unit)	从业人员(人) Number of Employed Persons (person)	#专业技术人员 Professional &Technical Staff	总藏量(万册件) Total Collections (10 000 copies)	#图书 Books
全 国	**National Total**	**3212**	**57980**	**40396**	**117930.0**	**94789.3**
北 京	Beijing	23	1228	997	3133.1	2901.3
天 津	Tianjin	27	1163	857	2175.1	1934.1
河 北	Hebei	176	2020	1345	3432.3	2917.8
山 西	Shanxi	128	1765	1065	2152.9	1746.4
内蒙古	Inner Mongolia	117	1784	1517	2049.6	1707.6
辽 宁	Liaoning	129	2295	1727	4533.2	3714.4
吉 林	Jilin	66	1471	1244	2258.2	1893.1
黑龙江	Heilongjiang	103	1535	1296	2356.5	1917.2
上 海	Shanghai	23	2112	1900	8091.8	3791.3
江 苏	Jiangsu	120	3684	2384	10546.2	9293.9
浙 江	Zhejiang	104	3876	2105	9867.4	8857.7
安 徽	Anhui	131	1572	975	3545.8	3121.8
福 建	Fujian	97	1643	1061	4606.3	3744.8
江 西	Jiangxi	114	1387	863	2857.0	2341.4
山 东	Shandong	154	2904	2297	6975.5	5984.4
河 南	Henan	166	2906	1674	4065.3	3272.2
湖 北	Hubei	117	2089	1631	4416.1	3695.2
湖 南	Hunan	143	2066	1471	3922.8	3331.8
广 东	Guangdong	148	5163	3101	11687.3	10066.2
广 西	Guangxi	116	1680	1307	3003.1	2231.0
海 南	Hainan	24	363	220	665.3	581.9
重 庆	Chongqing	43	953	596	1997.5	1650.9
四 川	Sichuan	207	2365	1356	4350.5	3598.6
贵 州	Guizhou	100	1084	808	1673.6	1405.6
云 南	Yunnan	149	1755	1585	2344.0	1733.3
西 藏	Tibet	81	198	128	249.1	210.1
陕 西	Shaanxi	117	2056	1298	2155.3	1832.6
甘 肃	Gansu	104	1488	917	1814.0	1434.6
青 海	Qinghai	50	488	276	581.9	488.7
宁 夏	Ningxia	27	568	390	802.7	555.4
新 疆	Xinjiang	107	977	754	1512.8	1232.9

注：全国合计数中包括中央级公共图书馆。
a)Data of national total libiaries include one central-level public library.

4-3-6 续表 1 continued

地 区	Region	本年新购藏量（万册） New Collections During the Year (10 000 copies)	实际持证读者数（个） Actual Number of Licensed Readers (units)	总流通人次（万人次） Total Number of Circulation (10 000 person-times)	#书刊文献外借人次 Borrowing from Libraries	书刊文献外借册次（万册次） Number of Books and Periodicals Lent to Readers (10 000 copy-times)
全 国	**National Total**	**6731.6**	**102513123**	**54145.8**	**17466.6**	**42087.2**
北 京	Beijing	119.1	1802744	412.8	82.1	308.6
天 津	Tianjin	118.5	1157946	758.9	133.1	458.9
河 北	Hebei	307.2	1928620	857.3	394.4	892.4
山 西	Shanxi	130.0	1912732	989.2	403.5	728.4
内蒙古	Inner Mongolia	122.7	810997	743.7	219.2	541.3
辽 宁	Liaoning	113.2	2304507	1561.9	450.6	1387.2
吉 林	Jilin	93.5	1069097	414.8	144.8	363.5
黑龙江	Heilongjiang	70.3	917756	396.1	127.0	288.2
上 海	Shanghai	161.2	5552618	668.3	169.2	785.8
江 苏	Jiangsu	577.8	28485472	9046.7	3369.6	6239.9
浙 江	Zhejiang	894.2	7176274	8460.9	1468.4	5546.0
安 徽	Anhui	421.8	2964895	2391.8	880.5	1713.7
福 建	Fujian	352.1	2308947	1660.1	738.1	2268.0
江 西	Jiangxi	178.9	1891582	1396.4	600.3	1271.3
山 东	Shandong	407.0	7025679	3574.5	1489.4	2412.3
河 南	Henan	252.2	2285507	2526.0	950.8	1602.1
湖 北	Hubei	184.5	2639617	1292.9	621.8	1211.1
湖 南	Hunan	292.7	2566365	3117.6	956.0	2150.6
广 东	Guangdong	917.9	9354974	5493.8	1432.1	5991.3
广 西	Guangxi	96.9	1644658	1162.8	277.8	595.7
海 南	Hainan	48.0	335752	309.4	51.5	157.8
重 庆	Chongqing	100.3	2803957	1190.2	399.6	1063.6
四 川	Sichuan	200.0	4691446	1744.4	643.9	1316.6
贵 州	Guizhou	86.4	904890	705.0	296.7	534.5
云 南	Yunnan	61.7	656672	1073.1	351.9	793.1
西 藏	Tibet	14.9	16459	26.4	3.5	7.3
陕 西	Shaanxi	117.1	724290	825.2	331.0	568.7
甘 肃	Gansu	71.9	567357	587.9	194.5	373.2
青 海	Qinghai	20.6	184414	106.2	35.6	65.2
宁 夏	Ningxia	70.1	333177	338.7	119.2	240.0
新 疆	Xinjiang	57.1	562281	246.0	124.3	199.5

4-3-6 续表 2 continued

地 区	Region	收入合计(万元) Total Revenue (10 000 yuan)	支出合计(万元) Total Expenses (10 000 yuan)	资产总计(万元) Total Assets (10 000 yuan)	#固定资产原价 Original Value of Fixed Assets
全 国	**National Total**	**1914646.7**	**1883152.8**	**6998234.6**	**5110228.7**
北 京	Beijing	74140.0	71609.2	238573.6	156519.4
天 津	Tianjin	50216.8	51151.9	140177.8	113115.9
河 北	Hebei	42802.3	42381.9	151614.1	112585.6
山 西	Shanxi	37187.5	43440.4	142337.0	110045.5
内蒙古	Inner Mongolia	37853.6	38309.1	133602.3	118908.9
辽 宁	Liaoning	45126.2	47534.5	285748.4	253475.4
吉 林	Jilin	32116.9	32279.4	106919.2	70737.0
黑龙江	Heilongjiang	27876.2	27753.0	85442.3	66309.7
上 海	Shanghai	226993.8	194037.9	811415.8	448560.8
江 苏	Jiangsu	130547.1	129244.3	433073.3	345999.4
浙 江	Zhejiang	136867.3	136592.2	423036.4	348920.9
安 徽	Anhui	42772.6	42662.2	253719.7	206396.6
福 建	Fujian	65267.4	65034.2	247577.9	201232.3
江 西	Jiangxi	35547.9	35445.8	144964.2	123394.1
山 东	Shandong	76629.8	77636.2	210948.7	163285.9
河 南	Henan	53316.3	54012.6	196957.7	164616.4
湖 北	Hubei	58922.3	58583.3	240805.6	209274.6
湖 南	Hunan	46971.1	47724.8	109206.5	84460.3
广 东	Guangdong	239351.3	232772.7	698310.2	602220.1
广 西	Guangxi	40916.3	40367.4	123702.0	89369.2
海 南	Hainan	24691.9	24021.4	38094.0	19194.5
重 庆	Chongqing	35170.7	35355.3	104416.2	90673.5
四 川	Sichuan	62829.1	63569.9	197912.8	166299.1
贵 州	Guizhou	42008.2	41619.7	157444.5	63134.5
云 南	Yunnan	51593.1	46812.9	120129.9	88313.4
西 藏	Tibet	9262.4	8040.9	19336.6	15818.8
陕 西	Shaanxi	35606.5	40501.2	114652.2	75839.2
甘 肃	Gansu	28639.8	29647.5	122765.6	66815.9
青 海	Qinghai	12668.0	12294.3	269023.8	44570.9
宁 夏	Ningxia	11587.3	12181.8	52169.5	45450.3
新 疆	Xinjiang	19854.6	20075.8	81780.6	42786.0

4-3-6 续表 3 continued

地 区	Region	实际使用公用房屋建筑面积（万平方米）Floor Space of Buildings Actually Used (10 000 sq.m)	#书库面积 Stack Rooms	#阅览室面积 Reading Rooms	阅览室座席数（个）Seats of Reading Rooms (unit)
全 国	**National Total**	**1785.77**	**345.67**	**537.30**	**1264694**
北 京	Beijing	29.90	6.32	7.12	16275
天 津	Tianjin	43.51	7.61	11.61	21433
河 北	Hebei	60.71	11.51	19.99	48494
山 西	Shanxi	56.79	8.25	18.08	41566
内蒙古	Inner Mongolia	43.90	6.51	13.85	35826
辽 宁	Liaoning	61.53	10.32	17.51	42240
吉 林	Jilin	30.92	5.12	10.16	23373
黑龙江	Heilongjiang	35.09	5.95	11.03	27639
上 海	Shanghai	45.56	9.35	11.14	23643
江 苏	Jiangsu	161.09	19.72	40.82	76682
浙 江	Zhejiang	131.73	23.41	38.40	85557
安 徽	Anhui	60.52	10.27	20.49	48653
福 建	Fujian	61.62	13.93	22.88	45603
江 西	Jiangxi	54.26	13.42	16.64	47745
山 东	Shandong	114.75	23.43	31.20	69624
河 南	Henan	79.02	17.10	22.51	65361
湖 北	Hubei	72.83	17.05	24.82	50124
湖 南	Hunan	61.16	16.52	17.70	45998
广 东	Guangdong	169.45	31.55	57.26	125331
广 西	Guangxi	49.42	12.68	12.07	36933
海 南	Hainan	9.64	2.46	3.51	6983
重 庆	Chongqing	38.26	7.08	11.17	31936
四 川	Sichuan	69.79	14.09	25.55	62588
贵 州	Guizhou	30.05	8.25	9.68	28863
云 南	Yunnan	40.57	9.65	11.62	31811
西 藏	Tibet	6.17	1.36	1.73	3461
陕 西	Shaanxi	41.31	9.39	13.74	32021
甘 肃	Gansu	37.29	5.81	10.52	33435
青 海	Qinghai	11.19	1.78	4.50	6667
宁 夏	Ningxia	13.99	2.74	4.74	13838
新 疆	Xinjiang	35.94	6.11	11.83	29564

4-3-7 艺术表演团体基本情况
Statistics on Art Performance Troupes

年 份 Year	机构数（个） Number of Institutions (unit)	从业人员（人） Number of Employed Persons (person)	演出场次（万场次） Number of Performances (10 000 shows)	国内演出观众人次（万人次） Number of Domestic Audience (10 000 person-times)
2008	5114	208174	91	63187
2009	6139	184678	120	81716
2010	6864	185413	137	88456
2011	7055	226599	155	74585
2012	7321	242047	135	82805
2013	8180	260865	165	90064
2014	8769	262887	174	91020
2015	10787	301878	211	95799
2016	12283	332920	231	118138
2017	15742	402969	294	124739
2018	17123	416374	312	117569
2019	17795	412541	297	123020
2020	17581	436899	223	88952

4-3-7 续表 continued

年 份 Year	收入合计（万元） Total Revenue (10 000 yuan)	#演出收入 Performance Income	支出合计（万元） Total Expenditure (10 000 yuan)	实际使用房屋建筑面积（万平方米） Floor Space of Buildings Actually Used (10 000 sq.m)
2008	933685	204842	832225	432
2009	1121559	288214	1048083	457
2010	1239255	342696	1203561	466
2011	1540263	526745	1486696	526
2012	2310460	641480	2081911	617
2013	2800266	735532	2331821	638
2014	2264046	757028	2024045	716
2015	2576499	939310	2286420	800
2016	3112276	1308591	2621743	825
2017	3419618	1476786	2942410	916
2018	3667258	1522685	3152559	908
2019	3969949	1267752	3433017	929
2020	2871251	866292	3010357	1011

4-3-8 分地区艺术表演团体基本情况(2020年)
Statistics on Art Performance Troupes by Region(2020)

地区	Region	机构数(个) Number of Institutions (unit)	从业人员(人) Number of Employed Persons (person)	#专业技术人员 Professional &Technical Staff	演出场次(万场次) Number of Performances (10 000 shows)	#国内演出 Domestic Performances	国内演出观众人次(万人次) Number of Domestic Audience (10 000 person-times)
全国	**National Total**	**17581**	**436899**	**160604**	**223.2**	**222.7**	**88951.8**
中央本级	Central-level	14	3074	2440	0.1	0.1	78.5
北京	Beijing	393	11769	4003	1.3	1.2	2642.1
天津	Tianjin	113	3704	1908	0.5	0.5	778.7
河北	Hebei	770	18963	6490	8.0	8.0	3341.5
山西	Shanxi	827	24879	9479	6.2	6.1	3589.1
内蒙古	Inner Mongolia	204	8555	5321	1.9	1.9	1043.3
辽宁	Liaoning	186	6188	2647	0.9	0.9	473.6
吉林	Jilin	104	3517	2450	0.5	0.5	368.5
黑龙江	Heilongjiang	82	4050	2700	0.5	0.5	143.2
上海	Shanghai	315	11237	4620	1.8	1.8	559.1
江苏	Jiangsu	620	15093	7022	7.4	7.4	3114.9
浙江	Zhejiang	1236	41169	11512	20.4	20.4	6966.4
安徽	Anhui	2334	39174	11866	30.2	30.1	9555.1
福建	Fujian	558	15523	5637	9.8	9.7	3372.0
江西	Jiangxi	380	10334	3403	4.8	4.8	1904.7
山东	Shandong	1566	28986	10727	14.0	14.0	15084.7
河南	Henan	2391	56665	16874	30.6	30.6	12351.5
湖北	Hubei	441	10491	5175	8.2	8.2	6067.2
湖南	Hunan	631	15987	6618	6.9	6.8	3231.5
广东	Guangdong	475	12549	4529	3.4	3.4	1689.9
广西	Guangxi	78	3153	1152	0.9	0.9	505.6
海南	Hainan	102	3320	1235	1.2	1.2	884.2
重庆	Chongqing	1265	18279	5378	12.9	12.9	1734.1
四川	Sichuan	725	12288	4768	3.7	3.6	1431.3
贵州	Guizhou	200	4608	1680	1.5	1.4	580.7
云南	Yunnan	270	8718	3537	5.1	5.0	1598.1
西藏	Tibet	87	2540	882	0.7	0.6	365.7
陕西	Shaanxi	591	18974	7108	4.6	4.6	3174.2
甘肃	Gansu	347	12696	4147	32.6	32.6	1681.2
青海	Qinghai	122	3385	883	0.5	0.5	173.6
宁夏	Ningxia	30	1932	781	0.3	0.3	135.1
新疆	Xinjiang	124	5099	3632	2.1	2.1	332.3

4-3-8 续表 1 continued

地 区	Region	收入合计（万元）Total Revenue (10 000 yuan)	#财政拨款 Government Subsidy	#演出收入 Performance Income	支出合计（万元）Total Expenses (10 000 yuan)	#人员支出 Personnel Expenses	资产总计（万元）Total Assets (10 000 yuan)
全 国	**National Total**	**2871251**	**1774851**	**866292**	**3010357**	**1619679**	**8676157**
中央本级	Central-level	129020	96178	15876	117714	64519	255093
北 京	Beijing	133301	68755	31319	182104	72427	373562
天 津	Tianjin	42728	28844	7246	47300	31655	64261
河 北	Hebei	64767	36453	22626	67187	45745	204962
山 西	Shanxi	92868	49289	37633	100007	48439	168796
内蒙古	Inner Mongolia	98726	93782	2804	103923	64934	111374
辽 宁	Liaoning	46316	31666	6415	42367	26085	232117
吉 林	Jilin	32310	26904	5130	34548	21383	27014
黑龙江	Heilongjiang	50355	46013	2406	52942	38442	48273
上 海	Shanghai	169586	167485	48844	172829	82159	350865
江 苏	Jiangsu	187910	104671	57265	202409	101184	480270
浙 江	Zhejiang	211473	86121	95738	248465	123108	1595176
安 徽	Anhui	93345	23612	91481	79207	54044	190566
福 建	Fujian	112828	69370	37283	130249	86741	217440
江 西	Jiangxi	56733	19770	17050	48588	26956	207632
山 东	Shandong	132306	99139	33004	155845	97520	151410
河 南	Henan	135283	85550	52859	137739	76926	381648
湖 北	Hubei	111537	91019	13639	114380	59842	197003
湖 南	Hunan	94976	59199	33691	113581	54471	1113741
广 东	Guangdong	202137	91763	40817	208368	83352	900400
广 西	Guangxi	36385	14336	14686	40293	15008	184902
海 南	Hainan	39231	13291	18191	32638	14088	84818
重 庆	Chongqing	61746	23988	36002	56332	27959	108176
四 川	Sichuan	90095	50109	36405	89294	48778	146444
贵 州	Guizhou	41080	14703	14550	40133	17092	171055
云 南	Yunnan	86591	61035	20269	89950	58675	151208
西 藏	Tibet	40292	35528	1021	33292	21786	35470
陕 西	Shaanxi	101361	55237	42253	93175	54149	216282
甘 肃	Gansu	61481	30266	24523	57931	34224	153214
青 海	Qinghai	15048	10813	2790	12802	8198	43177
宁 夏	Ningxia	15980	7745	2074	17123	6035	35765
新 疆	Xinjiang	83456	82217	402	87643	53758	74043

4-3-8 续表 2 continued

地 区	Region		实际使用房屋建筑面积（万平方米） Floor Space of Buildings Actually Used (10 000 sq.m)		流动舞台车演出情况 Performances of Flow Stage Car		
		#固定资产原价 Original Value of Fixed Assets		#排练练功用房 Buildings for Rehearsing	流动舞台车数量（辆） Number of Flow Stage Cars (unit)	演出场次（万场次） Number of Performances (10 000 shows)	观众人次（万人次） Number of Audiences (10 000 person-times)
全 国	**National Total**	**1673078**	**1011.4**	**110.4**	**1592**	**8.70**	**6135.7**
中央本级	Central-level	136160	17.5	1.8			
北 京	Beijing	41877	18.7	0.9			
天 津	Tianjin	27219	13.5	1.6	2		
河 北	Hebei	32158	42.1	3.8	65	0.29	226.2
山 西	Shanxi	34631	40.1	3.8	124	0.43	308.8
内蒙古	Inner Mongolia	74413	37.4	5.6	134	0.21	106.9
辽 宁	Liaoning	36064	18.9	4.1	9	0.02	9.2
吉 林	Jilin	15774	12.6	2.2	55	0.13	61.6
黑龙江	Heilongjiang	41859	23.0	4.2	23	0.07	44.9
上 海	Shanghai	138634	22.3	2.5			
江 苏	Jiangsu	39008	50.7	5.5	53	0.46	350.3
浙 江	Zhejiang	46982	64.9	3.9	9	0.01	3.3
安 徽	Anhui	34337	61.0	2.5	46	0.43	254.7
福 建	Fujian	80840	52.5	2.4	33	0.01	23.3
江 西	Jiangxi	28371	21.4	1.9	67	0.51	251.3
山 东	Shandong	31553	63.7	8.4	108	1.34	1119.4
河 南	Henan	36620	82.2	5.3	200	2.31	1829.7
湖 北	Hubei	76258	35.7	6.8	103	0.61	440.8
湖 南	Hunan	34612	50.9	6.1	112	0.74	422.2
广 东	Guangdong	105765	37.6	4.2	14		8.0
广 西	Guangxi	9410	11.9	3.3	8	0.03	6.4
海 南	Hainan	12612	5.8	0.5	10	0.01	3.7
重 庆	Chongqing	24310	27.5	2.7	4	0.01	3.6
四 川	Sichuan	34945	35.5	3.1	15	0.01	6.2
贵 州	Guizhou	35522	27.7	1.9	16	0.02	12.7
云 南	Yunnan	21553	29.0	4.6	64	0.11	111.0
西 藏	Tibet	27581	11.9	2.7	53	0.14	57.2
陕 西	Shaanxi	298886	36.9	3.9	76	0.37	289.0
甘 肃	Gansu	51056	24.3	4.0	63	0.19	103.9
青 海	Qinghai	23012	6.1	1.9	10	0.01	0.9
宁 夏	Ningxia	14801	3.5	0.9	11	0.11	32.2
新 疆	Xinjiang	26257	24.7	3.6	105	0.12	48.1

4-3-9 艺术表演场馆基本情况
Statistics on Art Performance Venues

年 份 Year	机构数 (个) Number of Institutions (unit)	从业人员 (人) Number of Employed Persons (person)	坐席数 (个) Seating Capacity (unit)	演(映)出场次 (万场次) Number of Performances (10 000 shows)	#艺术演出 Art Performances
2008	1662	29691	1171012	64.2	7.2
2009	1499	28059	1126705	41.9	7.4
2010	1461	25280	1077250	53.8	7.2
2011	1429	26480	1080266	56.2	5.9
2012	1279	25076	945580	57.5	7.2
2013	1344	26036	1027946	82.9	6.6
2014	1338	25709	1187359	78.1	7.0
2015	2143	46734	1786688	106.5	13.7
2016	2285	51296	1689268	119.4	19.1
2017	2455	53765	1796055	142.0	21.2
2018	2478	51478	1920410	126.6	17.9
2019	2716	64507	1818662	128.4	24.5
2020	2770	61957	1878867	58.8	31.7

4-3-9 续表 continued

年 份 Year	观众人次 (万人次) Number of Audience (10 000 person-times)	#艺术演出 Art Performances	收入合计 (万元) Total Revenue (10 000 yuan)	#艺术演出 Art Performances Income
2008	8122.8	3211.1	155505	40055
2009	7492.6	3206.7	182863	39558
2010	8992.8	3165.3	177731	38309
2011	6927.0	2685.8	266099	51227
2012	6099.7	2191.7	218223	44454
2013	7776.3	2662.4	426361	82489
2014	6844.4	2598.3	403699	84512
2015	10775.4	2853.6	867630	257173
2016	12883.6	3098.1	964563	273060
2017	13453.8	3234.2	1243006	432754
2018	14092.8	5861.7	1324795	374392
2019	12561.1	6785.2	1772329	559160
2020	6064.7	4077.0	1308654	384826

4-3-10 分地区艺术表演场馆基本情况(2020年)
Statistics on Art Performance Venues of Culture System by Region(2020)

地区	Region	机构数(个) Number of Institutions (unit)	从业人员(人) Number of Employed Persons (person)	#专业技术人员 Professional &Technical Staff	坐席数(个) Seating Capacity (unit)	演(映)出场次合计(万场次) Number of Performances (10 000 shows)	#艺术演出 Art Performances
全　国	**National Total**	**2770**	**61957**	**16790**	**1878867**	**58.8**	**31.7**
中央本级	Central-level	7	183	15	6665	0.1	0.1
北　京	Beijing	55	2298	771	40076	13.5	11.3
天　津	Tianjin	85	1635	480	50539	3.0	2.0
河　北	Hebei	100	1546	455	49552	2.8	0.9
山　西	Shanxi	167	3321	700	78288	3.4	0.6
内蒙古	Inner Mongolia	32	642	138	22637	0.9	0.4
辽　宁	Liaoning	93	3184	1077	49262	0.8	0.5
吉　林	Jilin	85	1003	235	22751	1.1	0.3
黑龙江	Heilongjiang	64	1520	583	28896	0.2	0.2
上　海	Shanghai	61	2478	606	123414	0.8	0.5
江　苏	Jiangsu	274	5314	1346	202025	6.5	1.2
浙　江	Zhejiang	313	5942	1431	172166	5.9	2.5
安　徽	Anhui	100	1852	758	55342	0.9	0.3
福　建	Fujian	64	2054	678	49227	2.2	0.8
江　西	Jiangxi	77	1514	615	38580	2.0	1.4
山　东	Shandong	154	3492	785	95871	1.8	1.1
河　南	Henan	198	4707	735	100496	1.1	0.8
湖　北	Hubei	73	1365	358	50363	1.7	0.2
湖　南	Hunan	110	2790	962	66870	1.6	1.1
广　东	Guangdong	118	4019	922	284693	0.9	0.6
广　西	Guangxi	48	1505	325	18830	0.7	0.4
海　南	Hainan	20	689	234	22280	1.7	1.7
重　庆	Chongqing	51	1049	326	41522	0.9	0.8
四　川	Sichuan	125	2073	761	73461	0.6	0.5
贵　州	Guizhou	31	366	135	6066	0.0	0.0
云　南	Yunnan	34	2449	388	26641	0.6	0.5
西　藏	Tibet	25	125	24	3691	0.1	0.1
陕　西	Shaanxi	106	1274	531	58332	1.7	0.7
甘　肃	Gansu	36	965	242	19934	0.6	0.3
青　海	Qinghai	37	182	13	6253	0.3	0.1
宁　夏	Ningxia	3	21	15	2636	0.2	0.2
新　疆	Xinjiang	24	400	146	11508	0.4	0.1

4-3-10 续表 1 continued

地 区	Region	观众人次合计(万人次) Number of Audience (10 000 person-times)	#艺术演出观众人次 Art Performances	收入合计(万元) Total Revenue (10 000 yuan)	#财政拨款 Government Budget	#演出收入 Performance Income	支出合计(万元) Total Expenses (10 000 yuan)
全 国	**National Total**	**6064.7**	**4077.0**	**1308654**	**349409**	**384826**	**1287875**
中央本级	Central-level	20.3	19.8	4070		2912	4798
北 京	Beijing	319.2	251.7	118558	55720	33673	109390
天 津	Tianjin	141.3	80.1	29064	1082	2562	52079
河 北	Hebei	89.8	38.6	21711	12687	2480	24408
山 西	Shanxi	221.7	82.2	36870	7132	8618	34931
内蒙古	Inner Mongolia	61.6	21.6	7051	3854	1440	6176
辽 宁	Liaoning	186.6	131.7	49339	8032	18597	67945
吉 林	Jilin	52.7	25.6	16138	4705	3257	13580
黑龙江	Heilongjiang	36.5	23.8	14062	4385	1917	16150
上 海	Shanghai	236.3	190.0	164146	55387	33911	122009
江 苏	Jiangsu	436.7	301.8	126846	31129	28668	127780
浙 江	Zhejiang	586.1	405.6	176236	30965	49763	167908
安 徽	Anhui	135.9	79.2	16174	6836	4033	19233
福 建	Fujian	167.3	141.6	45033	9211	27523	42856
江 西	Jiangxi	148.3	96.3	27972	7554	7509	30584
山 东	Shandong	562.2	188.0	61363	19467	16735	65874
河 南	Henan	289.2	153.3	56241	8704	17504	52156
湖 北	Hubei	108.2	71.5	17729	5231	3219	16298
湖 南	Hunan	612.9	373.2	42582	12950	12675	46063
广 东	Guangdong	227.8	176.5	105782	29947	28463	110418
广 西	Guangxi	184.7	173.4	13313	125	9419	15411
海 南	Hainan	231.8	230.3	26151	7795	14170	20710
重 庆	Chongqing	77.9	64.5	17121	3698	3755	15269
四 川	Sichuan	113.7	86.9	32578	4581	5757	32640
贵 州	Guizhou	3.7	2.4	2891	977	341	3677
云 南	Yunnan	324.6	323.7	27863	1489	20982	23692
西 藏	Tibet	10.9	10.8	831	18	667	469
陕 西	Shaanxi	254.8	205.6	20826	7882	8869	18751
甘 肃	Gansu	94.2	69.1	22098	1651	14737	18718
青 海	Qinghai	66.3	4.9	1162	150	627	1091
宁 夏	Ningxia	11.0	9.0	262	232		286
新 疆	Xinjiang	50.8	44.3	6595	5835	42	6526

4-3-10 续表 2 continued

地 区	Region	#人员支出 Personnel Expenses	资产总计(万元) Total Assets (10 000 yuan)	#固定资产原价 Original Value of Fixed Assets	实际使用房屋建筑面积(万平方米) Floor Space of Buildings Actually Used (10 000 sq.m)	#演(映)业务用房 Buildings for Performances
全 国	**National Total**	**390036**	**7612511**	**1545873**	**1577.7**	**700.0**
中央本级	Central-level	1947	4414	1327	8.2	4.5
北 京	Beijing	33393	545584	226537	40.1	32.6
天 津	Tianjin	10822	313210	19717	31.9	12.4
河 北	Hebei	9444	138829	60758	55.3	24.6
山 西	Shanxi	12103	239554	177700	55.1	21.0
内蒙古	Inner Mongolia	2157	66410	61481	27.1	10.1
辽 宁	Liaoning	14729	493401	5021	81.6	20.6
吉 林	Jilin	5142	27890	7834	16.6	6.6
黑龙江	Heilongjiang	5002	66033	6102	35.2	10.7
上 海	Shanghai	33650	547416	99251	111.1	45.3
江 苏	Jiangsu	37198	707232	189720	223.7	90.2
浙 江	Zhejiang	47086	705131	183234	161.2	65.3
安 徽	Anhui	9190	380974	31396	38.0	17.6
福 建	Fujian	11068	89785	16418	50.7	19.9
江 西	Jiangxi	11696	109891	23313	38.5	17.4
山 东	Shandong	21384	467062	116967	103.9	57.9
河 南	Henan	16340	250506	43842	67.5	31.9
湖 北	Hubei	6155	151562	36069	33.6	21.4
湖 南	Hunan	16565	1033585	34007	57.2	29.8
广 东	Guangdong	32903	443432	78970	129.4	53.2
广 西	Guangxi	3929	105952	1558	13.7	4.1
海 南	Hainan	6798	56769	6537	12.2	2.9
重 庆	Chongqing	4026	83083	2594	39.9	25.6
四 川	Sichuan	11703	213297	14166	47.3	22.0
贵 州	Guizhou	1596	12187	1640	6.6	1.2
云 南	Yunnan	7437	183343	22845	21.2	14.7
西 藏	Tibet	215	3706	206	3.1	0.5
陕 西	Shaanxi	7334	82043	41977	40.8	22.1
甘 肃	Gansu	5402	62545	17142	15.8	8.9
青 海	Qinghai	485	5545	4346	3.8	2.0
宁 夏	Ningxia	239	362	329	0.2	0.1
新 疆	Xinjiang	2902	21782	12868	7.5	3.0

4-3-11 文物保护管理机构基本情况
Statistics on Agencies of Cultural Relics Preservation

年份 Year	机构数（个）Number of Institutions (unit)	从业人员（人）Number of Employed Persons (person)	藏品数（件/套）Number of Collections (piece/set)	基本陈列、展览（个）Displays and Exhibitions (unit)	参观人次（万人次）Visitors (10 000 person-times)	收入合计（万元）Total Revenue (10 000 yuan)	支出合计（万元）Total Expenses (10 000 yuan)
2008	2223	29661	2187639	2106	6956	311916	276187
2009	2263	28629	1958904	2449	9205	308949	290560
2010	2436	30171	2149366	3419	11198	365904	330748
2011	2735	33035	2251805	2243	9442	463609	419425
2012	2705	34854	1767573	2128	10433	535779	459988
2013	2809	35334	1906829	1181	10711	819557	705411
2014	3280	37843	2092332	1566	12182	757303	689769
2015	3307	32030	2073474	1466	14001	875460	790247
2016	3318	33407	2521238	1463	15798	995357	835664
2017	3518	33400	2473352	1394	17304	989813	956362
2018	3550	32400	2430379	1452	17616	1031941	946661
2019	3518	30689	1659712	1973	19136	989519	926514
2020	3373	31959	1687721	1182	8741	940898	965692

4-3-12 文物科研机构基本情况
Statistics on Scientific and Research Agencies of Cultural Relics

年份 Year	机构数（个）Number of Institutions (unit)	从业人员（人）Number of Employed Persons (person)	藏品数（件/套）Number of Collections (piece/set)	实际使用房屋建筑面积（万平方米）Floor Space of Buildings Actually Used (10 000 sq.m)	收入合计（万元）Total Revenue (10 000 yuan)	支出合计（万元）Total Expenses (10 000 yuan)
2010	108	3846	870223	28	120767	110215
2011	107	4078	822390	62	139450	135304
2012	114	4917	1208701	101	182418	158831
2013	115	5243	1594975	96	208924	170898
2014	118	7314	1459852	102	243812	207016
2015	122	5217	1177485	145	255849	236374
2016	122	4763	1187938	84	292464	245058
2017	121	3995	1230188	79	288858	234975
2018	122	4133	1315659	81	333070	312846
2019	126	4313	1522789	86	389495	368953
2020	128	5123	1649403	45	403405	396299

4-3-13 分地区文物保护管理机构基本情况(2020年)

Statistics on Agencies of Cultural Relics Preservation by Region(2020)

地 区	Region	机构数 (个) Number of Institutions (unit)	从业人员 (人) Number of Employed Persons (person)	#专业技术人员 Professional &Technical Staff	藏品数 (件/套) Number of Collections (piece/set)	基本陈列、展览 (个) Regular Exhibitions (unit)
全 国	**National Total**	**3373**	**31959**	**9017**	**1687721**	**1182**
中央本级	Central-level					
北 京	Beijing	26	1805	290	23384	28
天 津	Tianjin	8	50	39	58	
河 北	Hebei	156	3564	757	95313	46
山 西	Shanxi	115	1681	502	156044	20
内蒙古	Inner Mongolia	97	699	410	77675	43
辽 宁	Liaoning	61	1156	331	44109	60
吉 林	Jilin	52	302	201	6210	9
黑龙江	Heilongjiang	55	197	123	13923	26
上 海	Shanghai	6	111	67	2416	4
江 苏	Jiangsu	47	353	135	7956	42
浙 江	Zhejiang	86	2467	760	96165	154
安 徽	Anhui	82	395	200	32494	16
福 建	Fujian	52	326	126	4554	16
江 西	Jiangxi	66	469	166	55763	120
山 东	Shandong	91	2611	1008	139917	56
河 南	Henan	127	2366	467	108207	12
湖 北	Hubei	42	698	249	27056	32
湖 南	Hunan	50	681	122	37152	36
广 东	Guangdong	25	298	75	8996	61
广 西	Guangxi	70	446	223	40752	56
海 南	Hainan	12	200	32	853	20
重 庆	Chongqing	38	199	98	26173	6
四 川	Sichuan	175	2073	549	136477	65
贵 州	Guizhou	66	353	177	10885	26
云 南	Yunnan	136	840	592	84496	81
西 藏	Tibet	1259	1977	130	307652	4
陕 西	Shaanxi	187	3945	734	107198	104
甘 肃	Gansu	54	801	250	1818	2
青 海	Qinghai	28	91	39	11663	10
宁 夏	Ningxia	22	275	125	19507	17
新 疆	Xinjiang	82	530	40	2855	10

4-3-13 续表 1 continued

地 区	Region	参观人次（万人次） Visitors (10 000 person-times)	门票销售总额（万元） Sales of Admission Tickets (10 000 yuan)	收入合计（万元） Total Revenue (10 000 yuan)	#财政拨款 Government Subsidy	支出合计（万元） Total Expenses (10 000 yuan)
全 国	**National Total**	**8740.6**	**160387**	**940898**	**753951**	**965692**
中央本级	Central-level					
北 京	Beijing	322.6	9426	112687	79063	115517
天 津	Tianjin			5937	2997	5483
河 北	Hebei	394.4	16394	88399	81776	74150
山 西	Shanxi	675.5	8051	35826	27754	37475
内蒙古	Inner Mongolia	36.6	11	25950	25688	19934
辽 宁	Liaoning	136.9	2045	17935	15673	19482
吉 林	Jilin	4.2		5971	5741	5124
黑龙江	Heilongjiang	11.1	12	6459	4582	4044
上 海	Shanghai	2.3		6045	5536	6228
江 苏	Jiangsu	82.5	140	19975	19457	18505
浙 江	Zhejiang	1428.8	16075	116168	76501	109214
安 徽	Anhui	68.4	646	17548	14102	16473
福 建	Fujian	132.9	750	13165	8581	12178
江 西	Jiangxi	411.1		19728	16237	15993
山 东	Shandong	678.6	25610	48261	45463	76342
河 南	Henan	843.1	14257	42243	31638	42354
湖 北	Hubei	435.4	36421	16295	9006	16318
湖 南	Hunan	459.0	570	30087	27507	30077
广 东	Guangdong	122.2	1738	9198	7305	9198
广 西	Guangxi	192.9		16072	13244	13997
海 南	Hainan	127.5	419	2414	1829	2076
重 庆	Chongqing	6.1	7	7263	7263	7988
四 川	Sichuan	334.8	9468	96607	82899	91518
贵 州	Guizhou	72.3	909	7168	5796	6671
云 南	Yunnan	256.1	304	29978	26644	31412
西 藏	Tibet	272.5	10713	30409	21653	59195
陕 西	Shaanxi	1048.6	4476	73719	61016	79428
甘 肃	Gansu	92.0	1435	16205	12101	14334
青 海	Qinghai	2.8	7	2454	1365	2661
宁 夏	Ningxia	62.9	465	12597	10391	14511
新 疆	Xinjiang	26.6	40	8135	5144	7811

4-3-13 续表 2 continued

地 区	Region	资产总计（万元） Total Assets (10 000 yuan)	#固定资产原价 Original Value of Fixed Assets	实际使用房屋建筑面积（万平方米） Floor Space of Buildings Actually Used (10 000 sq.m)	#展览用房 Buildings for Exhibitions	#文物库房 Storeroom
全 国	**National Total**	**1965453**	**814985**	**1614.11**	**110.39**	**17.10**
中央本级	Central-level					
北 京	Beijing	104590	22208	9.67	1.56	0.17
天 津	Tianjin	6417	404	0.10		0.02
河 北	Hebei	120952	35852	15.99	6.79	1.10
山 西	Shanxi	64455	41229	15.40	5.94	0.78
内蒙古	Inner Mongolia	27304	14095	7.92	3.43	0.36
辽 宁	Liaoning	12997	6871	11.97	2.43	0.42
吉 林	Jilin	2215	477	1.41	0.53	0.15
黑龙江	Heilongjiang	2811	2389	1.73	0.82	0.11
上 海	Shanghai	4514	2822	1.16	0.61	0.04
江 苏	Jiangsu	23343	4749	3.88	2.06	0.26
浙 江	Zhejiang	479200	195881	41.97	23.33	0.44
安 徽	Anhui	67080	57471	4.18	1.43	0.35
福 建	Fujian	12132	1338	2.87	0.92	0.05
江 西	Jiangxi	17093	2117	11.47	5.95	0.46
山 东	Shandong	127823	38010	15.44	8.61	0.57
河 南	Henan	203826	48619	17.30	5.54	1.71
湖 北	Hubei	41355	24572	5.44	2.14	0.19
湖 南	Hunan	111015	38862	8.56	3.16	0.73
广 东	Guangdong	10019	2988	7.74	3.07	0.04
广 西	Guangxi	16752	11029	5.83	3.48	0.37
海 南	Hainan	4431	3535	1.59	0.61	0.01
重 庆	Chongqing	6316	1484	3.15	1.29	0.80
四 川	Sichuan	120850	52849	22.17	3.07	1.61
贵 州	Guizhou	8618	3764	3.95	1.69	0.23
云 南	Yunnan	38205	19831	20.86	4.45	0.54
西 藏	Tibet	32458	7045	1330.27	2.96	3.89
陕 西	Shaanxi	213948	115307	28.26	8.02	0.88
甘 肃	Gansu	22979	9201	4.79	1.65	0.25
青 海	Qinghai	6833	5661	1.23	0.66	0.08
宁 夏	Ningxia	48351	39469	4.22	1.41	0.44
新 疆	Xinjiang	6573	4862	3.59	2.78	0.05

4-3-14 分地区文物科研机构基本情况(2020年)

Statistics on Scientific and Research Agencies of Cultural Relics by Region(2020)

地 区	Region	机构数(个) Number of Institutions (unit)	从业人员(人) Number of Employed Persons (person)	#专业技术人员 Professional &Technical Staff	藏品数(件/套) Number of Collections (piece/set)	基本陈列、展览(个) Regular Exhibitions (unit)
全 国	**National Total**	**128**	**5123**	**2852**	**1649403**	**23**
北 京	Beijing	2	139	68	27754	
天 津	Tianjin					
河 北	Hebei	9	395	170	67593	1
山 西	Shanxi	9	298	207	84849	
内蒙古	Inner Mongolia	2	89	64	17181	
辽 宁	Liaoning	4	151	95	30038	
吉 林	Jilin	3	122	81	32758	3
黑龙江	Heilongjiang	3	59	43	5517	
上 海	Shanghai					
江 苏	Jiangsu	5	145	76	23559	1
浙 江	Zhejiang	5	274	102	161	1
安 徽	Anhui	1	46	42	19477	
福 建	Fujian	2	19	16		
江 西	Jiangxi	2	110	50	7341	
山 东	Shandong	12	189	152	46666	2
河 南	Henan	17	914	392	788795	7
湖 北	Hubei	3	135	108	7425	
湖 南	Hunan	7	207	107	61218	
广 东	Guangdong	4	158	107	65904	
广 西	Guangxi	3	68	61	11329	1
海 南	Hainan					
重 庆	Chongqing	1	145	67	21258	
四 川	Sichuan	7	232	90	57379	4
贵 州	Guizhou	2	36	27	3895	
云 南	Yunnan	2	44	42	2456	
西 藏	Tibet	1	34	23		
陕 西	Shaanxi	11	558	278	75153	
甘 肃	Gansu	4	170	122	160605	1
青 海	Qinghai	1	46	35	8825	
宁 夏	Ningxia	3	61	53	5127	
新 疆	Xinjiang	2	157	79	12721	1

注：全国合计数包括中央本级机构。

a) Data of national total institutions include one central-level institution.

4-3-14 续表 1 continued

地 区	Region	参观人次（万人次） Visitors (10 000 person-times)	门票销售总额（万元） Sales of Admission Tickets (10 000 yuan)	收入合计（万元） Total Revenue (10 000 yuan)	支出合计（万元） Total Expenses (10 000 yuan)
全 国	**National Total**	**238.8**	**5121**	**403405**	**396299**
北 京	Beijing			34697	44978
天 津	Tianjin				
河 北	Hebei	0.5		13673	14193
山 西	Shanxi	146.2	3889	42145	46170
内蒙古	Inner Mongolia			6451	3196
辽 宁	Liaoning	0.0		7415	7362
吉 林	Jilin	0.5		5442	5761
黑龙江	Heilongjiang			1506	1621
上 海	Shanghai				
江 苏	Jiangsu	20.0		26748	21549
浙 江	Zhejiang	4.0		21067	18547
安 徽	Anhui			8443	5998
福 建	Fujian			458	430
江 西	Jiangxi			6139	6871
山 东	Shandong	0.3		17819	14290
河 南	Henan	5.6	23	54147	51859
湖 北	Hubei			9013	8411
湖 南	Hunan	1.0		15222	12894
广 东	Guangdong	0.0		14449	14159
广 西	Guangxi	0.9		8225	6760
海 南	Hainan				
重 庆	Chongqing			6364	5314
四 川	Sichuan	8.3	105	10097	16204
贵 州	Guizhou			2412	1903
云 南	Yunnan			8662	6026
西 藏	Tibet			1345	1454
陕 西	Shaanxi			39652	44870
甘 肃	Gansu	42.0	1020	9837	9639
青 海	Qinghai			1826	1924
宁 夏	Ningxia	6.0	17	1958	2486
新 疆	Xinjiang	3.5	68	11024	7322

4-3-14 续表 2 continued

地 区	Region	资产总计（万元） Total Assets (10 000 yuan)	#固定资产原价 Original Value of Fixed Assets	实际使用房屋建筑面积（万平方米） Floor Space of Buildings Actually Used (10 000 sq.m)	文化保护规划和方案设计（个） Planning and Project of Cultural Relics Preservation (unit)
全 国	**National Total**	**499202**	**109123**	**45.44**	**269**
北 京	Beijing	75581	1806	0.31	
天 津	Tianjin				
河 北	Hebei	18802	5089	2.89	6
山 西	Shanxi	19836	8343	5.49	3
内蒙古	Inner Mongolia	3160	570	0.63	
辽 宁	Liaoning	4418	1245	0.71	3
吉 林	Jilin	6154	2639	0.65	
黑龙江	Heilongjiang	2197	153	0.56	
上 海	Shanghai				
江 苏	Jiangsu	7087	1176	0.20	3
浙 江	Zhejiang	20862	3090	2.37	
安 徽	Anhui			2.71	
福 建	Fujian	84	28	0.26	
江 西	Jiangxi	6293	2613	0.96	1
山 东	Shandong	27771	2046	0.98	34
河 南	Henan	51292	16507	5.00	6
湖 北	Hubei	22164	13088	2.31	53
湖 南	Hunan	20632	6410	0.85	14
广 东	Guangdong	11087	1765	4.01	1
广 西	Guangxi	13793	3285	1.09	44
海 南	Hainan				
重 庆	Chongqing	14143	4290	0.96	14
四 川	Sichuan	9374	5196	3.33	2
贵 州	Guizhou	3827	582	0.37	12
云 南	Yunnan	31509	444	0.19	
西 藏	Tibet	1484	167	0.18	4
陕 西	Shaanxi	39738	10371	3.35	3
甘 肃	Gansu	25727	2170	0.81	3
青 海	Qinghai	1237	347	0.53	
宁 夏	Ningxia	3181	751	0.15	
新 疆	Xinjiang	7189	2495	0.58	4

4-3-15 文化类社会组织情况
Statistics on Social Organizations Related with Culture

单位：个 (unit)

年 份 地 区	Year Region	机构数 Number of Institutions	社团 Social Organization	基金会 Fund Organization	民办非企业 Non-enterprise Units Run by NGO
	2007	22383	16690	115	5578
	2008	25154	18555	94	6505
	2009	26988	19687	113	7188
	2010	29180	20926	140	8114
	2011	31483	22472	184	8827
	2012	35808	25036	182	10590
	2013	39022	27115	213	11694
	2014	44492	30101	243	14148
	2015	49877	32998	259	16620
	2016	53291	34966	258	18067
	2017	59857	38558	266	21033
	2018	68744	41835	295	26614
中央本级	Central-level	80	61		19
北 京	Beijing	889	420	66	403
天 津	Tianjin	288	177	5	106
河 北	Hebei	1943	1426		517
山 西	Shanxi	1836	1309	11	516
内蒙古	Inner Mongolia	2136	1652	4	480
辽 宁	Liaoning	1219	803	1	415
吉 林	Jilin	914	668	2	244
黑龙江	Heilongjiang	1280	1027	2	251
上 海	Shanghai	1298	351	31	916
江 苏	Jiangsu	8680	3786	24	4870
浙 江	Zhejiang	5108	2835	20	2253
安 徽	Anhui	2552	1789	6	757
福 建	Fujian	3475	2495	10	970
江 西	Jiangxi	1883	1241	1	641
山 东	Shandong	6219	2457	1	3761
河 南	Henan	2393	1409	8	976
湖 北	Hubei	2881	1480	7	1394
湖 南	Hunan	2956	2014	10	932
广 东	Guangdong	5620	3407	12	2201
广 西	Guangxi	1358	1025	2	331
海 南	Hainan	697	469	15	213
重 庆	Chongqing	861	704	3	154
四 川	Sichuan	3399	2514	5	880
贵 州	Guizhou	954	849		105
云 南	Yunnan	1775	1602	9	164
西 藏	Tibet	66	56	4	6
陕 西	Shaanxi	2811	2009	16	786
甘 肃	Gansu	1533	863	2	668
青 海	Qinghai	439	257	6	176
宁 夏	Ningxia	504	272	12	220
新 疆	Xinjiang	697	408		289

注：本表数据来自民政部的社会组织统计。
a) Data in the table above sources from Ministry of Civil Affairs.

4-3-16 烈士纪念设施保护管理情况
Statistics on Martyr Memorial Facility Management

年份 地区	Year Region	烈士纪念设施保护单位 Martyr Memorial Facility Protection Institutions					年度瞻仰祭扫烈士陵园人次(万人次) Visitors of Martyrs Cemetery (10 000 person-times)
		机构数(个) Number of Institutions (unit)	从业人员(人) Number of Engaged Persons (person)	固定资产总计(亿元) Fixed Assets (100 million yuan)	收入合计(亿元) Total Revenue (100 million yuan)	支出合计(亿元) Total Expenditure (100 million yuan)	
全 国	**National Total**	**1078**	**8927**	**48.7**	**18.8**	**18.3**	**11370.4**
北 京	Beijing	4	34	1.5	0.2	0.2	8.9
天 津	Tianjin	8	122	1.3	0.3	0.4	7.3
河 北	Hebei	100	753	3.1	0.9	0.9	247.0
山 西	Shanxi	50	296	1.7	0.4	0.4	27.3
内蒙古	Inner Mongolia	18	116	0.4	0.2	0.2	45.2
辽 宁	Liaoning	3	155	0.2	0.0	0.0	73.4
吉 林	Jilin	34	243	2.3	0.4	0.5	63.7
黑龙江	Heilongjiang	30	177	0.8	0.3	0.2	116.3
上 海	Shanghai	9	267	6.9	2.0	2.0	128.0
江 苏	Jiangsu	67	609	3.9	2.5	2.6	634.2
浙 江	Zhejiang	26	195	4.6	0.6	0.6	104.3
安 徽	Anhui	50	368	1.2	0.7	0.7	397.6
福 建	Fujian	29	184	0.6	0.3	0.3	138.0
江 西	Jiangxi	34	305	0.8	0.5	0.7	5186.8
山 东	Shandong	107	850	5.5	2.0	1.8	771.5
河 南	Henan	109	1179	1.8	1.2	1.1	450.4
湖 北	Hubei	64	754	3.0	1.1	1.0	608.8
湖 南	Hunan	39	299	1.0	0.5	0.4	332.8
广 东	Guangdong	34	279	1.3	1.3	1.3	738.1
广 西	Guangxi	22	122	1.5	0.9	0.8	40.4
海 南	Hainan	4	74	0.7	0.1	0.1	40.8
重 庆	Chongqing	11	72	0.4	0.1	0.1	100.3
四 川	Sichuan	65	291	1.0	0.7	0.6	403.5
贵 州	Guizhou	33	175	0.1	0.1	0.0	190.7
云 南	Yunnan	38	169	0.1	0.1	0.1	60.8
西 藏	Tibet	6	21				6.1
陕 西	Shaanxi	36	429	1.6	0.8	0.8	155.3
甘 肃	Gansu	14	166	0.8	0.2	0.2	139.6
青 海	Qinghai	11	44	0.1	0.1	0.1	74.6
宁 夏	Ningxia	11	55	0.0	0.1	0.0	27.6
新 疆	Xinjiang	11	88	0.8	0.3	0.3	51.1

4-3-17 档案馆机构和人员情况
Statistics on Archive Institutions and Personnel

单位：个，人 (unit, person)

年份 Year	国家综合档案馆 National Comprehensive Archives		国家专门档案馆 National Special Archives		部门档案馆 Department Archives		企业档案馆数 Enterprise Archive Institutions	事业档案馆数 Culture Archive Institutions	科技事业单位档案馆数 Science and Technology Archive Institutions
	馆数 Number of Institutions	专职人员 Full-time Personnel	馆数 Number of Institutions	专职人员 Full-time Personnel	馆数 Number of Institutions	专职人员 Full-time Personnel			
2008	3170	21414	240	3663	154	1886	241	141	87
2009	3191	20949	241	3626	149	1814	233	167	96
2010	3194	19750	252	3833	167	1747	223	160	111
2011	3196	19985	255	3843	170	2121	183	179	124
2012	3237	18009	238	3577	183	2161	204	260	
2013	3325	18106	240	3579	218	2182	189	274	
2014	3319	17863	247	3538	209	2129	169	252	
2015	3322	18386	234	3457	237	2263	176	224	
2016	3336	17511	236	3521	213	2021	180	272	
2017	3333	16799	234	3275	202	1939	167	274	
2018	3315	22584	211	3119	143	1739	158	309	
2019	3337	34349	256	3300	140	1566	181	320	
2020	3341	35028	260	3413	133	1584	177	322	

注：2012年以前的事业单位档案馆数是指文化事业档案馆数，2012年新修订的《全国档案事业统计年报制度》不再细分事业单位的属性，统称“省部属事业单位档案馆”，包括文化事业档案馆和科技事业单位档案馆。

a) Institutional archives before 2012 referred to archives of cultural institutions. The revised Annual Report of National Archive Statistics in 2012 does not further subcategorize institutional archives by their attributes, but generally call them institutional archives affiliated to ministries or provincial governments, which include cultural archives and archives of science and technology units.

4-3-18 国家综合档案馆基本情况
Statistics on National Comprehensive Archives

年 份 Year	馆藏档案 (万卷、万件) Number of Archives (10 000 volumes, 10 000 pieces)	照片档案 (万张) Photos (10 000 sheets)	开放档案 (万卷、万件) Archives Open to Public (10 000 volume, 10 000 pieces)	利用档案 (万卷、万件次) Utilized Archives (10 000 volume-times, 10 000 piece-times)	档案馆建筑面积 (万平方米) Floor Space of Archive Institutions (10 000 sq.m)
1992	10003.5	402.4	2018.7	773.8	255.7
1993	10726.8	435.5	2140.7	891.9	275.9
1994	10782.9	449.6	2454.6	674.4	268.3
1995	11318.3	485.5	2790.3	529.3	282.5
1996	11341.4	494.6	2939.2	485.4	297.5
1997	12222.9	553.0	3304.6	501.0	347.6
1998	12276.5	579.7	3556.5	446.5	310.7
1999	12866.8	584.5	3808.2	508.5	328.4
2000	13314.0	631.7	4072.0	494.4	336.2
2001	13756.6	642.8	4129.7	575.4	342.0
2002	14790.7	720.5	4301.1	548.8	351.0
2003	15945.9	797.4	4618.4	602.6	361.4
2004	17601.5	827.9	4868.3	813.9	376.8
2005	18688.7	908.8	5132.3	868.0	393.1
2006	21656.5	1277.2	5746.3	1166.4	406.1
2007	23675.3	1393.3	5875.5	1244.9	421.9
2008	25051.0	1505.3	6072.2	1257.4	465.4
2009	28089.2	1646.3	6687.4	1308.0	473.3
2010	32198.6	1809.2	7428.6	1417.3	504.4
2011	35445.5	1965.8	7828.4	1564.5	551.1
2012	40547.7	1827.4	8254.6	1521.1	627.1
2013	42454.5	1927.6	8900.5	1477.8	709.3
2014	53470.3	2041.8	9179.7	1688.8	736.0
2015	58641.7	2102.4	9266.3	1978.3	785.5
2016	65062.5	2228.2	9707.9	2033.7	859.8
2017	65371.1	2336.5	10151.7	2078.0	949.3
2018	75051.1	2056.0	11222.1	1819.1	1050.9
2019	82850.7	2203.8	13171.6	2140.0	1164.6
2020	91789.8	2401.0	14584.5	2064.4	1268.4

4-4-1 娱乐场所基本情况
Statistics on Entertainment Units

年 份 Year	机构数（个） Number of Institutions (unit)	从业人员（人） Number of Employed Persons (person)	资产总计（万元） Total Assets (10 000 yuan)	营业收入（万元） Business Revenue (10 000 yuan)	营业利润（万元） Business Profits (10 000 yuan)
2008	84356	639511	7048155	3709413	659403
2009	82200	636800	6271305	4130085	1367846
2010	85854	703520	7635552	4772099	1718734
2011	92577	758377	9661392	5661798	1939320
2012	90271	765250	11136779	6048764	1982344
2013	89652	835658	19109269	8842052	2224658
2014	84179	729516	16144969	11023662	2606315
2015	79816	673640	11050577	5570354	1361661
2016	77071	632527	10510102	5387254	1257926
2017	78616	600106	10313538	5468702	1306909
2018	70584	528238	9212288	5209738	1123267
2019	67358	542514	17277257	5359387	717719
2020	65439	532538	10394735	4192570	253275

4-4-2 分地区娱乐场所基本情况(2020年)
Statistics on Entertainment Units by Region(2020)

地 区	Region	机构数 (个) Number of Institutions (unit)	从业人员 (人) Number of Employed Persons (person)	资产总计 (万元) Total Assets (10 000 yuan)	营业收入 (万元) Business Revenue (10 000 yuan)	营业成本 (万元) Business Costs (10 000 yuan)
全 国	**National Total**	**65439**	**532538**	**10394735**	**4192570**	**3939302**
北 京	Beijing	449	5326	120710	46944	52584
天 津	Tianjin	469	4244	76641	31694	33608
河 北	Hebei	1655	10126	162705	56765	50962
山 西	Shanxi	1353	8377	114671	40094	35336
内蒙古	Inner Mongolia	1190	4755	83880	34080	35740
辽 宁	Liaoning	2260	10849	185478	64490	62281
吉 林	Jilin	1317	5579	116594	37936	35297
黑龙江	Heilongjiang	1838	5788	100715	29622	27109
上 海	Shanghai	969	13689	282922	202916	198716
江 苏	Jiangsu	7488	31873	537421	315186	293209
浙 江	Zhejiang	3661	50633	806751	489418	451044
安 徽	Anhui	3187	17112	369502	133484	123398
福 建	Fujian	2548	33509	498809	291437	275107
江 西	Jiangxi	1489	14558	447128	118638	101092
山 东	Shandong	3172	12896	223089	99318	92319
河 南	Henan	2579	15997	218178	93352	86962
湖 北	Hubei	1693	11847	232635	85651	85854
湖 南	Hunan	2086	25036	424898	185577	179176
广 东	Guangdong	4795	76580	2270259	576901	572043
广 西	Guangxi	1176	18590	223956	112174	106704
海 南	Hainan	650	8575	106704	46241	45287
重 庆	Chongqing	1543	13833	182710	125707	115118
四 川	Sichuan	5728	32086	542593	276147	234104
贵 州	Guizhou	2638	28211	422093	212466	181989
云 南	Yunnan	3809	34925	540365	224997	203378
西 藏	Tibet	688	8426	554989	61476	52604
陕 西	Shaanxi	1634	9029	150966	72276	69182
甘 肃	Gansu	1406	7907	176444	64194	58518
青 海	Qinghai	215	1652	25809	12390	11404
宁 夏	Ningxia	444	1666	30046	14926	12314
新 疆	Xinjiang	1310	8864	165076	36073	56866

4-4-2 续表 continued

地 区	Region	#养老、医疗、失业等保险费 Endowment, Medical and Unemployment Insurance	#工资总额 Total Wages Payable	#税金总额 Total Taxes	营业利润(万元) Business Profits (10 000 yuan)
全 国	**National Total**	**95788**	**1427707**	**75531**	**253275**
北 京	Beijing	1545	12534	1638	-5639
天 津	Tianjin	1131	10674	496	-1914
河 北	Hebei	1346	21631	985	5803
山 西	Shanxi	673	14131	658	4759
内蒙古	Inner Mongolia	2540	13026	921	-1660
辽 宁	Liaoning	1988	20968	1519	2209
吉 林	Jilin	763	13310	681	2639
黑龙江	Heilongjiang	996	9459	524	2513
上 海	Shanghai	5937	42089	2750	4203
江 苏	Jiangsu	8523	92156	6274	21977
浙 江	Zhejiang	10693	141412	8289	38375
安 徽	Anhui	2740	47912	2209	10087
福 建	Fujian	4517	97025	4947	16329
江 西	Jiangxi	2116	44407	2369	17543
山 东	Shandong	2613	35527	1788	7000
河 南	Henan	1655	34563	1905	6390
湖 北	Hubei	2438	33296	1491	-202
湖 南	Hunan	4212	72259	4011	6401
广 东	Guangdong	15347	207032	10130	4860
广 西	Guangxi	2261	42660	1606	5471
海 南	Hainan	1687	20745	931	955
重 庆	Chongqing	2986	44781	2337	10590
四 川	Sichuan	6394	87087	4902	42044
贵 州	Guizhou	2717	83138	4125	30477
云 南	Yunnan	3303	84117	3017	21619
西 藏	Tibet	776	25313	1061	8872
陕 西	Shaanxi	1116	24701	1424	3093
甘 肃	Gansu	1083	22330	1130	5675
青 海	Qinghai	180	4888	216	986
宁 夏	Ningxia	281	4684	258	2613
新 疆	Xinjiang	1233	19853	940	-20792

4-4-3 网吧基本情况
Statistics on Internet Bars

年 份 Year	机构数 (个) Number of Institutions (unit)	从业人员 (人) Number of Employed Persons (person)	资产总计 (万元) Total Assets (10 000 yuan)	营业收入 (万元) Business Revenue (10 000 yuan)	营业利润 (万元) Business Profits (10 000 yuan)
2008	134267	565707	5307279	3645153	913361
2009	138048	580749	5585437	3785362	1510735
2010	140376	584912	5864306	3626809	1490620
2011	141275	567170	6282208	3754922	1565375
2012	135683	529362	6222263	3539807	1431362
2013	131013	478242	8051486	3879399	1425890
2014	129368	452368	7431831	4479929	1962960
2015	134847	480260	6939291	4009643	1302975
2016	141587	488209	7484979	4323160	1312916
2017	143434	440853	6947788	3825868	1071760
2018	124266	346686	5592315	2946316	767578
2019	116807	311859	4858896	2443944	416879
2020	106165	247148	3853536	1815333	-171908

4-4-4 分地区网吧基本情况(2020年)
Statistics on Internet Bars by Region(2020)

地 区	Region	机构数 (个) Number of Institutions (unit)	从业人员 (人) Number of Employed Persons (person)	资产总计 (万元) Total Assets (10 000 yuan)	营业收入 (万元) Business Revenue (10 000 yuan)	营业成本 (万元) Business Costs (10 000 yuan)
全 国	**National Total**	**106165**	**247148**	**3853536**	**1815333**	**1987237**
北 京	Beijing	386	1723	22412	7750	16836
天 津	Tianjin	789	1935	35235	13052	18129
河 北	Hebei	3301	7456	100463	36746	46974
山 西	Shanxi	2419	5274	78166	29410	33503
内蒙古	Inner Mongolia	1440	3379	54869	23382	24930
辽 宁	Liaoning	1766	4600	61331	24645	36530
吉 林	Jilin	1638	3788	63335	25316	32536
黑龙江	Heilongjiang	2148	4871	73121	25466	34245
上 海	Shanghai	807	4101	73395	46200	55660
江 苏	Jiangsu	9957	15564	258130	136486	150931
浙 江	Zhejiang	4710	12671	205395	123025	128431
安 徽	Anhui	6094	13378	240826	106848	111181
福 建	Fujian	2266	4494	93040	35003	37952
江 西	Jiangxi	2366	8398	144815	75253	70015
山 东	Shandong	9461	11725	175265	83273	86914
河 南	Henan	10318	19603	249519	107650	111272
湖 北	Hubei	5849	11376	191950	75740	91325
湖 南	Hunan	6531	20228	338052	163251	161914
广 东	Guangdong	6521	18732	241911	151188	176291
广 西	Guangxi	1864	6406	73139	37434	40563
海 南	Hainan	606	1942	23294	12283	11762
重 庆	Chongqing	2746	10088	147358	80098	81430
四 川	Sichuan	9677	21928	325720	164769	167579
贵 州	Guizhou	3478	8821	142000	64893	64368
云 南	Yunnan	2581	7248	116580	46454	51376
西 藏	Tibet	384	1222	39794	14820	14717
陕 西	Shaanxi	3179	7612	117642	51414	59454
甘 肃	Gansu	1115	3179	66480	25537	26803
青 海	Qinghai	256	1306	28657	12168	13245
宁 夏	Ningxia	176	536	8693	3300	3178
新 疆	Xinjiang	1336	3564	62950	12478	27194

4-4-4 续表 continued

地 区	Region	#养老、医疗、失业等保险费 Endowment, Medical and Unemployment Insurance	#工资总额 Total Wages Payable	#税金总额 Total Taxes	营业利润(万元) Business Profits (10 000 yuan)
全 国	**National Total**	**35514**	**590813**	**20819**	**-171908**
北 京	Beijing	404	4113	88	-9086
天 津	Tianjin	283	4133	178	-5076
河 北	Hebei	708	12713	453	-10227
山 西	Shanxi	354	8752	345	-4093
内蒙古	Inner Mongolia	286	6622	213	-1549
辽 宁	Liaoning	526	8334	358	-11885
吉 林	Jilin	404	8285	417	-7222
黑龙江	Heilongjiang	403	7684	290	-8780
上 海	Shanghai	1452	14909	987	-9461
江 苏	Jiangsu	2999	42260	1494	-14445
浙 江	Zhejiang	2775	41605	1511	-5406
安 徽	Anhui	1589	32016	2398	-4332
福 建	Fujian	509	13565	271	-2949
江 西	Jiangxi	1179	21150	770	5238
山 东	Shandong	2066	22833	1050	-3640
河 南	Henan	1701	33149	1111	-3622
湖 北	Hubei	1898	26755	910	-15585
湖 南	Hunan	2446	49319	1736	1338
广 东	Guangdong	4637	54867	1819	-25107
广 西	Guangxi	455	13183	235	-3129
海 南	Hainan	359	4129	152	521
重 庆	Chongqing	1203	26722	408	-1331
四 川	Sichuan	3426	56826	1350	-2810
贵 州	Guizhou	888	20679	640	525
云 南	Yunnan	539	16102	390	-4923
西 藏	Tibet	281	4349	146	103
陕 西	Shaanxi	741	17679	631	-8039
甘 肃	Gansu	311	7333	206	-1265
青 海	Qinghai	135	3819	73	-1077
宁 夏	Ningxia	40	1000	15	122
新 疆	Xinjiang	518	5931	175	-14716

4-4-5 分地区动漫企业基本情况(2020年)

Statistics on Comic and Animation Enterprises by Region(2020)

单位：万元 (10 000 yuan)

地 区	Region	企业数(个) Number of Enterprises (unit)	从业人员(人) Number of Employed Persons (person)	资产总计 Total Assets	营业收入 Business Revenue
全 国	**National Total**	**484**	**19228**	**2441507**	**975028**
北 京	Beijing	65	687	49816	21615
天 津	Tianjin	13	317	58084	12296
河 北	Hebei	17	452	23989	5805
山 西	Shanxi	17	90	14977	1825
内蒙古	Inner Mongolia	5	44	16391	1139
辽 宁	Liaoning	10	197	16299	3708
吉 林	Jilin	8	185	62312	2348
黑龙江	Heilongjiang	8	420	14898	10346
上 海	Shanghai	35	1369	221488	91761
江 苏	Jiangsu	51	812	130407	28995
浙 江	Zhejiang	16	871	142983	36749
安 徽	Anhui	19	1099	86071	44806
福 建	Fujian	30	1494	262126	159523
江 西	Jiangxi	16	415	22396	22351
山 东	Shandong	12	512	41050	23036
河 南	Henan	5	239	27893	12174
湖 北	Hubei	17	1500	193049	68459
湖 南	Hunan	23	1020	118298	70097
广 东	Guangdong	60	6087	653076	286669
广 西	Guangxi	9	181	14133	2437
海 南	Hainan				
重 庆	Chongqing	6	317	26686	12829
四 川	Sichuan	3	329	30530	43447
贵 州	Guizhou				
云 南	Yunnan	9	19	1455	614
西 藏	Tibet	2	7	-109	2
陕 西	Shaanxi	11	274	9841	5447
甘 肃	Gansu	6	89	154360	563
青 海	Qinghai				
宁 夏	Ningxia	5	80	12918	1807
新 疆	Xinjiang	5	64	3926	1278

注：全国合计数包括中央本级企业。

a) Data of national total enterprises include one central-level enterprise.

4-4-5 续表 1 continued

单位：万元 (10 000 yuan)

地 区	Region	营业成本 Business Cost	营业利润 Business Profit	利润总额 Total Profits	本年发放工资总额 Total Wages Payable During the Year
全 国	**National Total**	**888512**	**86516**	**105779**	**204978**
北 京	Beijing	20260	1355	1607	8108
天 津	Tianjin	14732	-2436	-2287	2810
河 北	Hebei	7176	-1372	-901	3358
山 西	Shanxi	1846	-21	41	424
内蒙古	Inner Mongolia	1132	7	78	153
辽 宁	Liaoning	4018	-310	-289	1048
吉 林	Jilin	2169	180	-269	1002
黑龙江	Heilongjiang	10883	-537	-202	928
上 海	Shanghai	92604	-842	2021	18884
江 苏	Jiangsu	31512	-2518	-1559	7730
浙 江	Zhejiang	33340	3409	4875	9984
安 徽	Anhui	36774	8032	9349	11343
福 建	Fujian	148312	11211	14878	25111
江 西	Jiangxi	18793	3558	3543	2116
山 东	Shandong	21060	1976	2832	3325
河 南	Henan	11778	396	822	1483
湖 北	Hubei	52612	15847	16833	11893
湖 南	Hunan	63514	6583	6779	12771
广 东	Guangdong	247726	38943	43200	74088
广 西	Guangxi	2946	-509	-341	903
海 南	Hainan				
重 庆	Chongqing	12242	587	688	3023
四 川	Sichuan	38813	4634	4816	1602
贵 州	Guizhou				
云 南	Yunnan	559	55	130	187
西 藏	Tibet	9	-7	-7	8
陕 西	Shaanxi	6091	-643	-199	881
甘 肃	Gansu	683	-120	-121	166
青 海	Qinghai				
宁 夏	Ningxia	2240	-434	-153	562
新 疆	Xinjiang	1477	-199	-134	271

4-4-5 续表 2 continued

单位：万元 (10 000 yuan)

地 区	Region	本年应交税金总额 Total Taxes Payable During the Year	经营面积（万平方米） Floor Space of Buildings Actually Used (10 000 sq.m)	原创漫画作品（部） Original Comics (unit)	原创动画作品（部） Original Animations (unit)
全 国	**National Total**	**45338**	**61**	**23574**	**6328**
北 京	Beijing	1024	1	404	26
天 津	Tianjin	466	0	82	59
河 北	Hebei	190	1	18	28
山 西	Shanxi	30	0	41	49
内蒙古	Inner Mongolia	54	0	21	2
辽 宁	Liaoning	76	1	4	48
吉 林	Jilin	172	3	345	384
黑龙江	Heilongjiang	55	15	569	536
上 海	Shanghai	6749	4	469	259
江 苏	Jiangsu	1564	4	24	190
浙 江	Zhejiang	1581	2	290	108
安 徽	Anhui	2471	5	74	279
福 建	Fujian	3041	4	3410	826
江 西	Jiangxi	323	1	15	30
山 东	Shandong	1438	1	50	144
河 南	Henan	886	0	539	13
湖 北	Hubei	2666	3	121	131
湖 南	Hunan	3089	2	528	637
广 东	Guangdong	16917	7	16123	2051
广 西	Guangxi	100	1	5	43
海 南	Hainan				
重 庆	Chongqing	660	1	9	66
四 川	Sichuan	1455	1		2
贵 州	Guizhou				
云 南	Yunnan	26	0	151	151
西 藏	Tibet	1	0		
陕 西	Shaanxi	157	1	244	193
甘 肃	Gansu	31	2	33	46
青 海	Qinghai				
宁 夏	Ningxia	22	1		11
新 疆	Xinjiang	28	0	5	16

4-5-1 全国广告业基本情况
Statistics on Advertising Industry

年 份 Year	广告经营单位（个） Number of Advertising Units (unit)	广告从业人员（人） Number of Persons Engaged in Advertising (person)	广告经营额（万元） Advertising Turnover (10 000 yuan)
2008	185765	1266393	18995614
2009	204982	1334898	20410322
2010	243445	1480525	23405076
2011	296507	1673444	31255529
2012	377778	2177840	46982791
2013	445365	2622053	50197459
2014	543690	2717939	56056033
2015	671893	3072542	59734094
2016	875146	3900384	64891296
2017	1123059	4381795	68964052
2018	1375892	5582253	79914851
2019	1646733	5968925	86945898

4-5-2 分地区广告经营单位
Number of Advertising Units by Region

单位：个 (unit)

地 区	Region	2009	2010	2011	2012	2013	2014
全 国	**National Total**	**204982**	**243445**	**296507**	**377778**	**445365**	**543690**
北 京	Beijing	15692	17837	18297	25176	24803	28823
天 津	Tianjin	7601	8587	12185	14272	16045	21827
河 北	Hebei	4347	3748	3863	5375	7237	4969
山 西	Shanxi	3016	4047	4275	4333	5188	5162
内蒙古	Inner Mongolia	2239	3347	3559	6835	7891	7258
辽 宁	Liaoning	4829	5294	5310	8671	8386	9661
吉 林	Jilin	2852	3824	4399	5650	5580	9932
黑龙江	Heilongjiang	2669	2468	2917	3393	4441	4772
上 海	Shanghai	36960	47563	58560	68574	84451	118067
江 苏	Jiangsu	13486	15864	17506	24824	26599	27550
浙 江	Zhejiang	13362	15772	20284	23005	27981	29967
安 徽	Anhui	5145	6834	6994	8486	9730	11706
福 建	Fujian	7382	7588	8837	10455	15430	16203
江 西	Jiangxi	3693	4063	4173	7006	7643	8505
山 东	Shandong	11803	15436	21315	26136	37634	50269
河 南	Henan	6780	7969	8621	10343	12621	14574
湖 北	Hubei	5088	5415	6565	7389	12565	15618
湖 南	Hunan	2692	4031	5473	9908	14839	17871
广 东	Guangdong	21396	25037	27178	33972	32666	35431
广 西	Guangxi	4631	4825	4857	9206	10928	16282
海 南	Hainan	1155	1389	1959	2097	3975	3802
重 庆	Chongqing	8022	8584	16610	21224	25637	33661
四 川	Sichuan	5192	7075	11011	14542	13640	16548
贵 州	Guizhou	1199	1203	2330	3487	1723	1092
云 南	Yunnan	4159	4561	6539	9513	11215	14524
西 藏	Tibet	362	417	621	653	683	731
陕 西	Shaanxi	1768	2253	2816	2934	2859	1976
甘 肃	Gansu	1612	1754	1911	2018	3987	3726
青 海	Qinghai	401	413	536	677	730	2426
宁 夏	Ningxia	1281	1861	1999	2191	1458	2238
新 疆	Xinjiang	4168	4386	5007	5433	6800	8519

4-5-2 续表 continued

单位：个 (unit)

地 区	Region	2015	2016	2017	2018	2019
全 国	**National Total**	**671893**	**875146**	**1123059**	**1375892**	**1646733**
北 京	Beijing	30383	28780	32273	36165	40174
天 津	Tianjin	22045	17184	66929	40994	44645
河 北	Hebei	7894	37495	44638	52862	67002
山 西	Shanxi	10579	23658	25249	35985	5129
内蒙古	Inner Mongolia	6197	6331	6942	7206	2770
辽 宁	Liaoning	12471	12374	13941	16030	18514
吉 林	Jilin	12188	28997	18987	24067	27468
黑龙江	Heilongjiang	4572	6761	8314	13924	13695
上 海	Shanghai	157124	212619	266695	340477	431984
江 苏	Jiangsu	33122	39184	66830	96974	120072
浙 江	Zhejiang	34230	38592	51275	61545	77120
安 徽	Anhui	13213	12437	23400	41312	24512
福 建	Fujian	16970	21961	17953	23375	30273
江 西	Jiangxi	9519	6099	11299	15686	16493
山 东	Shandong	65500	73737	88271	110926	127341
河 南	Henan	12399	12574	11871	12570	9335
湖 北	Hubei	17571	24622	33207	41034	46237
湖 南	Hunan	36120	52070	66211	87798	114431
广 东	Guangdong	49782	58020	71593	82719	107063
广 西	Guangxi	24966	29263	42780	49076	54073
海 南	Hainan	5831	9826	14044	14795	25644
重 庆	Chongqing	42736	55458	68318	87903	102020
四 川	Sichuan	18214	29225	29846	42741	44493
贵 州	Guizhou	2446	5081	5112	9685	58685
云 南	Yunnan	4285	9097	7042	8723	13241
西 藏	Tibet	881	915	3389	3389	435
陕 西	Shaanxi	2024	972	4079	2058	3828
甘 肃	Gansu	4216	3875	1210	2756	3843
青 海	Qinghai	2491	3013	7390	6817	1613
宁 夏	Ningxia	3097	4139	3184	1364	1002
新 疆	Xinjiang	8827	10787	10787	4936	13598

4-5-3 分地区广告从业人员
Statistics on Persons Engaged in Advertising by Region

单位：人 (person)

地 区	Region	2009	2010	2011	2012	2013	2014
全 国	**National Total**	**1334898**	**1480525**	**1673444**	**2177840**	**2622053**	**2717939**
北 京	Beijing	125651	123582	120975	98670	106764	127369
天 津	Tianjin	43776	57768	64219	69195	80489	120174
河 北	Hebei	30112	25584	26196	20019	31720	17574
山 西	Shanxi	20706	25353	25253	24124	28047	29249
内蒙古	Inner Mongolia	17370	21433	23654	48397	50690	46849
辽 宁	Liaoning	32431	38870	39088	59953	62383	65095
吉 林	Jilin	15046	19167	16338	33769	35961	41468
黑龙江	Heilongjiang	20613	19154	22866	24011	25388	27501
上 海	Shanghai	168488	215208	182356	213539	262979	293204
江 苏	Jiangsu	100877	108523	117462	177963	253360	215542
浙 江	Zhejiang	94658	113701	139286	156194	179573	186297
安 徽	Anhui	31889	38526	41392	51090	63578	77715
福 建	Fujian	54752	57151	67707	72907	102695	112051
江 西	Jiangxi	32055	35260	35810	56048	66088	68747
山 东	Shandong	81513	97705	114562	154247	216045	276577
河 南	Henan	49546	53463	60682	69440	81481	91509
湖 北	Hubei	33367	40745	43981	44740	71736	85964
湖 南	Hunan	16244	20136	27488	45646	98389	107641
广 东	Guangdong	157772	152136	183844	207053	222086	256264
广 西	Guangxi	34750	32491	36950	162489	45836	88979
海 南	Hainan	7289	7956	11412	14105	17403	15351
重 庆	Chongqing	46383	45763	77216	98255	146197	160564
四 川	Sichuan	30374	32477	74738	91185	44375	47343
贵 州	Guizhou	7781	7821	12110	17435	7810	4140
云 南	Yunnan	19563	20377	26647	80223	260547	85120
西 藏	Tibet	2214	2663	3892	3897	1661	2054
陕 西	Shaanxi	11446	15125	19881	20252	14741	9415
甘 肃	Gansu	12440	12622	13527	14027	9142	7692
青 海	Qinghai	3156	3182	4127	4345	4724	9379
宁 夏	Ningxia	7910	11126	11619	13174	5896	11663
新 疆	Xinjiang	24726	25457	28166	31448	24269	29449

4-5-3 续表 continued

单位：人 (person)

地 区	Region	2015	2016	2017	2018	2019
全 国	**National Total**	**3072542**	**3900384**	**4381795**	**5582253**	**5968925**
北 京	Beijing	133924	119586	130440	128459	137729
天 津	Tianjin	121377	162120	186660	346724	344929
河 北	Hebei	29646	138831	155920	188215	220396
山 西	Shanxi	28223	61791	73576	128455	10228
内蒙古	Inner Mongolia	43033	43105	47716	46275	7081
辽 宁	Liaoning	55266	60583	76762	115641	128954
吉 林	Jilin	53673	140250	83983	121208	168285
黑龙江	Heilongjiang	14383	24793	25349	32989	32709
上 海	Shanghai	323120	359979	395160	411845	411827
江 苏	Jiangsu	245566	299211	396465	558300	608413
浙 江	Zhejiang	217261	238324	272952	324405	457991
安 徽	Anhui	91438	102859	132972	256577	196774
福 建	Fujian	117182	112635	88206	120477	125881
江 西	Jiangxi	73244	63490	71480	92997	120078
山 东	Shandong	331382	384592	430054	563135	572075
河 南	Henan	78367	77576	70603	72812	52098
湖 北	Hubei	94620	132129	156750	169441	211706
湖 南	Hunan	155417	343955	459352	551268	584913
广 东	Guangdong	302802	311745	333322	389758	377434
广 西	Guangxi	96801	89463	91560	115678	110266
海 南	Hainan	20613	41435	56641	53810	55625
重 庆	Chongqing	209036	253798	307401	383739	702456
四 川	Sichuan	49945	130042	140528	222672	164037
贵 州	Guizhou	25583	40640	40659	41188	41188
云 南	Yunnan	79066	62379	50102	40108	44101
西 藏	Tibet	1969	3253	7714	7714	1435
陕 西	Shaanxi	8999	3038	10337	13398	25504
甘 肃	Gansu	11091	10255	5233	12858	13143
青 海	Qinghai	12128	21357	25947	57902	4349
宁 夏	Ningxia	16932	27835	18616	4941	3334
新 疆	Xinjiang	30455	39335	39335	9264	33986

4-5-4 分地区广告经营额
Statistics on Advertising Turnover by Region

单位：万元 (10 000 yuan)

地 区	Region	2008	2009	2010	2011	2012	2013
全 国	**National Total**	**18995614**	**20410322**	**23405076**	**31255529**	**46982791**	**50197459**
北 京	Beijing	3922959	4238201	5366075	8096238	18076138	17947004
天 津	Tianjin	839202	929026	1041410	1224000	1400889	1859919
河 北	Hebei	128791	137833	111999	117406	72509	130966
山 西	Shanxi	201665	241880	258859	308566	340590	357366
内蒙古	Inner Mongolia	84382	104449	111829	134331	306339	305059
辽 宁	Liaoning	428508	442073	510257	516301	954810	971860
吉 林	Jilin	188264	220607	256011	284600	343428	348793
黑龙江	Heilongjiang	203948	214565	300475	347454	426538	453027
上 海	Shanghai	3133541	3182216	3780770	4376913	4378926	4495594
江 苏	Jiangsu	1535291	1789402	1532984	2498939	4362070	5008744
浙 江	Zhejiang	1382663	1518760	1922537	2205542	2361417	3105854
安 徽	Anhui	363714	467038	584573	695946	820853	921441
福 建	Fujian	560714	815270	953866	1101842	1202931	1407180
江 西	Jiangxi	231682	249753	287216	323216	350300	378665
山 东	Shandong	702359	763132	867693	1180083	1763867	2182205
河 南	Henan	330443	350996	331570	355623	817906	1043717
湖 北	Hubei	319572	345067	253245	554167	625525	887799
湖 南	Hunan	357640	72551	658912	1043066	1151296	1443225
广 东	Guangdong	2505990	2691187	2525674	3736551	4663079	4006717
广 西	Guangxi	61141	59614	55364	56074	116165	237464
海 南	Hainan	35991	50132	54905	100941	134379	113240
重 庆	Chongqing	333293	331962	267376	339572	375526	535289
四 川	Sichuan	506337	560468	657248	751177	1026968	1107613
贵 州	Guizhou	81419	81419	81629	96450	136450	47595
云 南	Yunnan	177626	202360	212087	294777	343174	368878
西 藏	Tibet	12238	15004	17317	22574	22596	27357
陕 西	Shaanxi	138894	140442	178182	204714	167098	164167
甘 肃	Gansu	40815	52116	65664	87904	90519	26341
青 海	Qinghai	24022	25168	28012	38019	41206	45358
宁 夏	Ningxia	28306	16403	27899	31612	33241	33064
新 疆	Xinjiang	134209	101229	103436	130929	76057	235958

4-5-4 续表 continued

单位：万元 (10 000 yuan)

地 区	Region	2014	2015	2016	2017	2018	2019
全 国	**National Total**	**56056033**	**59734094**	**64891296**	**68964052**	**79914851**	**86945898**
北 京	Beijing	19218405	18239886	18027225	17323440	24077745	25655376
天 津	Tianjin	2173803	2195542	919369	920430	980863	2453225
河 北	Hebei	57395	73652	1230863	985690	1019854	513417
山 西	Shanxi	350829	302239	314606	315040	330121	198970
内蒙古	Inner Mongolia	214589	180269	181285	182259	145791	29032
辽 宁	Liaoning	987868	800007	711811	720837	727804	756852
吉 林	Jiiin	391094	422570	908428	543404	461822	561851
黑龙江	Heilongjiang	485589	235521	262157	233831	232599	237208
上 海	Shanghai	4636489	4896593	5311254	5644485	5932226	6354791
江 苏	Jiangsu	4241330	5083956	6538450	8029638	8680766	9534506
浙 江	Zhejiang	3154643	3667376	4226605	5511688	5902406	6962271
安 徽	Anhui	1118909	1239024	1903204	1565248	1851428	1652791
福 建	Fujian	1585591	1651918	338589	377341	1313198	1430218
江 西	Jiangxi	371160	404564	679573	738157	811281	875181
山 东	Shandong	2828396	3649514	4200082	4926925	5559354	5792819
河 南	Henan	1312050	1408515	1432600	1390442	1382088	571880
湖 北	Hubei	1248263	1463461	1735014	2009945	2268397	2303320
湖 南	Hunan	1764002	2014053	2423318	2842855	3192888	3553582
广 东	Guangdong	6885455	8451359	9312508	9708141	9970639	11810748
广 西	Guangxi	237312	251493	195286	195670	194699	210367
海 南	Hainan	64072	137440	154044	266471	268939	279620
重 庆	Chongqing	642168	764308	905252	1098294	1204439	1288340
四 川	Sichuan	1167277	1280196	1431699	1757234	1826521	2236708
贵 州	Guizhou	28869	21310	533410	541909	545851	565649
云 南	Yunnan	367836	396490	381546	472658	683837	780173
西 藏	Tibet	29137	41999	58145	71254	71254	2000
陕 西	Shaanxi	124646	68600	166803	183209	112045	24663
甘 肃	Gansu	26234	34848	30737	20825	49333	75783
青 海	Qinghai	73058	74851	80835	82540	76813	26372
宁 夏	Ningxia	32225	45204	35528	43122	8768	5113
新 疆	Xinjiang	237338	237338	261072	261072	31084	203073

4-5-5 文化产业相关的通信业基本情况
Statistics on Communication Service Related with Culture Industries

指标名称	Item	2012	2013	2014
用户规模	**Number of Subscribers**			
移动电话用户(万户)	Mobile Telephone Subscribers (10 000 subscribers)	111215.5	122911.3	128609.3
#移动个性化回铃用户	Mobile Music Ring Back Tone Subsctibers	60838.4	60249.9	
手机报用户	Mobile Newspapers Subscribers	9592.5	8746.5	
(固定)互联网宽带接入用户(万户)	(Fixed)Broadband Subscribers of Internet (10 000 subscribers)	17518.3	18890.9	20048.3
移动互联网用户(万户)	Mobile Internet Subscribers o(10 000 subscribers)	76436.5	80756.3	87522.1
宽带电视用户(万户)	Broadband TV Subscribers (10 000 subscribers)	2174.3	2842.5	3363.7
手机电视用户(万户)	Mobile TV Subscribers of (10 000 subscribers)	7085.1	4411.2	
互联网网民人数(亿人)	Internet Users (100 million persons)	5.64	6.18	6.49
业务使用量	**Business Volume**			
移动短信业务量(亿条)	Short Message Services (100 million messages)	8973.1	8567.0	7674.2
固定互联网宽带接入时长(亿分钟)	Access Length of Fixed Internet by Broadband (100 million minutes)	278468.2	325447.5	414354.8
移动互联网接入流量(万GB)	Access Volume of Mobile Internet (10 000 GB)	87926.1	126715.7	206193.6
网页长度(总字节数)(GB)	Length of Webpages (GB)	4902328	7133363	8879006
网站数(万个)	Number of Websites (10 000 units)	268.1	320.2	334.9
网络基础设施投资和能力	**Infrastructure Investmen and Capacity**			
电信固定资产投资(亿元)	Fixed Assets Investment of Telecommunication (100 million yuan)	3616.2	3742.6	4006.2
#互联网及数据通信	Internet and Data Communication	417.9	511.1	400.2
移动电话基站(万个)	Base Stations of Mobile Phones (10 000 units)	206.6	241.0	350.8
光缆线路长度(万公里)	Length of Optical Cable Lines (10 000 km)	1479.3	1745.4	2061.3
互联网宽带接入端口(万个)	Broad Band Subscribers Port of Internet (10 000 ports)	32108.4	35945.3	40546.1
IPv4地址数(万个)	IPv4 Addresses (10 000 units)	33053.5	33030.8	33198.8
IPv6地址数(块/32)	IPv6 Addresses (piece/32)	12535	16670	18797
互联网国际出口带宽(Mbps)	International Internet Bandwidth (Mbps)	1899792	3406824	4118663
服务水平	**Service**			
移动电话普及率(部/百人)	Popularization Rate of Mobile Telephone (sets/100 persons)	82.5	90.3	94.0
互联网普及率(%)	Popularization Rate of Internet (%)	42.1	45.8	47.9
移动电话漫游国家和地区(个)	Countries(Regions)with Mobile Phone Roaming (unit)	258	258	258
开通互联网业务的行政村比重(%)	Percentage of Administrative Village with Access to Internet (%)	94.9		
开通互联网宽带业务的行政村比重(%)	Percentage of Administrative Village with Access to Internet by Broadband (%)	87.9	91.0	93.5
互联网和相关服务业	**Internet and Related Service**			
企业数(个)	Number of Enterprises (unit)	20815	22099	24001
从业人员(人)	Number of Enmployed Persons (person)	788256	839916	807999
业务收入(亿元)	Revenue (100 million yuan)	2510.7	3317.0	4229.4

注：自2018年起，增值电信服务调整为互联网和相关服务业。

a) Since 2018, Value-added Telecom is changed to Internet and Related Service.

4-5-5 续表 1 continued

指标名称	Item	2015	2016	2017
用户规模	**Number of Subscribers**			
移动电话用户(万户)	Mobile Telephone Subscribers (10 000 subscribers)	127139.7	132193.4	141748.7
#移动个性化回铃用户	Mobile Music Ring Back Tone Subsctibers			
手机报用户	Mobile Newspapers Subscribers			
(固定)互联网宽带接入用户(万户)	(Fixed)Broadband Subscribers of Internet (10 000 subscribers)	25946.6	29720.7	34854.0
移动互联网用户(万户)	Mobile Internet Subscribers o(10 000 subscribers)	96447.2	109395.0	127153.7
宽带电视用户(万户)	Broadband TV Subscribers (10 000 subscribers)	4589.5	8672.8	12218.0
手机电视用户(万户)	Mobile TV Subscribers of (10 000 subscribers)			
互联网网民人数(亿人)	Internet Users (100 million persons)	6.9	7.3	7.7
业务使用量	**Business Volume**			
移动短信业务量(亿条)	Short Message Services (100 million messages)	6991.8	6670.9	6641.4
固定互联网宽带接入时长(亿分钟)	Access Length of Fixed Internet by Broadband (100 million minutes)	499632.6		
移动互联网接入流量(万GB)	Access Volume of Mobile Internet (10 000 GB)	418753.3	937863.5	2459380.3
网页长度(总字节数)(GB)	Length of Webpages (GB)	14129574.7	12912602.5	16314789.2
网站数(万个)	Number of Websites (10 000 units)	422.9	482.4	533.3
网络基础设施投资和能力	**Infrastructure Investmen and Capacity**			
电信固定资产投资(亿元)	Fixed Assets Investment of Telecommunication (100 million yuan)	4524.8	3739.1	3725.2
#互联网及数据通信	Internet and Data Communication	716.3	809.3	670.5
移动电话基站(万个)	Base Stations of Mobile Phones (10 000 units)	465.6	559.4	618.7
光缆线路长度(万公里)	Length of Optical Cable Lines (10 000 km)	2486.3	3042.1	3780.1
互联网宽带接入端口(万个)	Broad Band Subscribers Port of Internet (10 000 ports)	57709.4	71276.9	77599.1
IPv4地址数(万个)	IPv4 Addresses (10 000 units)	24698.3	28229.8	33870.5
IPv6地址数(块/32)	IPv6 Addresses (piece/32)	11362	11362	23430
互联网国际出口带宽(Mbps)	International Internet Bandwidth (Mbps)	5283570	6640291	7320180
服务水平	**Service**			
移动电话普及率(部/百人)	Popularization Rate of Mobile Telephone (sets/100 persons)	92.5	95.6	102.0
互联网普及率(%)	Popularization Rate of Internet (%)	50.3	53.2	55.8
移动电话漫游国家和地区(个)	Countries(Regions)with Mobile Phone Roaming (unit)	255.0	258.0	262.0
开通互联网业务的行政村比重(%)	Percentage of Administrative Village with Access to Internet (%)			
开通互联网宽带业务的行政村比重(%)	Percentage of Administrative Village with Access to Internet by Broadband (%)	94.8	96.7	
互联网和相关服务业	**Internet and Related Service**			
企业数(个)	Number of Enterprises (unit)	26388	30547	31470
从业人员(人)	Number of Enmployed Persons (person)	850118	885167	906698
业务收入(亿元)	Revenue (100 million yuan)	5443.6	6650.6	7901.9

4-5-5 续表 2 continued

指标名称	Item	2018	2019	2020
用户规模	**Number of Subscribers**			
移动电话用户(万户)	Mobile Telephone Subscribers (10 000 subscribers)	156609.8	160134.5	159407.0
#移动个性化回铃用户	Mobile Music Ring Back Tone Subsctibers			
手机报用户	Mobile Newspapers Subscribers			
(固定)互联网宽带接入用户(万户)	(Fixed)Broadband Subscribers of Internet (10 000 subscribers)	40738.2	44927.9	48355.0
移动互联网用户(万户)	Mobile Internet Subscribers o(10 000 subscribers)	127481.5	131852.6	134851.9
宽带电视用户(万户)	Broadband TV Subscribers (10 000 subscribers)	25526	29395.7	31515.2
手机电视用户(万户)	Mobile TV Subscribers of (10 000 subscribers)			
互联网网民人数(亿人)	Internet Users (100 million persons)	8.29	9.04	9.89
业务使用量	**Business Volume**			
移动短信业务量(亿条)	Short Message Services (100 million messages)	11398.6	15066.4	17795.7
固定互联网宽带接入时长(亿分钟)	Access Length of Fixed Internet by Broadband (100 million minutes)			
移动互联网接入流量(万GB)	Access Volume of Mobile Internet (10 000 GB)	7090039	12199201	16556817
网页长度(总字节数)(GB)	Length of Webpages (GB)	18178539	19981731	22524064
网站数(万个)	Number of Websites (10 000 units)	523.4	496.6	442.9
网络基础设施投资和能力	**Infrastructure Investmen and Capacity**			
电信固定资产投资(亿元)	Fixed Assets Investment of Telecommunication (100 million yuan)	3507.3	3654.1	4085.2
#互联网及数据通信	Internet and Data Communication	653.5	402.0	339.9
移动电话基站(万个)	Base Stations of Mobile Phones (10 000 units)	667.2	841.0	931.0
光缆线路长度(万公里)	Length of Optical Cable Lines (10 000 km)	4316.8	4741.2	5169.2
互联网宽带接入端口(万个)	Broad Band Subscribers Port of Internet (10 000 ports)	86752.3	91578.0	94604.7
IPv4地址数(万个)	IPv4 Addresses (10 000 units)	33892.5	33909.3	34066.8
IPv6地址数(块/32)	IPv6 Addresses (piece/32)	41079	47885	54593
互联网国际出口带宽(Mbps)	International Internet Bandwidth (Mbps)	8946570	8827751	11511397
服务水平	**Service**			
移动电话普及率(部/百人)	Popularization Rate of Mobile Telephone (sets/100 persons)	112.2	114.4	112.9
互联网普及率(%)	Popularization Rate of Internet (%)	59.6	64.5	70.4
移动电话漫游国家和地区(个)	Countries(Regions)with Mobile Phone Roaming (unit)	260	261	264
开通互联网业务的行政村比重(%)	Percentage of Administrative Village with Access to Internet (%)			
开通互联网宽带业务的行政村比重(%)	Percentage of Administrative Village with Access to Internet by Broadband (%)			
互联网和相关服务业	**Internet and Related Service**			
企业数(个)	Number of Enterprises (unit)	33337	48637	62183
从业人员(人)	Number of Enmployed Persons (person)	3981720	2861720	2411154
业务收入(亿元)	Revenue (100 million yuan)	9797.0	12655.0	15970.0

5

港澳台地区统计资料

Statistical Indicators of
Hong Kong, Macao and Taiwan Province of China

5-1-1 香港文化及创意产业增加值
Value Added of the Cultural and Creative Industries of Hong Kong, China

单位：百万港元，% (HKD million,%)

项 目	Item	2017	2018	2019
文化及创意产业增加值	**Value-added of Cultural and Creative Industries**	**123180**	**130463**	**129347**
艺术品、古董及工艺品	Art, Antiques and Crafts	18479	19389	18677
文化教育及图书馆、档案保存和博物馆服务	Cultural Education and Library, Archive and Museum Services	1479	1580	1499
表演艺术	Performing Arts	1382	1415	1230
电影及录像和音乐	Film, Video and Music	3930	3347	3025
电视及电台	Television and Radio	6396	6560	5678
出版	Publishing	13116	14188	14305
软件、电脑游戏及互动媒体	Software, Computer Games and Interactive Media	51468	55135	56418
设计	Design	4306	4523	4845
建筑	Architecture	10799	11675	11470
广告	Advertising	9138	9777	9940
娱乐服务	Amusement Services	2686	2874	2259
文化及创意产业增加值占本地生产总值百分比	**% of GDP**	**4.8**	**4.8**	**4.7**

资料来源：中国香港特别行政区政府统计处。
Data source: Census and Statistics Department of Hong Kong SAR.
注：2019年香港文化及创意产业的涵盖范围有所调整，2017年、2018年数据已做相应修订。
a) Since the reference year of 2019, the coverages of these component domains have been expanded. Relevant figures of these component domains for 2017 and 2018 have also been revised accordingly.

5-1-2 香港文化及创意产业就业人数
Number of Persons Engaged in the Cultural and Creative Industries of Hong Kong, China

单位：人，% (person,%)

项 目	Item	2017	2018	2019
文化及创意产业就业人数	**Number of Persons Engaged in Cultural and Creative Industries**	**231420**	**234730**	**237150**
艺术品、古董及工艺品	Art, Antiques and Crafts	32930	32700	31940
文化教育及图书馆、档案保存和博物馆服务	Cultural Education and Library, Archive and Museum Services	12270	12270	12660
表演艺术	Performing Arts	5380	5440	5460
电影及录像和音乐	Film, Video and Music	15170	15400	15410
电视及电台	Television and Radio	6430	6230	6120
出版	Publishing	38770	37750	36460
软件、电脑游戏及互动媒体	Software, Computer Games and Interactive Media	60740	62580	64310
设计	Design	16700	17590	18590
建筑	Architecture	16130	16130	16480
广告	Advertising	18550	19370	19500
娱乐服务	Amusement Services	8330	9260	10240
占总就业人数的百分比	**% Share of Total Employment**	**6.1**	**6.1**	**6.2**

资料来源：中国香港特别行政区政府统计处。
Data source: Census and Statistics Department of Hong Kong SAR.

5-1-3 香港文化及创意产品进出口情况
Total Exports and Imports of Cultural and Creative Goods of Hong Kong, China

单位：百万港元，% (HKD million,%)

项 目	Item	2008	2009	2010	2011	2012	2013
文化及创意产品的出口	**Exports of Cultural and Creative Goods**	**439342**	**371644**	**449803**	**495826**	**537874**	**507105**
古董及工艺品产品	Antiques and Crafts Goods	10496	8363	9849	11194	10696	11505
视觉艺术及设计产品	Visual arts and Design Goods	50010	37235	44990	56400	63450	66430
视听及互动媒体产品	Audio-visual and Interactive Media Goods	317928	273635	334621	362876	393864	364993
表演艺术及节庆产品	Performing Arts and Celebration Goods	46267	40355	47294	52010	57469	52204
出版产品(书籍及报刊)	Publishing Goods (Books and Press)	14641	12056	13049	13346	12395	11973
占整体出口的百分比	**% of Total Exports of Goods**	**15.6**	**15.1**	**14.8**	**14.9**	**15.7**	**14.2**
文化及创意产品的进口	**Imports of Cultural and Creative Goods**	**438975**	**392782**	**477698**	**545928**	**609622**	**596230**
古董及工艺品产品	Antiques and Crafts Goods	10187	8656	10946	15287	13394	14005
视觉艺术及设计产品	Visual arts and Design Goods	48755	40599	58888	91783	106054	110480
视听及互动媒体产品	Audio-visual and Interactive Media Goods	327244	289894	347103	370599	415080	399201
表演艺术及节庆产品	Performing Arts and Celebration Goods	43737	45804	51944	59015	66266	64222
出版产品(书籍及报刊)	Publishing Goods (Books and Press)	9052	7829	8817	9244	8828	8322
占整体进口的百分比	**% of Total Imports of Goods**	**14.5**	**14.6**	**14.2**	**14.5**	**15.6**	**14.7**

资料来源：中国香港特别行政区政府统计处。
Data source: Census and Statistics Department of Hong Kong SAR.

5-1-3 续表 continued

单位：百万港元，% (HKD million,%)

项 目	Item	2014	2015	2016	2017	2018	2019
文化及创意产品的出口	**Exports of Cultural and Creative Goods**	**505067**	**487946**	**452741**	**520761**	**618006**	**571337**
古董及工艺品产品	Antiques and Crafts Goods	11956	11980	11649	12066	11899	10929
视觉艺术及设计产品	Visual arts and Design Goods	70876	63428	56964	58427	72470	86571
视听及互动媒体产品	Audio-visual and Interactive Media Goods	363525	352662	324894	379791	441617	393146
表演艺术及节庆产品	Performing Arts and Celebration Goods	47004	48517	48189	60560	82221	71364
出版产品(书籍及报刊)	Publishing Goods (Books and Press)	11706	11359	11046	9918	9799	9327
占整体出口的百分比	**% of Total Exports of Goods**	**13.8**	**13.5**	**12.6**	**13.4**	**14.9**	**14.3**
文化及创意产品的进口	**Imports of Cultural and Creative Goods**	**577487**	**534330**	**499242**	**561635**	**668814**	**591540**
古董及工艺品产品	Antiques and Crafts Goods	13718	12134	14028	12659	12115	13221
视觉艺术及设计产品	Visual arts and Design Goods	127796	112383	111420	122954	130305	145307
视听及互动媒体产品	Audio-visual and Interactive Media Goods	368887	347570	313503	358932	434645	361375
表演艺术及节庆产品	Performing Arts and Celebration Goods	58880	53798	52173	59586	83753	64366
出版产品(书籍及报刊)	Publishing Goods (Books and Press)	8206	8445	8119	7505	7996	7271
占整体进口的百分比	**% of Total Imports of Goods**	**13.7**	**13.2**	**12.5**	**12.9**	**14.2**	**13.4**

5-1-4 香港文化及创意服务输出和输入情况
Exports and Imports of Cultural and Creative Services of Hong Kong, China

单位：百万港元，% (HKD million,%)

项 目	Item	2008	2009	2010	2011
文化及创意服务的输出	**Exports of Cultural and Creative Services**	**20921**	**19707**	**22185**	**24276**
广告、市场研究及公众意见调查服务	Advertising, Market Research and Public Opinion Polling Services	4748	4902	5063	5701
建筑、工程、科学及其他技术服务	Architectural, Engineering and Other Technical Services	3988	3595	3745	3731
电脑服务	Computer Services	4754	4787	6307	6621
资讯服务	Information Services	551	509	570	742
视听及有关服务	Audio-visual and Related Services	1775	881	869	858
其他个人、文化及康乐服务	Other Personal, Cultural and Recreational Services	2077	2162	2441	2820
研究及发展服务	Research and Development Services	363	350	395	535
特许经营权及商标以外的知识产权使用费	Charges for the Use of Intellectual Property Rights Other Than Franchises and Trademarks	2665	2521	2795	3268
占服务输出总额的百分比	**% of Total Exports of Services**	**3.8**	**3.9**	**3.5**	**3.4**
文化及创意服务的输入	**Imports of Cultural and Creative Services**	**20297**	**20674**	**23544**	**24316**
广告、市场研究及公众意见调查服务	Advertising, Market Research and Public Opinion Polling Services	3282	3031	3725	3984
建筑、工程、科学及其他技术服务	Architectural, Engineering and Other Technical Services	1107	1382	1971	2483
电脑服务	Computer Services	3495	3733	3788	3481
资讯服务	Information Services	490	555	596	730
视听及有关服务	Audio-visual and Related Services	654	304	307	495
其他个人、文化及康乐服务	Other Personal, Cultural and Recreational Services	466	423	341	233
研究及发展服务	Research and Development Services	1524	1135	908	917
特许经营权及商标以外的知识产权使用费	Charges for the Use of Intellectual Property Rights Other Than Franchises and Trademarks	9279	10111	11908	11993
占服务输入总额的百分比	**% of Total Imports of Services**	**3.6**	**4.4**	**4.3**	**4.2**

资料来源：中国香港特别行政区政府统计处。
Data source: Census and Statistics Department of Hong Kong SAR.

5-1-4 续表 1 continued

单位：百万港元，% (HKD million,%)

项 目	Item	2012	2013	2014	2015
文化及创意服务的输出	**Exports of Cultural and Creative Services**	**25771**	**25065**	**25515**	**24768**
广告、市场研究及公众意见调查服务	Advertising, Market Research and Public Opinion Polling Services	6090	6451	5961	5347
建筑、工程、科学及其他技术服务	Architectural, Engineering and Other Technical Services	3946	3815	4107	4302
电脑服务	Computer Services	7027	7293	7380	7156
资讯服务	Information Services	766	760	726	701
视听及有关服务	Audio-visual and Related Services	869	732	675	576
其他个人、文化及康乐服务	Other Personal, Cultural and Recreational Services	2807	1087	1328	1423
研究及发展服务	Research and Development Services	606	903	1209	1024
特许经营权及商标以外的知识产权使用费	Charges for the Use of Intellectual Property Rights Other Than Franchises and Trademarks	3660	4024	4129	4239
占服务输出总额的百分比	**% of Total Exports of Services**	**3.4**	**3.1**	**3.1**	**3.1**
文化及创意服务的输入	**Imports of Cultural and Creative Services**	**25340**	**25189**	**25416**	**25402**
广告、市场研究及公众意见调查服务	Advertising, Market Research and Public Opinion Polling Services	4498	4386	4069	4189
建筑、工程、科学及其他技术服务	Architectural, Engineering and Other Technical Services	2544	2593	2837	2923
电脑服务	Computer Services	3706	4260	5087	4998
资讯服务	Information Services	774	1127	1022	1135
视听及有关服务	Audio-visual and Related Services	544	464	389	416
其他个人、文化及康乐服务	Other Personal, Cultural and Recreational Services	320	289	387	430
研究及发展服务	Research and Development Services	1047	1069	1250	1089
特许经营权及商标以外的知识产权使用费	Charges for the Use of Intellectual Property Rights Other Than Franchises and Trademarks	11907	11001	10375	10222
占服务输入总额的百分比	**% of Total Imports of Services**	**4.3**	**4.3**	**4.4**	**4.4**

5-1-4 续表 2 continued

单位：百万港元，% (HKD million,%)

项 目	Item	2016	2017	2018	2019
文化及创意服务的输出	**Exports of Cultural and Creative Services**	**24485**	**25729**	**26916**	**26387**
广告、市场研究及公众意见调查服务	Advertising, Market Research and Public Opinion Polling Services	5161	5253	5341	4951
建筑、工程、科学及其他技术服务	Architectural, Engineering and Other Technical Services	3972	4262	4571	4304
电脑服务	Computer Services	7132	7328	7471	7613
资讯服务	Information Services	719	723	838	851
视听及有关服务	Audio-visual and Related Services	658	620	570	480
其他个人、文化及康乐服务	Other Personal, Cultural and Recreational Services	1670	1938	2141	2183
研究及发展服务	Research and Development Services	805	931	1194	1154
特许经营权及商标以外的知识产权使用费	Charges for the Use of Intellectual Property Rights Other Than Franchises and Trademarks	4368	4674	4790	4851
占服务输出总额的百分比	**% of Total Exports of Services**	**3.2**	**3.2**	**3.0**	**3.3**
文化及创意服务的输入	**Imports of Cultural and Creative Services**	**25352**	**26125**	**27189**	**26158**
广告、市场研究及公众意见调查服务	Advertising, Market Research and Public Opinion Polling Services	4109	4244	4283	3923
建筑、工程、科学及其他技术服务	Architectural, Engineering and Other Technical Services	2699	2521	2531	2650
电脑服务	Computer Services	5065	5081	5143	5056
资讯服务	Information Services	1085	1108	1215	1215
视听及有关服务	Audio-visual and Related Services	403	365	406	328
其他个人、文化及康乐服务	Other Personal, Cultural and Recreational Services	581	639	720	766
研究及发展服务	Research and Development Services	1164	1610	2253	1496
特许经营权及商标以外的知识产权使用费	Charges for the Use of Intellectual Property Rights Other Than Franchises and Trademarks	10246	10559	10638	10724
占服务输入总额的百分比	**% of Total Imports of Services**	**4.4**	**4.3**	**4.2**	**4.1**

5-2-1 澳门文化活动参与情况
Statistics on Arts Attendance of Macao,China

单位：% (%)

类　别	Category	2017 总参与率 Total Participation Rate	去电影院 Visiting Movie Theaters	去图书馆 Visiting Libraries	参观博物馆或世遗景点 Visiting Museums or Historic Spots	观看表演 Performing Arts Attendance	参观艺术展　览 Visting Art Exhibition
总 计	**Total**	**54.0**	**35.6**	**25.8**	**24.5**	**15.7**	**7.1**
按性别分组	**By Sex**						
男	Male	52.3	36.2	23.6	23.0	13.9	6.1
女	Female	55.5	35.1	27.8	25.9	17.2	7.9
按年龄分组	**By Age**						
16-24岁	Aged 16-24	83.4	71.3	58.3	30.9	26.8	7.4
25-34岁	Aged 25-34	67.6	56.4	23.3	26.8	17.4	5.9
35-44岁	Aged 35-44	55.9	37.3	28.6	30.8	15.4	8.9
45-54岁	Aged 45-54	43.6	23.5	20.1	21.5	11.8	8.4
55岁及以上	Aged 55 and Over	36.4	10.6	16.9	17.9	12.4	5.9
按教育程度分组	**By Education Attainment**						
小学教育	Primary Education	34.5	13.0	14.5	16.0	7.3	3.1
初中教育	Junior Secondary Education	47.3	27.6	24.2	19.4	13.1	3.7
高中教育	Senior Secondary Education	55.8	39.2	26.1	24.7	12.1	5.6
高等教育	Higher Education	76.4	59.3	36.5	36.9	28.2	15.0
其 他	Other Education	23.3	3.5	12.3	10.5	7.1	1.8
按经济活动状况分组	**By Economic Activity Status**						
劳动人口	Economically Active Population	52.9	37.6	21.2	23.5	14.7	7.2
非劳动人口	Non-economically Active Population	56.7	30.8	37.2	27.0	18.0	6.7

5-2-1 续表 1 continued

单位：% (%)

类 别	Category	2018 总参与率 Total Participation Rate	去电影院 Visiting Movie Theaters	去图书馆 Visiting Libraries	参观博物馆或世遗景点 Visiting Museums or Historic Spots	观看表演 Performing Arts Attendance	参观艺术展 览 Visting Art Exhibition
总 计	**Total**	**54.3**	**34.8**	**26.8**	**22.0**	**16.3**	**7.8**
按性别分组	**By Sex**						
男	Male	54.9	36.9	25.5	20.4	14.7	8.0
女	Female	53.7	32.9	28.0	23.5	17.8	7.6
按年龄分组	**By Age**						
16-24岁	Aged 16-24	83.6	65.4	54.8	28.6	23.6	7.4
25-34岁	Aged 25-34	65.1	51.4	24.9	25.1	19.7	7.0
35-44岁	Aged 35-44	60.9	41.8	29.5	26.9	17.5	9.7
45-54岁	Aged 45-54	43.0	25.7	19.9	16.5	11.6	6.5
55岁及以上	Aged 55 and Over	37.8	11.6	20.7	17.6	13.3	8.1
按教育程度分组	**By Education Attainment**						
小学教育	Primary Education	34.3	13.8	16.0	14.4	10.8	5.3
初中教育	Junior Secondary Education	47.1	26.9	25.3	18.7	10.4	4.0
高中教育	Senior Secondary Education	55.3	36.5	27.5	20.2	14.5	5.8
高等教育	Higher Education	75.5	55.4	36.4	33.5	27.1	15.0
其 他	Other Education	21.4	6.5	9.7	6.4	7.4	1.7
按经济活动状况分组	**By Economic Activity Status**						
劳动人口	Economically Active Population	55.0	37.9	23.4	22.1	16.3	7.5
非劳动人口	Non-economically Active Population	52.4	27.1	35.2	21.8	16.5	8.4

5-2-1 续表 2 continued

单位：% (%)

类 别	Category	2019 总参与率 Total Participation Rate	去电影院 Visiting Movie Theaters	去图书馆 Visiting Libraries	参观博物馆或世遗景点 Visiting Museums or Historic Spots	观看表演 Performing Arts Attendance	参观艺术展 览 Visting Art Exhibition
总 计	**Total**	**54.4**	**34.9**	**27.3**	**20.1**	**15.5**	**6.3**
按性别分组	**By Sex**						
男	Male	55.8	36.6	28.1	19.2	13.9	6.0
女	Female	53.2	33.4	26.6	21.0	16.8	6.6
按年龄分组	**By Age**						
16-24岁	Aged 16-24	81.9	63.0	62.7	27.6	25.4	7.3
25-34岁	Aged 25-34	68.6	54.8	25.5	24.0	18.7	6.6
35-44岁	Aged 35-44	60.5	43.3	28.7	23.2	14.4	7.4
45-54岁	Aged 45-54	46.6	26.7	20.7	19.4	10.9	5.0
55岁及以上	Aged 55 and Over	35.5	10.6	19.4	13.4	13.1	5.9
按教育程度分组	**By Education Attainment**						
小学教育	Primary Education	35.4	13.9	18.8	12.3	10.0	4.3
初中教育	Junior Secondary Education	46.7	23.8	23.8	17.3	10.1	3.9
高中教育	Senior Secondary Education	55.9	36.1	26.3	17.5	13.2	4.7
高等教育	Higher Education	74.3	57.9	38.3	30.9	26.0	11.4
其 他	Other Education	74.3	5.9	10.0	9.8	7.0	2.8
按经济活动状况分组	**By Economic Activity Status**						
劳动人口	Economically Active Population	55.3	38.7	23.7	21.2	14.9	6.6
非劳动人口	Non-economically Active Population	52.2	25.9	35.7	17.5	16.9	5.7

5-2-1 续表 3 continued

单位：% (%)

类 别	Category	2020 总参与率 Total Participation Rate	去电影院 Visiting Movie Theaters	去图书馆 Visiting Libraries	参观博物馆或世遗景点 Visiting Museums or Historic Spots	观看表演 Performing Arts Attendance	参观艺术展 览 Visting Art Exhibition
总 计	**Total**	**39.4**	**19.0**	**20.6**	**16.3**	**7.8**	**4.6**
按性别分组	**By Sex**						
男	Male	39.2	19.5	19.5	15.5	6.7	3.8
女	Female	39.7	18.5	21.5	16.9	8.8	5.3
按年龄分组	**By Age**						
16-24岁	Aged 16-24	65.3	39.4	49.1	16.3	11.2	4.7
25-34岁	Aged 25-34	47.8	28.9	19.6	19.3	8.5	4.8
35-44岁	Aged 35-44	44.7	22.9	20.3	22.6	9.4	6.5
45-54岁	Aged 45-54	30.6	14.7	12.7	14.4	5.5	3.8
55岁及以上	Aged 55 and Over	27.1	5.6	17.2	11.1	6.5	3.7
按教育程度分组	**By Education Attainment**						
小学教育	Primary Education	19.2	4.6	11.5	6.1	3.0	1.3
初中教育	Junior Secondary Education	32.1	13.0	18.2	12.7	5.7	2.4
高中教育	Senior Secondary Education	39.2	20.6	21.5	14.3	7.3	4.0
高等教育	Higher Education	58.0	30.9	27.4	26.9	12.7	8.9
其 他	Other Education	14.4	2.6	8.7	4.8	2.2	0.5
按经济活动状况分组	**By Economic Activity Status**						
劳动人口	Economically Active Population	38.6	20.5	16.5	17.5	7.9	4.9
非劳动人口	Non-economically Active Population	41.5	15.2	30.7	13.2	7.5	4.0

5-2-2 澳门会展业基本情况
Statistics on Exhibition Industry of Macao,China

指　标	Index	2013	2014	2015	2016	2017	2018	2019
举办会议数(个)	Number of Conventions (unit)	958	963	1163	1195	1285	1342	1459
举办商业展览数(个)	Number of Commercial Exhibitions (unit)	66	87	78	55	51	60	58
参与会展人次(千人次)	Number of Persons Participated (1000 person-times)	2034	2614	2516	1500	1608	2118	2003

资料来源：中国澳门特别行政区政府澳门统计暨普查局。
Data source: Census and Statistics Department of Macao SAR.

5-2-3 澳门表演及文化展览情况
Statistics on Public Performance and Cultural Exhibitions of Macao,China

单位：场，人次　　(show,person-time)

指　标	Index	2014	2015	2016	2017	2018	2019	2020
总 计	**Total**							
场次	Number of sessions	41 441	38 472	48 846	45678	45685	46479	15127
观众人次	Number of Audiences	6807118	7368375	8104661	5694030	6295182	7180987	1458396
舞 蹈	Dance							
场次	Number of sessions	414	387	330	134	142	177	103
观众人次	Number of Audiences	119415	104278	83494	60839	77832	130620	15262
音乐会	Concerts							
场次	Number of sessions	1387	1570	1 382	953	1040	920	797
观众人次	Number of Audiences	481850	558263	472584	560083	738883	650772	187565
综合表演	Variety Show							
场次	Number of sessions	1010	1166	1161	1033	1381	892	386
观众人次	Number of Audiences	1148838	1122592	1324567	1143115	1148115	1016804	123982
戏 剧	Theatres							
场次	Number of sessions	842	1006	1066	1097	936	1174	901
观众人次	Number of Audiences	202166	290192	256656	213494	206910	204365	128399
电 影	Movies							
场次	Number of sessions	36133	33034	42480	40214	41335	42167	12382
观众人次	Number of Audiences	1727950	1650774	1808169	1404017	1396972	1330682	274699
文化展览	Cultural Exhibitions							
场次	Number of sessions	691	608	729	544	560	767	448
观众人次	Number of Audiences	2483109	2851191	2922742	1640710	1762529	2735857	624294
其 他	Others							
场次	Number of sessions	964	701	1698	1703	291	382	110
观众人次	Number of Audiences	643790	791085	1236449	671772	963941	1111887	104195

资料来源：中国澳门特别行政区政府澳门统计暨普查局。
Data source: Census and Statistics Department of Macao SAR.

5-2-4 澳门公共图书馆及阅览室情况
Statistics on Public Libraries and Reading Rooms of Macao,China

指　　标	Index	2014	2015	2016	2017	2018	2019	2020
图书馆及阅览室（个）	Number of Libraries and Reading Rooms (unit)	66	70	70	76	78	78	77
图书馆工作人员（人）	Number of Staff (person)	359	391	366	376	335	330	336
坐席数（个）	Seating Capacity (unit)	7581	8180	8624	8819	9213	10056	9880
购书总支出（千澳门元）	Total Expenditure on Purchase of Books (1000 MOP)	81813	75212	65973	93342	114920	93659	92446
藏书量（万册）	Number of Books (10000 copies)	190.8	209.4	211.9	224.2	222.3	236.0	225.4
期刊杂志（万份）	Number of Periodicals (10000 pieces)	1.3	1.4	1.4	1.4	1.3	1.4	1.3
多媒体资料（万套）	Multi-media Materials (10000 Sets)	254.8	278.2	271.0	268.2	277.3	285.2	291.0
#电子书籍	Electronic Books	215.7	228.7	230.0	226.4	234.3	244.4	237.8
电子期刊杂志	Electronic Journals	31.6	40.7	31.8	32.5	33.4	30.8	42.0
接待人次（万人次）	Number of Visitors (10000 person-times)	475.6	502.6	547.2	537.4	567.2	629.4	342.5

资料来源：中国澳门特别行政区政府澳门统计暨普查局。
Data source: Census and Statistics Department of Macao SAR.

5-2-5 澳门出版、博物馆及广播电影电视情况
Statistics on Publishing, Museums,Radio, TV and Films of Macao,China

指　　标	Index	2014	2015	2016	2017
出版	**Publishing**				
图书	Books				
出版种数（种）	Number of Publications (kind)	632	717	599	635
日报	Daily newspapers				
出版种数（种）	Number of Publications (kind)	17	17	19	19
发行量（千份）	Circulation (1000 pieces)	121417	113812	106411	94557
期刊	Periodicals				
出版种数（种）	Number of Publications (kind)	54	56	55	52
发行量（千份）	Circulation (1000 pieces)	10197	14298	8962	9628
博物馆	**Museums**				
个数（个）	Number of Museums (unit)	22	22	27	27
参观人次（千人次）	Number of Visitors (1000 person-times)	4553	3864	4179	4285
广电影视	**Radio,TV and Films**				
电视及广播发射台（个）	Number of Television and Radio Broadcasting Stations (unit)	10	9	10	11
电影院（个）	Number of Cinemas (unit)	5	5	5	6
银 幕（个）	Number of Screens (unit)	16	16	16	17
坐席数（个）	Seating capacity (seat)	3682	3682	3682	3742
电影票房收入(千澳门元)	Ticket Sales (1000 MOP)	122287	136895	123288	107605

注：1.图书指配有国际标准书号的图书。
2.部分刊物未能提供发行量。
3.部分博物馆未能提供入馆人次。

a)Books referrs to those with international standard book number.
b)Unavailability of data on circulation of some periodicals.
c)Unavailability of data on visitors of some museums .

5-2-5 续表 continued

指 标	Index	2018	2019	2020
出版	**Publishing**			
图书	Books			
出版种数（种）	Number of Publications (kind)	576	760	675
日报	Daily newspapers			
出版种数（种）	Number of Publications (kind)	18	18	19
发行量（千份）	Circulation (1000 pieces)	87155	82820	77727
期刊	Periodicals			
出版种数（种）	Number of Publications (kind)	54	54	56
发行量（千份）	Circulation (1000 pieces)	11580	9516	7212
博物馆	**Museums**			
个数（个）	Number of Museums (unit)	25	25	28
参观人次（千人次）	Number of Visitors (1000 person-times)	4657	5405	843
广电影视	**Radio,TV and Films**			
电视及广播发射台（个）	Number of Television and Radio Broadcasting Stations (unit)	11	9	9
电影院（个）	Number of Cinemas (unit)	6	6	6
银 幕（个）	Number of Screens (unit)	17	17	17
坐席数（个）	Seating capacity (seat)	3742	3729	3729
电影票房收入(千澳门元)	Ticket Sales (1000 MOP)	100406	100432	21453

5-3-1 台湾省文创产业从业人员情况
Statistics on Engaged Persons of Cultural and Creative Industries of Taiwan,China

类 别	Category	2014	2015	2016	2017	2018	2019
从业人员（人）	**Engaged Persons (person)**	**245520**	**252306**	**261497**	**260169**	**259416**	**275799**
出版	Press and Publication	40769	39399	40165	40962	38430	42210
影片服务、声音录制及音乐出版	Films, Recording and Music	16771	15589	17535	16698	14902	15961
传播及节目播送	Media and Broadcasting	29405	31089	27264	22116	23312	24135
广告业及市场研究	Advertising and Market Research	35796	35227	34146	35984	37886	37671
专门设计服务	Design	50311	54420	57130	58571	57536	65150
创作及艺术表演	Creation, Arts and Performance	16375	16922	17593	19042	21273	22148
运动、娱乐及休闲服务	Sports, Entertainment and Leisure	56093	59660	67663	66796	66077	68523

5-3-2 台湾省文创产业营业额与本地生产总值
Total Revenue of Cultural and Creative Industries and GDP of Taiwan,China

项　目	Item	2011	2012	2013	2014	2015
文创产业营业额（新台币百万元）	Total Revenue of Cultural and Creative Industries (TWD million)	817062	809305	831035	848393	858659
本地生产总值（新台币亿元,现价）	Gross Domestic Product (current price, TWD 100 million)	142622	146778	152707	162580	170551
本地生产总值(现价)年增长率(%)	Increase Rate of GDP (%)	1.00	2.62	3.70	6.47	4.90
文创营业额占本地生产总值的比率(%)	Total Revenue of Cultural and Creative Industries as % of GDP (%)	5.73	5.51	5.44	5.22	5.03

资料来源：1.“2020台湾地区文化创意产业发展年报”（以下相关表同）。
2.国家统计局。

Data source: Annual Report on Development of Cultural and Creative Industries of Taiwan,2019. National Bureau of Statistics of China.The same applies to the relevant tables following.

5-3-2 续表 continued

项　目	Item	2016	2017	2018	2019
文创产业营业额（新台币百万元）	Total Revenue of Cultural and Creative Industries (TWD million)	826568	836206	879816	912408
本地生产总值（新台币亿元,现价）	Gross Domestic Product (current price, TWD 100 million)	175553	179833	183750	189325
本地生产总值(现价)年增长率(%)	Increase Rate of GDP (%)	2.93	2.44	2.18	3.03
文创营业额占本地生产总值的比率(%)	Total Revenue of Cultural and Creative Industries as % of GDP (%)	4.71	4.65	4.79	4.82

5-3-3 台湾省文化创意产业企业情况

Statistics on Enterprises of Cultural and Creative Industries of Taiwan,China

类别	Category	2011	2012	2013	2014	2015
企业数（个）	**Total Number if Enterprises (unit)**					
视觉艺术	Visual Arts	2522	2295	2288	2284	2299
音乐及表演艺术	Music and Performancing Arts	2151	2453	2788	3156	3525
文化资产应用及展演设施	Use,Exhibition and Performance of Cultural Assets	83	52	69	81	519
工艺	Art and Antiques	12702	11425	11461	11459	11611
电影	Films	1798	1786	1797	1757	1793
广播电视	Radio and Television	1770	1757	1786	1805	1827
出版	Press and Publication	9159	9036	8884	8642	8386
广告	Advertising	13260	13524	13882	14186	14430
流行音乐及文化内容	Pop Music and Cultural Content	4364	4382	4112	4009	3962
产品设计	Product Design	2612	1520	1475	1464	1461
视觉传达设计	Visual and Media Design	388	448	671	836	1057
品牌时尚设计	Fashion Design	128	1563	1717	1891	2068
建筑设计	Architectural Design	2629	2777	2912	3132	3373
营业额（新台币百万元）	**Total Revenue (TWD million)**					
视觉艺术	Visual Arts	4615	5400	5857	6181	5425
音乐及表演艺术	Music and Performancing Arts	11197	12856	14952	16235	20529
文化资产应用及展演设施	Use,Exhibition and Performance of Cultural Assets	1194	1780	1704	2032	4193
工艺	Art and Antiques	152661	104959	97790	108330	105531
电影	Films	26212	26114	27214	28313	30577
广播电视	Radio and Television	136723	150667	156962	160068	170818
出版	Press and Publication	112764	113200	107226	105494	103284
广告	Advertising	145471	147258	163215	156780	148748
流行音乐及文化内容	Pop Music and Cultural Content	31345	31362	30160	30199	29463
产品设计	Product Design	55548	38373	43242	44578	43578
视觉传达设计	Visual and Media Design	2696	1688	1739	2006	2454
品牌时尚设计	Fashion Design	288	43790	44242	45163	47912
建筑设计	Architectural Design	27842	28107	29447	34727	33525

5-3-3 续表 continued

类 别	Category	2016	2017	2018	2019
企业数（个）	**Total Number if Enterprises (unit)**				
视觉艺术	Visual Arts	2324	2329	2482	2602
音乐及表演艺术	Music and Performancing Arts	3800	4157	4547	4867
文化资产应用及展演设施	Use,Exhibition and Performance of Cultural Assets	537	587	631	662
工艺	Art and Antiques	11553	11493	11366	11237
电影	Films	1911	2057	2208	2352
广播电视	Radio and Television	1856	1945	2056	2148
出版	Press and Publication	8254	8156	8110	7994
广告	Advertising	14557	14786	15138	15577
流行音乐及文化内容	Pop Music and Cultural Content	3883	3915	3991	4068
产品设计	Product Design	1449	1427	1403	1389
视觉传达设计	Visual and Media Design	1220	1331	1482	1669
品牌时尚设计	Fashion Design	2305	2469	2604	2801
建筑设计	Architectural Design	3512	3689	3847	3998
营业额（新台币百万元）	**Total Revenue (TWD million)**				
视觉艺术	Visual Arts	5418	5633	6397	7056
音乐及表演艺术	Music and Performancing Arts	18891	23187	23242	23177
文化资产应用及展演设施	Use,Exhibition and Performance of Cultural Assets	4371	4665	6423	6611
工艺	Art and Antiques	88877	77290	78372	74642
电影	Films	27922	29285	30307	29779
广播电视	Radio and Television	166526	169921	182562	192833
出版	Press and Publication	101938	100203	100986	105584
广告	Advertising	146294	151203	161610	176395
流行音乐及文化内容	Pop Music and Cultural Content	30684	31066	32984	35492
产品设计	Product Design	40462	45899	44488	41741
视觉传达设计	Visual and Media Design	2864	3297	4327	5137
品牌时尚设计	Fashion Design	47350	50535	54303	54519
建筑设计	Architectural Design	33630	33231	37438	36684

6

国际统计资料

International Statistical Indicators

6-1 世界主要国家版权产业增加值占GDP的比重
Contribution of Copyright Industries to GDP in Main Countries

国　家	Country	年　份 Year	版权产业增加值占GDP的比重 Value-added of Copyright Industries as Percentage of GDP (%)
阿根廷	Argentina	2013	4.70
澳大利亚	Australia	2018	6.80
不丹	Bhutan	2011	5.46
文莱	Brunei	2011	1.58
保加利亚	Bulgaria	2011	4.54
加拿大	Canada	2016	5.40
哥伦比亚	Colombia	2008	3.30
克罗地亚	Croatia	2007	4.27
多米尼加	Dominica	2012	3.40
格林纳达	Grenada	2012	4.83
芬兰	Finland	2016	4.70
匈牙利	Hungary	2013	8.25
印度尼西亚	Indonesia	2013	4.11
牙买加	Jamaica	2007	4.81
约旦	Jordan	2012	2.43
肯尼亚	Kenya	2009	5.32
韩国	Korea, Rep.	2016	9.90
拉脱维亚	Latvia	2004	5.05
黎巴嫩	Lebanon	2007	4.75
立陶宛	Lithuania	2012	5.40
马拉维	Malawi	2013	3.46
马来西亚	Malaysia	2016	5.70
墨西哥	Mexico	2016	4.80
荷兰	Netherlands	2011	6.00
巴基斯坦	Pakistan	2010	4.45
巴拿马	Panama	2009	6.35
秘鲁	Peru	2009	2.67
菲律宾	Philippines	2006	4.82
罗马尼亚	Romania	2008	5.55
俄罗斯	Russia	2014	6.10
新加坡	Singapore	2014	6.20
斯洛文尼亚	Slovenia	2010	5.10
南非	South Africa	2014	4.10
圣基茨/尼维斯	St Kitts/Nevis	2012	6.60
圣卢西亚	St Lucia	2012	8.00
圣文森特	St Vincent	2012	5.60
坦桑尼亚	Tanzania	2012	4.56
泰国	Thailand	2012	4.48
土耳其	Turkey	2011	2.73
乌克兰	Ukraine	2008	2.85
美国	USA	2014	11.30

资料来源：世界知识产权组织。
Data source: WIPO.

6-2 世界主要国家版权产业从业人员占从业总人员数的比重
Employed Persons Engaged in Copyright Industries as Percentage of Total Employed Persons

国 家	Country	年份 Year	版权产业从业人员占从业总人员数的比重 Employed Persons Engaged in Copyright Industries as Percentage of Total Employed Persons (%)
阿根廷	Argentina	2013	3.00
澳大利亚	Australia	2016	8.60
不丹	Bhutan	2011	10.09
文莱	Brunei	2011	3.20
保加利亚	Bulgaria	2011	4.92
加拿大	Canada	2016	5.60
哥伦比亚	Colombia	2008	5.80
克罗地亚	Croatia	2007	4.65
多米尼加	Dominica	2012	4.80
格林纳达	Grenada	2012	5.12
芬兰	Finland	2016	5.10
匈牙利	Hungary	2013	7.28
印尼	Indonesia	2013	3.75
牙买加	Jamaica	2007	3.03
约旦	Jordan	2012	2.88
肯尼亚	Kenya	2009	3.26
韩国	Korea, Rep.	2016	6.20
拉脱维亚	Latvia	2004	5.59
黎巴嫩	Lebanon	2007	4.49
立陶宛	Lithuania	2012	4.92
马拉维	Malawi	2013	3.35
马来西亚	Malaysia	2016	7.50
墨西哥	Mexico	2016	11.00
荷兰	Netherlands	2011	7.40
巴基斯坦	Pakistan	2010	3.71
巴拿马	Panama	2009	3.17
秘鲁	Peru	2009	4.50
菲律宾	Philippines	2006	11.10
罗马尼亚	Romania	2008	4.19
俄罗斯	Russia	2014	7.30
新加坡	Singapore	2014	6.20
斯洛文尼亚	Slovenia	2010	6.80
南非	South Africa	2014	4.10
圣基茨/尼维斯	St Kitts/Nevis	2012	3.10
圣卢西亚	St Lucia	2012	4.40
圣文森特	St Vincent	2012	4.90
坦桑尼亚	Tanzania	2012	5.63
泰国	Thailand	2012	2.85
土耳其	Turkey	2011	5.40
乌克兰	Ukraine	2008	1.90
美国	USA	2014	8.40

资料来源：世界知识产权组织。
Data source: WIPO.

6-3 世界创意产品出口情况
Statistics on Exported Creative Goods

单位：亿美元 (USD 100 million)

类　别	Category	2006	2007	2008	2009	2010
合　计	**Total**	**3174.1**	**4006.2**	**4391.7**	**3772.8**	**4197.7**
工艺品	Art Crafts	284.4	312.4	327.9	271.2	316.0
音像产品	Audio Visuals	154.7	375.4	385.8	332.3	355.1
设计产品	Design	1863.8	2151.5	2371.6	2103.2	2405.6
新媒体	New Media	160.8	373.7	469.2	395.3	404.5
表演艺术	Performing Art	40.0	45.9	50.9	42.0	46.3
出版	Publishing	418.3	455.3	487.0	401.6	404.7
视觉艺术	Visual Arts	252.0	292.0	299.5	227.3	265.5

注：1. 资料来源：联合国贸发会议。
2. 上表中的创意产品包括工艺品(挂毯、庆祝用品、纸制工艺品、柳编工艺品和纱制工艺品)，音像制品(包括电影、CD、DVD和磁带)，设计(包括建筑设计、时尚设计、玻璃器皿设计、室内设计、珠宝设计和玩具设计)，新媒体(包括录制媒体和视频游戏)，表演艺术(包括乐器和乐谱)，出版制品(包括书报刊和其他印刷品)，视觉艺术(包括古董、绘画、摄影和雕刻)以及其他创意品(以下相关表同)。

a) Data source: United Nations Conference on Trade and Development.

b) Creative goods in the table above refer to art crafts (including carpets,celebration,paperware,wickerware and yarn),audio visuals (including film,CD,DVD and tapes),design (including architecture,fashion,glassware,interior,jewellery and toys),new media (including recorded media and vedio games),performing arts(inculding musical insruments and printed music),pulishing (including books,newspaper and other printed matter),visual arts (including antiques,paintings,photography and sculpture) and others. The same applies to the relevant tables following.

6-3 续表 continued

单位：亿美元 (USD 100 million)

类　别	Category	2011	2012	2013	2014	2015
合　计	**Total**	**4915.4**	**5198.9**	**5317.9**	**5771.9**	**5097.5**
工艺品	Art Crafts	360.0	364.1	392.8	404.6	357.2
音像产品	Audio Visuals	362.2	306.9	249.8	241.3	218.8
设计产品	Design	2990.7	3266.0	3423.2	3859.0	3182.2
新媒体	New Media	405.7	415.6	391.5	411.5	421.9
表演艺术	Performing Art	51.9	52.5	51.8	52.8	43.9
出版	Publishing	431.9	401.5	405.5	396.4	336.6
视觉艺术	Visual Arts	312.9	392.3	403.3	406.4	537.0

6-4 世界创意产品进口情况
Statistics on Imported Creative Goods

单位：亿美元 (USD 100 million)

类 别	Category	2006	2007	2008	2009	2010
合 计	**Total**	**3332.9**	**4312.1**	**4588.8**	**3739.3**	**4200.7**
工艺品	Art Crafts	281.1	307.0	301.9	244.4	282.4
音像产品	Audio Visuals	168.6	406.9	416.4	336.9	355.6
设计产品	Design	1979.9	2295.0	2455.0	2013.8	2336.1
新媒体	New Media	183.6	462.0	565.8	485.1	509.6
表演艺术	Performing Art	45.2	50.0	55.5	46.2	49.8
出版	Publishing	433.2	475.3	500.3	410.3	415.6
视觉艺术	Visual Arts	241.2	315.9	293.8	202.7	251.5

6-4 续表 continued

单位：亿美元 (USD 100 million)

类 别	Category	2011	2012	2013	2014	2015
合 计	**Total**	**4638.4**	**4656.3**	**4673.9**	**4906.2**	**4544.0**
工艺品	Art Crafts	309.1	308.7	324.3	358.0	284.5
音像产品	Audio Visuals	369.8	287.1	267.7	265.4	214.8
设计产品	Design	2679.8	2811.3	2849.0	3019.5	2676.9
新媒体	New Media	487.0	479.2	466.8	498.1	471.5
表演艺术	Performing Art	54.1	54.3	51.7	53.8	47.3
出版	Publishing	438.1	408.2	396.0	382.6	323.2
视觉艺术	Visual Arts	300.5	307.5	318.5	328.9	525.8

6-5 世界主要国家故事影片生产情况
Total Number of National Feature Films Produced in Main Countries

单位：部 (reel)

国 家	Country	2006	2007	2008	2009	2010	2011
阿根廷	Argentina	63	48	46	61	121	100
澳大利亚	Australia	28	26	33	45	37	43
奥地利	Austria	33	32	30	35	46	54
比利时	Belgium	69	37	38	47	46	42
巴西	Brazil	60	78	79	84	75	99
柬埔寨	Cambodia	62	35	25	28	26	13
加拿大	Canada	74	99	75	81	98	86
智利	Chile	11	12	24	14	14	23
古巴	Cuba	6	3	5	8	11	10
捷克	Czech Republic	45	30	39	45	37	45
丹麦	Denmark	33	29	34	37	49	43
埃及	Egypt	59	37	44	46	37	28
芬兰	Finland	26	17	25	25	42	42
法国	France	203	228	240	230	261	272
德国	Germany	174	174	185	216	189	212
希腊	Greece	22	33	29	37	18	43
匈牙利	Hungary	46	28	30	27	24	
印度	India	1091	1146	1325	1288	1274	1255
印度尼西亚	Indonesia	60	77	88	80	82	84
伊朗	Iran (Islamic Republic of)		57	51	62	98	76
爱尔兰	Ireland	19	24	39	36	34	32
以色列	Israel	22	23	35	19	29	26
意大利	Italy	116	121	154	131	142	155
日本	Japan	417	407	418	448	408	441
卢森堡	Luxembourg	14	8	13	18	15	16
马来西亚	Malaysia	28	28	28	27	39	49
墨西哥	Mexico	64	70	70	66	69	73
摩洛哥	Morocco	12	15	13	14	19	24
荷兰	Netherlands	38	42	62	50	65	73
新西兰	New Zealand	6	11	11	14	21	25
尼日利亚	Nigeria		914	956	987	1074	997
挪威	Norway	24	27	30	27	27	35
菲律宾	Philippines	65	106	121	80	40	44
波兰	Poland	37	40	45	49	60	51
葡萄牙	Portugal	32	15	17	23	33	30
韩国	Republic of Korea	110	124	113	158	152	216
俄罗斯联邦	Russian Federation	59	78	78	78	133	111
新加坡	Singapore	10	14	17	6	14	15
南非	South Africa	10	9	10	18	23	22
西班牙	Spain	150	172	173	186	200	199
瑞典	Sweden	46	29	36	41	54	43
瑞士	Switzerland	80	87	87	80	88	84
泰国	Thailand	42	55	54	37	49	
土耳其	Turkey	35	40	50	70	65	70
英国	United Kingdom of Great Britain and Northern Ireland	107	124	279	313	346	299
美国	United States of America	673	789	773	751	792	819
越南	Viet Nam	10	16	11	12	90	75

资料来源：联合国教科文组织。
Data source: UNESCO.

6-5 续表 continued

单位：部 (reel)

国 家	Country	2012	2013	2014	2015	2016	2017
阿根廷	Argentina	141	168	172	182	199	220
澳大利亚	Australia	29	26	39	33	42	55
奥地利	Austria	54	46	45	40	46	44
比利时	Belgium	55	70	73	69	81	87
巴西	Brazil	83	129	114	129	142	160
柬埔寨	Cambodia			22	32	38	34
加拿大	Canada	98	93	94	103	105	92
智利	Chile	27	31	48	38	44	49
古巴	Cuba						
捷克	Czech Republic	46	45	61	56	79	54
丹麦	Denmark	59	69	55	71	62	54
埃及	Egypt	25	33	42	34	38	
芬兰	Finland	49	49	46	45	38	41
法国	France	279	270	258	300	283	300
德国	Germany	220	223	229	226	244	233
希腊	Greece	44	69	43	42	73	85
匈牙利	Hungary	32	38		41	51	37
印度	India	1602	1724	1868	1907	1986	
印度尼西亚	Indonesia	86	97	109	114	124	117
伊朗	Iran (Islamic Republic of)	67	87	82	85	90	98
爱尔兰	Ireland	38	34	33	33	29	
以色列	Israel	40	55	32	32	30	28
意大利	Italy	166	167	201	185	165	173
日本	Japan	554	591	615	581	610	594
卢森堡	Luxembourg						13
马来西亚	Malaysia	76	71	81	80	110	85
墨西哥	Mexico	112	126	130	140	162	176
摩洛哥	Morocco	22	22	17	18	30	37
荷兰	Netherlands	79	68	87	87	85	92
新西兰	New Zealand	24	25	33	28	22	20
尼日利亚	Nigeria						
挪威	Norway	26	29	34	23	30	38
菲律宾	Philippines	78	53				
波兰	Poland	47	31	32	42	50	52
葡萄牙	Portugal	15	13	12	31	28	38
韩国	Republic of Korea	204	207	248	269	339	494
俄罗斯联邦	Russian Federation	109	139	124	121	138	128
新加坡	Singapore	12	13	26	21	16	13
南非	South Africa	19	25	23	22	28	23
西班牙	Spain	182	231	216	255	254	241
瑞典	Sweden	51	61	56	50	54	68
瑞士	Switzerland	93	103	110	102	109	118
泰国	Thailand						80
土耳其	Turkey	61	85	109	137	135	148
英国	United Kingdom of Great Britain and Northern Ireland	326	241	339	298	317	285
美国	United States of America	738	738	649	663	656	660
越南	Viet Nam						

6-6 世界主要国家电影银幕情况
Total Number of Screens in Main Countries

单位：块 (unit)

国 家	Country	2006	2007	2008	2009	2010	2011
阿根廷	Argentina	952	821	825	832	799	792
澳大利亚	Australia		1941	1980	1989	1994	1991
奥地利	Austria	576	570	577	577	584	577
比利时	Belgium	507	513	491	481	461	510
巴西	Brazil	2095	2160	2278	2120	2206	2352
加拿大	Canada	2831	2652	2833	2833		2749
智利	Chile	273	280	299	301	311	320
哥伦比亚	Colombia	475	439	472	562	587	647
古巴	Cuba	337	296	307	313		
捷克	Czech Republic	701	681	689	695	688	668
丹麦	Denmark	385	394	397	400	399	396
埃及	Egypt		232	250	237	294	
芬兰	Finland	330	309	313	300	289	283
法国	France	5300	5202	5292	5342	5465	5465
德国	Germany	4848	4832	4810	4734	4699	4640
希腊	Greece	500	540			370	
匈牙利	Hungary	440	400	418	408	411	395
印度	India	11183	10189	10120	10070	10020	10020
印度尼西亚	Indonesia	929	681	712	726		763
伊朗	Iran (Islamic Republic of)	239	240	247	247		438
爱尔兰	Ireland	415	426	435	442	438	444
意大利	Italy	3785	3087	3141	3208	3217	
日本	Japan	3062	3221	3359	3396	3412	3339
马来西亚	Malaysia	287	353	453	485	571	639
墨西哥	Mexico	3700	4204	4499	4568	4905	5166
荷兰	Netherlands	697	696	717	751	777	789
挪威	Norway	429	417	424	422	429	422
菲律宾	Philippines	690	765	770	770		693
波兰	Poland	931	1008	1043	1061	1076	1122
葡萄牙	Portugal	479	546	572	577	562	558
韩国	Republic of Korea		1975	2004	2055	2003	1974
俄罗斯联邦	Russian Federation	1333	1576	1910	2133	2424	2726
新加坡	Singapore	167	175	174	176	169	187
南非	South Africa	815	831	836	846	857	
西班牙	Spain	4299	4335	4208	4105	4080	4044
瑞典	Sweden	972	933	848	848	832	830
瑞士	Switzerland	547	550	564	559	558	547
泰国	Thailand	671	704	737	752	757	
土耳其	Turkey	1299	1464	1575	1810	1874	1968
英国	United Kingdom of Great Britain and Northern Ireland	3440	3514	3610	3651	3651	3767
美国	United States of America	38415	40077	40194	39717	39547	39641

资料来源：联合国教科文组织。
Data source: UNESCO.

6-6 续表 continued

单位：块 (unit)

国 家	Country	2012	2013	2014	2015	2016	2017
阿根廷	Argentina	883	895	867	912	933	987
澳大利亚	Australia	1997	2057	2041	2080	2121	2210
奥地利	Austria	565	548	556	557	556	562
比利时	Belgium	500	497	473	472	496	
巴西	Brazil	2517	2678	2833	3005	3160	3223
加拿大	Canada	2885	3031	2502	3114	2641	
智利	Chile	342	363	338	366	380	411
哥伦比亚	Colombia	698	815	879	935	1006	1082
古巴	Cuba						
捷克	Czech Republic	633	684	685	689	691	736
丹麦	Denmark	406	414	420	432	444	458
埃及	Egypt	282	269	239	221	233	
芬兰	Finland	281	279	294	311	312	332
法国	France	5508	5587	5647	5741	5842	5909
德国	Germany	4617	4610	4556	4613		
希腊	Greece	482	482		554	554	554
匈牙利	Hungary	360	345	326	354	399	404
印度	India	11100	11081	11109	11100	11194	11209
印度尼西亚	Indonesia		842	963	1146		
伊朗	Iran (Islamic Republic of)			325	380	415	538
爱尔兰	Ireland	438	463	468	494	496	522
意大利	Italy	3240	3256	3261	3354	3442	3510
日本	Japan	3290	3318	3032	3074	3045	3096
马来西亚	Malaysia	754	774	874	994	991	1094
墨西哥	Mexico	5343	5547	5977	6062	6225	6633
荷兰	Netherlands	806	828	859	888	944	956
挪威	Norway	415	422	425	434	439	443
菲律宾	Philippines	714	747	715	734		
波兰	Poland	1162	1243	1243	1276	1364	1416
葡萄牙	Portugal	551	544	545	547	557	571
韩国	Republic of Korea	2081	2184	2381	2492	2575	
俄罗斯联邦	Russian Federation	3100	3479	3829	4021	4369	4796
新加坡	Singapore			221	233	234	253
南非	South Africa	750	800				
西班牙	Spain	4003	3908	3700	3588	3554	3618
瑞典	Sweden	816	774	765	802	808	
瑞士	Switzerland	536	533	557	570	575	581
泰国	Thailand	846				1154	
土耳其	Turkey	2093	2170	2483	2648	2240	2383
英国	United Kingdom of Great Britain and Northern Ireland	3817	3867	3909	4046	4150	4264
美国	United States of America	39662	39783	39956	40174	40174	40393

6-7 美国文化艺术产业总产出
Nominal Gross Output by Arts and Cultural Production Industry

单位：百万美元 (USD million)

产 业	Industry	2015	2016	2017	2018	2019
合 计	**Total**	**1260227**	**1323943**	**1381024**	**1464831**	**1527657**
核心文化艺术生产	**Core Arts and Cultural Production**	**250435**	**261132**	**276010**	**292586**	**300614**
表演艺术	Performing Arts	95558	99438	106275	113688	118173
表演艺术公司	Performing Arts Companies	22156	23047	24274	25318	26621
表演艺术推广	Promoters of Performing Arts and Similar Events	26149	27559	29672	31992	33164
艺术家经纪人	Agents/Managers For Artists	5745	6102	6278	6830	6983
独立艺术家，作家和表演者	Independent Artists, Writers, And Performers	41508	42731	46052	49547	51406
博物馆	Museums	13110	13222	14571	14465	15347
设计服务	Design Services	126601	132732	138689	147046	149091
广告	Advertising	43512	46237	47961	51924	52505
建筑服务	Architectural Services	29208	31262	33119	35506	34851
园林设计服务	Landscape Architectural Services	4892	5086	5386	5723	5801
室内设计服务	Interior Design Services	15167	15414	15776	16215	17510
工业设计服务	Industrial Design Services	2378	2279	2555	2631	2811
平面设计服务	Graphic Design Services	11875	12468	12961	13116	13538
电脑系统设计	Computer Systems Design	4345	4716	5160	5695	6104
摄影与冲印服务	Photography and Photofinishing Services	13892	13943	14439	14886	14586
所有其他设计服务	All Other Design Services	1331	1328	1334	1350	1385
美术教育	Fine Arts Education	5697	5973	6410	7058	7360
教育服务	Education Services	9470	9767	10064	10329	10643
文化艺术辅助和文化生产	**Supporting Arts and Cultural Production**	**971898**	**1024080**	**1066172**	**1132282**	**1186497**
文化艺术辅助服务	Art Support Services	148406	152330	157195	165134	169629
租赁	Rental and Leasing	9026	8980	8727	9115	9234
赠款和赠与服务	Grant-Making And Giving Services	1440	1522	1628	1759	1844
工会	Unions	1966	2056	2155	2265	2327
政府	Government	135324	139082	143922	151165	155346
其他支持	Other Support Services	649	690	763	831	877
信息服务	Information Services	640654	686235	713091	760111	800675
出版	Publishing	120450	121863	126379	129046	134509
电影	Motion Pictures	121023	126154	125062	132174	134737
录音	Sound Recording	15245	16213	17892	19495	21099
广播	Broadcasting	262082	279494	279055	286985	294366
其他信息服务	Other Information Services	121854	142511	164702	192412	215963
制造	Manufacturing	36556	36688	36535	39071	40716
珠宝和银器制造	Jewelry and Silverware Manufacturing	7519	7196	7007	7474	7555
印刷制品生产	Printed Goods Manufacturing	13984	14109	13865	14340	14893
乐器制造	Musical Instruments Manufacturing	1908	1875	1856	2008	2044
定制建筑木制品和金属制品	Custom Architectural Woodwork and Metalwork	7324	7780	8291	9372	10073
其他产品制造业	Other Goods Manufacturing	5821	5729	5516	5878	6151
建筑	Construction	22929	24919	26367	27669	27509
非ACPSA相关产品	NonACPSA-related Production	37894	38731	38842	39963	40547
批发及运输行业	Wholesale and Transportation Industries	60897	59781	65350	68267	71261
零售行业	Retail Industries	62457	64126	67634	72029	76706
其他产业	**All Other Industries**	**37894**	**38731**	**38842**	**39963**	**40547**

注：1.资料来源：美国商务部经济分析局。

2.文化艺术生产卫星账户选择美国国内生产总值账户中文化艺术产品和服务的特定一部分，并提供相关信息(下表同)。

a) Data Source: Bureau of Economic Analysis, U.S. Department of Commerce.

b) ACPSA(Arts and Cultural Production Satellite Account)provides information on a select group of arts and cultural goods and services that are currently in the U.S. GDP accounts. The same applies to the table following.

6-8 美国文化艺术产业实际增加值与上期变动百分比
Real Value Added by Arts and Cultural Production Industry: Percent Change from Preceding Period

单位：%　　(%)

产　业	Industry	2015	2016	2017	2018	2019
合　计	**Total**	**5.2**	**3.0**	**3.1**	**2.3**	**3.7**
核心文化艺术生产	**Core Arts and Cultural Production**	**0.5**	**1.9**	**2.8**	**5.0**	**3.2**
表演艺术	Performing Arts	-1.4	2.9	2.8	5.4	2.6
表演艺术公司	Performing Arts Companies	-6.0	7.0	-1.1	2.7	4.7
表演艺术推广	Promoters of Performing Arts and Similar Events	-7.1	9.2	1.7	6.4	2.6
艺术家经纪人	Agents/Managers For Artists	-5.3	5.9	-0.5	7.6	0.3
独立艺术家，作家和表演者	Independent Artists, Writers, And Performers	3.1	-1.2	5.1	5.6	2.2
博物馆	Museums	-18.7	7.0	4.7	-1.3	4.0
设计服务	Design Services	4.0	0.6	3.1	5.4	3.7
广告	Advertising	4.6	4.8	2.6	7.5	1.7
建筑服务	Architectural Services	4.3	1.3	5.7	8.0	1.8
园林设计服务	Landscape Architectural Services	-0.8	-2.6	5.2	8.2	7.4
室内设计服务	Interior Design Services	7.2	-5.8	-3.8	-1.6	9.8
工业设计服务	Industrial Design Services	3.9	-8.7	5.9	1.0	8.9
平面设计服务	Graphic Design Services	4.8	-0.8	-0.2	-1.2	5.1
电脑系统设计	Computer Systems Design	8.9	10.7	12.6	11.6	9.9
摄影与冲印服务	Photography and Photofinishing Services	-3.0	-4.9	6.2	4.2	2.0
所有其他设计服务	All Other Design Services	0.7	-4.0	-3.9	0.4	4.2
美术教育	Fine Arts Education	-0.8	1.4	0.3	12.4	6.5
教育服务	Education Services	1.5	2.8	-1.4	1.7	2.1
文化艺术辅助和文化生产	**Supporting Arts and Cultural Production**	**6.6**	**3.4**	**3.4**	**1.6**	**3.9**
文化艺术辅助服务	Art Support Services	0.3	0.8	1.1	0.8	0.4
租赁	Rental and Leasing	11.8	6.9	-3.1	4.9	-0.6
赠款和赠与服务	Grant-Making And Giving Services	11.9	-2.2	6.5	-1.6	3.7
工会	Unions	1.3	0.1	2.9	1.4	4.2
政府	Government	-0.3	0.5	1.2	0.6	0.4
其他支持	Other Support Services	3.6	2.1	16.2	3.6	0.8
信息服务	Information Services	9.7	4.6	3.7	1.7	5.8
出版	Publishing	4.3	3.6	8.2	9.7	4.8
电影	Motion Pictures	6.9	2.5	-1.4	-13.0	6.0
录音	Sound Recording	11.5	9.6	8.1	-2.7	14.1
广播	Broadcasting	8.0	3.0	-1.1	-1.6	1.9
其他信息服务	Other Information Services	22.8	10.2	11.9	12.2	11.5
制造	Manufacturing	-1.6	-1.5	0.0	5.7	-0.3
珠宝和银器制造	Jewelry and Silverware Manufacturing	-6.2	-7.6	6.8	18.8	0.8
印刷制品生产	Printed Goods Manufacturing	-6.9	-0.7	-2.9	-0.6	-1.0
乐器制造	Musical Instruments Manufacturing	-8.3	10.9	3.5	2.9	-2.4
定制建筑木制品和金属制品	Custom Architectural Woodwork and Metalwork	5.2	2.1	2.9	7.1	-2.3
其他产品制造业	Other Goods Manufacturing	12.2	-3.4	-4.0	5.3	2.8
建筑	Construction	7.0	8.3	6.5	2.8	-6.9
非ACPSA相关产品	NonACPSA-related Production	4.6	2.0	-2.4	0.0	0.7
批发及运输行业	Wholesale and Transportation Industries	2.2	-1.8	6.1	-0.7	0.4
零售行业	Retail Industries	2.9	2.7	5.1	3.2	4.8
其他产业	**All Other Industries**	**4.6**	**2.0**	**-2.4**	**0.0**	**0.7**

6-9 加拿大文化产业基本情况
Statistics on Culture Industries in Canada

单位：百万加元 (CAD million)

类　别	Category	2011	2012	2013	2014	2015
文化产业合计	**Culture Industries, Total**	**55185**	**57087**	**54458**	**56073**	**56280**
文化产品	Culture Products	42057	43172	42189	43229	43123
遗址和图书馆	Heritage and Libraries	552	575	492	522	564
现场表演	Live Performance	1844	1896	1915	2038	2175
视觉和应用艺术	Visual and Applied Arts	7402	7677	6773	7228	7563
文学作品	Written and Published Works	9089	9149	8679	8320	8012
视听和交互媒体	Audio-visual and Interactive Media	11754	12105	12400	12908	12447
录音	Sound Recording	448	456	396	438	473
教育和培训	Education and Training	3603	3767	3378	3434	3486
治理、资金和专业支持	Governance, Funding and Professional Support	6842	6958	7517	7690	7729
多领域	Multi	525	589	638	652	674
其他产品	All Other Products	13128	13915	12269	12844	13157

注：1.资料来源：加拿大统计局。
2.多领域包括与多个文化领域相关的文化产业，如与文化相关的会议和展会组织商;磁光学媒体的生产和复制；非金融无形资产的租赁;网络出版和传播以及网络搜索门户行业。这些文化产业都会影响不止一个文化域但不能轻易分配给单个域,所以将它们聚合在一起。

a) Data source: Statistics Canada.

b) The Multi domain includes culture industries that are associated with more than one culture domain: the culture portion of convention and trade show organizers; manufacturing and reproducing magnetic optical media; lessors of non-financial intangible assets; internet publishing and broadcasting and web search portal industries. These culture industries all affect more than one culture domain but cannot be easily allocated to a single domain, so they have been aggregated together.

6-9 续表 continued

单位：百万加元 (CAD million)

类　别	Category	2016	2017	2018	2019
文化产业合计	**Culture Industries, Total**	**56467**	**59280**	**60884**	**62426**
文化产品	Culture Products	43465	45410	46332	47496
遗址和图书馆	Heritage and Libraries	604	637	662	691
现场表演	Live Performance	2374	2470	2549	2639
视觉和应用艺术	Visual and Applied Arts	7976	8306	8519	8836
文学作品	Written and Published Works	7743	7990	7540	7358
视听和交互媒体	Audio-visual and Interactive Media	12598	13223	13732	14148
录音	Sound Recording	514	574	598	604
教育和培训	Education and Training	3367	3476	3570	3717
治理、资金和专业支持	Governance, Funding and Professional Support	7629	8066	8506	8829
多领域	Multi	659	670	656	672
其他产品	All Other Products	13002	13869	14552	14930

6-10 澳大利亚文化产业增加值基本情况
The Added Value of Creative Industries in Australia

单位：百万澳元 (AUD million)

类　别	Category	2005/2006	2006/2007	2007/2008	2008/2009
合　计	**Total**	**35144**	**36891**	**36805**	**33704**
音乐和表演艺术	Music&Performing Arts	412	450	440	459
电影、电视和广播	Film,Television&Radio	5504	5150	4883	4418
广告&市场营销	Advertising & Marketing	779	793	806	805
软件开发&交互内容	Software &Interactive Content	15373	17000	16876	14931
文学、印刷、出版媒体	Writing,Publishing& Print Media	8159	8131	8016	7365
设计&视觉艺术	Design&Visual Arts	1897	1943	1965	1925
建筑	Architecture	3020	3470	3820	3800

资料来源：市场研究公司IBISWorld的工业报告预测。
Data source: IBISWorld.

6-10 续表 continued

单位：百万澳元 (AUD million)

类　别	Category	2009/2010	2010/2011	2011/2012
合　计	**Total**	**33600**	**32809**	**32666**
音乐和表演艺术	Music&Performing Arts	494	512	559
电影、电视和广播	Film,Television&Radio	4463	4327	4419
广告&市场营销	Advertising & Marketing	784	768	767
软件开发&交互内容	Software &Interactive Content	15053	15286	15708
文学、印刷、出版媒体	Writing,Publishing& Print Media	7231	6484	5925
设计&视觉艺术	Design&Visual Arts	1876	1907	1939
建筑	Architecture	3700	3525	3350

6-11　英国文化产业基本情况(2019年)
The Creative Industries in UK (2019)

类　别	Category	公司数量(个)	岗位数量(个)	就业人数(人)	营业额(千英镑)
合计	**Total All Industries**	**297500**	**1343724**	**1309530**	**235074902**
广告和营销	Advertising and Marketing	24990	160727	157902	37952643
电影、电视、广播和摄影	Film, TV, Radio and Photography	33825	170220	163585	48420381
信息技术、软件和计算机服务	IT, Software and Computer Services	150350	589921	586349	97773872
建筑设计	Architecture	16560	80685	77792	7963400
工艺品	Crafts	1300	5016	4443	809492
出版	Publishing	10955	126053	124528	19294352
音乐和表演艺术	Music and Performing Arts	35035	117595	105283	14224100
博物馆、艺术馆和图书馆	Museums, Galleries and Libraries	1015	29789	29628	940344
产品、图表和时尚设计	Product, Graphic and Fashion Design	23470	63718	60020	7696318

资料来源：英国国家统计局
Data source: Office for National Statistics of UK

6-12 德国文化产业基本情况
Key Data on the Culture and Creative Industries in Germany

类　别	Category	企业数量(个) Number of Enterprises(unit)				
		2011	2012	2013	2014	2015
合　计(扣除重复计算)	**Total(No Double Counting)**	**244290**	**245816**	**246353**	**246967**	**250439**
音乐产业	Music Industry	13894	13796	13811	13759	14057
图书市场	Book Market	16702	16828	16811	16798	17079
艺术市场	Art Market	13422	13203	13153	12794	12752
电影产业	Film Industry	18199	18282	18440	18267	18624
广播产业	Broadcasting Industry	18128	18154	18159	18074	18179
表演艺术产业	Performing Art Industry	15982	16497	17004	17473	18249
设计产业	Design Industry	52439	53676	54454	55624	57127
建筑市场	Architectural Market	40702	40762	40205	40040	39849
出版市场	Press Market	33498	33131	32557	32119	32341
广告	Advertising Market	34577	33448	32107	30855	30221
软件/游戏产业	Software/Games Industry	30413	31915	33365	34725	35933
其他	Other Activities	7736	7751	7812	7775	7887
占全国企业数的比重(%)	**as % of National Total**	**7.60**	**7.56**	**7.60**	**7.62**	**7.69**

资料来源：德国联邦经济技术部。
Data source: Federal Ministry of Economics and Technology.

6-12 续表 1 continued

类　别	Category	企业数量(个) Number of Enterprises(unit)			
		2016	2017	2018	2019
合　计(扣除重复计算)	**Total(No Double Counting)**	**254484**	**254657**	**259349**	**258790**
音乐产业	Music Industry	14430	14197	14881	14670
图书市场	Book Market	17268	17254	17531	17450
艺术市场	Art Market	12874	12616	12649	12390
电影产业	Film Industry	19075	19013	20218	19975
广播产业	Broadcasting Industry	17880	18071	17339	17091
表演艺术产业	Performing Art Industry	19080	19419	20786	21212
设计产业	Design Industry	58431	59548	60307	60481
建筑市场	Architectural Market	39691	39605	38723	38395
出版市场	Press Market	32241	31569	31590	31082
广告	Advertising Market	30220	28490	29562	29142
软件/游戏产业	Software/Games Industry	37375	39016	40561	41963
其他	Other Activities	8249	8183	8140	8197
占全国企业数的比重(%)	**as % of National Total**	**7.79**	**7.74**	**7.91**	**7.87**

6-12 续表 2 continued

类 别	Category	营业额(百万欧元) Total Turnovers (EUR 100 million)				
		2011	2012	2013	2014	2015
合 计(扣除重复计算)	**Total(No Double Counting)**	**140970**	**143338**	**143155**	**146895**	**152067**
音乐产业	Music Industry	6639	7099	7674	7896	8178
图书市场	Book Market	14255	14032	13737	13686	13657
艺术市场	Art Market	2341	2316	2292	2091	2170
电影产业	Film Industry	9283	9228	9060	9328	9844
广播产业	Broadcasting Industry	7905	8327	8942	9378	9578
表演艺术产业	Performing Art Industry	3742	3909	3971	4262	4502
设计产业	Design Industry	18353	18535	18338	18566	19078
建筑市场	Architectural Market	8708	8813	9130	9554	10236
出版市场	Press Market	31711	31931	31065	30657	30133
广告	Advertising Market	24929	24965	25175	26130	27033
软件/游戏产业	Software/Games Industry	28442	29642	29418	31619	34362
其他	Other Activities	1652	1587	1531	1418	1381
占全国企业数的比重(%)	**as % of National Total**	**2.48**	**2.49**	**2.48**	**2.50**	**2.54**

6-12 续表 3 continued

类 别	Category	营业额(百万欧元) Total Turnovers (EUR 100 million)			
		2016	2017	2018	2019
合 计(扣除重复计算)	**Total(No Double Counting)**	**158814**	**158578**	**171051**	**174085**
音乐产业	Music Industry	8139	8858	8685	9039
图书市场	Book Market	14024	13572	14077	14257
艺术市场	Art Market	2249	2151	2223	2192
电影产业	Film Industry	9572	9523	9874	10011
广播产业	Broadcasting Industry	9892	10484	10657	10864
表演艺术产业	Performing Art Industry	4770	4851	5604	5724
设计产业	Design Industry	19764	19428	20604	20949
建筑市场	Architectural Market	10700	10829	11943	12427
出版市场	Press Market	30054	29855	29416	30019
广告	Advertising Market	29405	28344	29975	29633
软件/游戏产业	Software/Games Industry	37727	38005	46655	50166
其他	Other Activities	1425	1343	1411	1378
占全国企业数的比重(%)	**as % of National Total**	**2.61**	**2.56**	**2.58**	**2.56**

6-13 法国文化产业增加值及构成
Value-added of Cultural Industries and Its Composition in France

年份 Year	文化产业 Cultural Industries	音像 Audio-visual Arts	现场表演 Live Performance	报刊 Press	广告 Advertising
增加值(亿欧元) Value-added (EUR 100 million)					
2014	439	126	69	53	49
构 成(%) Composition (%)					
1995	100.0	25.0	11.9	22.1	10.6
2013	100.0	28.0	15.6	12.5	11.2
2014	100.0	28.6	15.7	12.1	11.2

注：1.资料来源：法国文化统计部门。
2.上表数据按现价计算。

a) Data source:Culture Ministerial Statistical Department.

b) Data in the table above is calculated in current price.

6-13 续表 continued

年份 Year	文化遗产 Cultural Heritage	建筑设计 Architecture	视觉艺术 Visual Arts	书籍 Books	文化教育 Cultural Education
增加值(亿欧元) Value-added (EUR 100 million)					
2014	42	30	26	26	18
构 成(%) Composition (%)					
1995	4.8	6.4	5.7	8.3	5.2
2013	9.4	7.3	5.9	6.0	4.1
2014	9.6	6.9	5.9	5.9	4.2

6-14 西班牙核心文化产业增加值
Value-added of Core Cultural Industries in Spain

类　　别	Category	2009	2010	2011	2012
合　计(亿欧元)	**Total (EUR 100 million)**	**284**	**285**	**274**	**253**
文化遗产、档案馆和图书馆	Heritage, Archives and Libraries	21	21	21	20
书籍、报刊	Books, Newspapers and Magazines	104	108	106	96
造型艺术	Plastic Arts	44	40	40	36
表演艺术	Performing Arts	24	24	23	22
视听和多媒体	Audio-visual and Media	74	74	68	61
跨学科文化	Interdisciplinary Culture	17	18	17	17
构 成 (%)	**As % of Total Value-added(%)**	**100**	**100**	**100**	**100**
文化遗产、档案馆和图书馆	Heritage, Archives and Libraries	7.4	7.3	7.3	7.8
书籍、报刊	Books, Newspapers and Magazines	36.5	37.9	38.5	38.2
造型艺术	Plastic Arts	15.6	14.1	14.8	14.4
表演艺术	Performing Arts	8.5	8.4	8.3	8.5
视听和多媒体	Audio-visual and Media	26.1	26.1	24.7	24.3
跨学科文化	Interdisciplinary Culture	6.0	6.2	6.4	6.8
占GDP的比重(%)	**As % of GDP(%)**	**2.8**	**2.8**	**2.7**	**2.5**
文化遗产、档案馆和图书馆	Heritage, Archives and Libraries	0.2	0.2	0.2	0.2
书籍、报刊	Books, Newspapers and Magazines	1.0	1.1	1.1	1.0
造型艺术	Plastic Arts	0.4	0.4	0.4	0.4
表演艺术	Performing Arts	0.2	0.2	0.2	0.2
视听和多媒体	Audio-visual and Media	0.7	0.7	0.7	0.6
跨学科文化	Interdisciplinary Culture	0.2	0.2	0.2	0.2

注：1.资料来源：西班牙文化部。
　　2.按2008年可比价计算。

a) Data source: Ministry of Education, Culture and Sport, Spain.
b) Data in the table above is calculated at constant price base on year of 2008.

6-15 日本文化产业基本情况
Statistics on Culture Industries in Japan

类 别	Category	企业数量(千家) umber of Enterprises(1000 un			从业人员数量(千人) ngaged Persons (1000 persor		
		1999	2004	2011	1999	2004	2011
全国企业数	**All Industries**	**5414.8**	**4709.5**	**5768.5**	**45450.5**	**40128.6**	**55838.3**
创意产业企业数	**Creative Industries**	**243.4**	**211.9**	**178.0**	**2387.4**	**2154.9**	**2053.2**
创意产业-制造业	**Creative Industries-manufacturing**	**107.4**	**78.5**	**53.4**	**921.8**	**620.4**	**456.4**
纤维和服装服装	Fiber & Apparel Clothing	71.3	47.6	32.2	629.8	389.0	293.4
家具	Furniture	10.2	10.9	7.2	90.9	87.1	60.2
皮革制品	Leather Article	8.2	5.6	2.8	52.6	35.1	18.6
餐具	Tableware	2.7	2.1	1.5	33.6	27.2	19.3
玩具	Toys	4.2	3.2	2.4	41.6	28.5	22.8
首饰	Jewelry	2.5	1.7	1.4	15.2	11.0	8.1
工艺	Crafts	7.8	6.7	5.5	45.6	32.5	23.8
文具	Stationery	0.6	0.5	0.4	12.3	10.0	10.1
创意产业-服务业	**Creative Industries-service**	**136.0**	**133.4**	**124.6**	**1465.6**	**1534.5**	**1596.8**
软件和计算机服务	Software & Computer Service	14.4	20.1	25.4	455.7	618.8	795.4
广告	Advertising	11.7	10.9	10.5	146.6	144.5	128.0
出版	Publishing	3.6	2.6	7.0	118.7	121.0	117.0
建筑	Architecture	59.2	53.8	46.7	429.3	357.7	294.2
电视和收音机	Tv & Radio	1.7	1.6	2.2	68.5	62.9	68.1
音乐视频	Music & Video	27.8	27.2	20.0	105.6	107.1	83.0
电影	Film	4.6	4.4	3.0	68.6	43.5	49.1
表演艺术	Performing Arts	2.2	2.3	2.0	26.4	31.0	28.0
设计	Design	9.6	9.4	7.0	44.4	46.3	32.7
艺术	Arts	1.1	1.1	0.6	1.7	1.8	1.2

资料来源：日本政策研究大学院大学(GRIPS)。
Data source: National Graduate Institute for Policy Studies.

6-16 韩国文化产业统计(2012年)
Statistics of Korea's Creative Content Industry(2012)

类 别	Category	企业数量(个) Number of Enterprises (unit)	从业人员数量(人) Engaged Persons (person)	销售额(百万美元) Total Sales (million USD)	出口额(千美元) Exports (thousand USD)	进口额(千美元) Imports (thousand USD)
合 计	**Total**	**111587**	**611437**	**77474**	**4611505**	**1673787**
出版	Publication	26702	198262	18729	245154	314305
漫画	Manhwa	8856	10161	673	17105	5286
音乐	Music	37116	78402	3546	235097	12993
游戏	Games	16189	95051	8658	2638916	179135
电影	Movie	2630	30857	3910	20175	59409
动画	Animation	341	4503	463	112542	6261
广播	Broadcast	945	40774	12590	233821	136071
广告	Advertisements	5804	36424	11082	97492	779936
人物形象	Characters	1992	26897	6674	416454	179430
知识信息	Knowledge Information	9696	69961	8160	444837	508
文化产业解决方案	Contents Solution	1316	20145	2689	149912	453

资料来源：韩国内容产业振兴院。
Data source: KOCCA.

6-17 印度娱乐传媒业营业额基本情况
Business Revenue of Entertainment and Media Industry in India

单位：10亿卢比 (INR billion)

类 别	Category	2011	2012	2013		
				营业额 Business Revenue	构成(%) as % of Total Revenue	比上年增长(%) Increase compared to last year(%)
合 计	**Total**	**805**	**965**	**1120**	**100.0**	**16.1**
电视	Television	340	383	420	37.5	9.7
出版印刷	Publishing and Printing	190	212	223	19.9	5.2
互联网	Internet	116	171	252	22.5	47.4
电影	Film	96	112	126	11.3	12.5
户外广告	Outdoor Advertising	16	17	19	1.7	11.8
广播	Broadcasting	14	15	18	1.6	20.0
音乐	Music	12	13	12	1.1	-7.7
游戏	Games	11	18	21	1.9	16.7
互联网广告	Internet Advertising	10	23	29	2.6	26.1

资料来源：PWC数据公司。
Data source: PWC Data Centre.

附录一

Appendix 1

中国入选世界文化遗产项目

Items Listing in World Cultural Heritage of China

1.中国入选“世界遗产名录”的文化和自然遗产项目

序号	名　称	项　目	批准时间
1	泰山	文化与自然双重遗产	1987.12
2	敦煌莫高窟	文化遗产	1987.12
3	周口店“北京人”遗址	文化遗产	1987.12
4	长城[1]	文化遗产	1987.12
5	秦始皇陵及兵马俑	文化遗产	1987.12
6	明清皇宫[2]	文化遗产	1987.12
7	黄山	文化与自然双重遗产	1990.12
8	黄龙国家级名胜区	自然遗产	1992.12
9	武陵源国家级名胜区	自然遗产	1992.12
10	九寨沟国家级名胜区	自然遗产	1992.12
11	武当山古建筑群	文化遗产	1994.12
12	曲阜孔庙、孔府及孔林	文化遗产	1994.12
13	承德避暑山庄及周围寺庙	文化遗产	1994.12
14	布达拉宫和大昭寺[3]	文化遗产	1994.12
15	峨眉山—乐山风景名胜区	文化与自然双重遗产	1996.12
16	庐山风景名胜区	文化景观	1996.12
17	苏州古典园林	文化遗产	1997.12
18	平遥古城	文化遗产	1997.12
19	丽江古城	文化遗产	1997.12
20	天坛	文化遗产	1998.11
21	颐和园	文化遗产	1998.11
22	武夷山	文化与自然双重遗产	1999.12
23	大足石刻	文化遗产	1999.12
24	皖南古村落：西递、宏村	文化遗产	2000.11
25	明清皇家陵寝[4]	文化遗产	2000.11

注：1. 2002年11月辽宁九门口水上长城获批加入此项世界文化遗产。
2. 明清皇宫：包括北京故宫(北京)和沈阳故宫(辽宁)，分别于1987年12月和2004年7月获批。
3. 2001年12月拉萨的罗布林卡获批加入此项世界文化遗产。
4. 明清皇家陵寝：明显陵(湖北钟祥市)、清东陵(河北遵化市)、清西陵(河北易县)于 2000年11月获批，明孝陵(江苏南京市)、明十三陵(北京昌平区)于 2003年7月获批，盛京三陵(辽宁沈阳市)于2004年7月获批。
5. 丝绸之路：长安-天山走廊的路网为中国、哈萨克斯坦和吉尔吉斯斯坦三国联合申报并共有的项目。

续表　continued

序号	名　称	项　目	批准时间
26	龙门石窟	文化遗产	2000.11
27	青城山和都江堰	文化遗产	2000.11
28	云冈石窟	文化遗产	2001.12
29	“三江并流”	自然遗产	2003.7
30	高句丽王城、王陵及贵族墓葬	文化遗产	2004.7
31	澳门历史城区	文化遗产	2005.7
32	四川大熊猫栖息地	自然遗产	2006.7
33	殷墟	文化遗产	2006.7
34	中国南方喀斯特	自然遗产	2007.6
35	开平碉楼与古村落	文化遗产	2007.6
36	福建土楼	文化遗产	2008.7
37	三清山	自然遗产	2008.7
38	五台山	文化景观	2009.6
39	登封”天地之中”历史建筑群	文化遗产	2010.7
40	中国丹霞	自然遗产	2010.8
41	杭州西湖文化景观	文化景观	2011.6
42	元上都遗址	文化遗产	2012.6
43	云南澄江帽天山化石地	自然遗产	2012.7
44	云南红河哈尼梯田	文化景观	2013.6
45	新疆天池	自然遗产	2013.6
46	丝绸之路：长安-天山走廊的路网[5]	文化遗产	2014.6
47	大运河	文化遗产	2014.6
48	土司遗址	文化遗产	2015.7
49	广西左江花山岩画	文化景观	2016.7
50	湖北神农架	自然遗产	2016.7
51	青海可可西里	自然遗产	2017.7
52	厦门鼓浪屿	文化遗产	2017.7
53	贵州梵净山	自然遗产	2018.7
54	良渚古城遗址	文化遗产	2019.7
55	黄（渤）海候鸟	自然遗产	2019.7

2.中国入选世界“非物质文化遗产代表作名录”的项目

序号	名　称	批准时间	备注
1	昆曲	2001	
2	古琴艺术	2003	
3	新疆维吾尔木卡姆艺术	2005	
4	蒙古族长调民歌[1]	2005	
5	中国篆刻	2009	
6	中国雕版印刷技艺	2009	
7	中国书法	2009	
8	中国剪纸	2009	
9	中国传统木结构营造技艺	2009	
10	南京云锦织造技艺	2009	
11	端午节	2009	
12	中国朝鲜族农乐舞	2009	
13	《格萨尔》史诗	2009	
14	侗族大歌	2009	
15	甘肃花儿	2009	
16	新疆《玛纳斯》史诗	2009	
17	妈祖信俗	2009	
18	蒙古族呼麦	2009	
19	福建南音	2009	
20	青海热贡艺术	2009	
21	中国传统桑蚕织技艺	2009	
22	藏戏	2009	
23	龙泉青瓷传统烧制技艺	2009	
24	宣纸传统制作技艺	2009	
25	西安鼓乐	2009	
26	粤剧	2009	
27	羌年	2009	急需保护的非物质文化遗产
28	中国木拱桥传统营造技艺	2009	急需保护的非物质文化遗产
29	黎族传统纺染织绣技艺	2009	急需保护的非物质文化遗产
30	麦西热甫	2010	急需保护的非物质文化遗产
31	中国水密隔舱福船制造技艺	2010	急需保护的非物质文化遗产
32	中国活字印刷术	2010	急需保护的非物质文化遗产
33	中医针灸	2010	
34	京剧	2010	
35	赫哲族说唱艺术伊玛堪	2011	急需保护的非物质文化遗产
36	皮影戏	2011	
37	福建木偶戏传承人培养计划	2012	非物质文化遗产优秀实践
38	珠算	2013	
39	二十四节气	2016	
40	藏医药洛法	2018	
41	太极拳	2020	
42	送王船[2]	2020	

注：1.该项目为与蒙古国联合申报。
　　2.该项目为与马来西亚联合申报。

附录二

Appendix 2

主要统计指标解释

Explanatory Notes on Main Statistical Indicators

主要统计指标解释

国内生产总值(GDP)　指按市场价格计算的一个国家所有常住单位在一定时期内生产活动的最终成果。国内生产总值有三种表现形态，即价值形态、收入形态和产品形态。从价值形态看，它是所有常住单位在一定时期内生产的全部货物和服务价值与同期投入的全部非固定资产货物和服务价值的差额，即所有常住单位的增加值之和。

对于一个地区来说，称为地区生产总值或地区 GDP。

人口数　年度统计的年末人口数指每年 12 月 31 日 24 时的人口数。年度统计的全国人口总数内未包括香港、澳门特别行政区和台湾省以及海外华侨人数。

城镇人口和乡村人口　城镇人口是指居住在城镇范围内的全部常住人口；乡村人口是除上述人口以外的全部人口。

就业人员　指在 16 周岁及以上，从事一定社会劳动并取得劳动报酬或经营收入的人员。

法人单位　指有权拥有资产、承担负债，并独立从事社会经济活动（或与其他单位进行交易）的组织。法人单位应同时具备以下条件：（1）依法成立，有自己的名称、组织机构和场所，能够独立承担民事责任；（2）独立拥有（或授权使用）资产或者经费，承担负债，有权与其他单位签订合同；（3）具有包括资产负债表在内的账户，或者能够根据需要编制账户。法人单位包括五种类型：企业法人、事业单位法人、机关法人、社会团体和其他成员组织法人、其他法人。

全社会固定资产投资　是以货币形式表现的在一定时期内全社会建造和购置固定资产的工作量以及与此有关的费用的总称。

居民可支配收入　指居民可用于最终消费支出和储蓄的总和，即居民可以用来自由支配的收入。既包括现金收入，也包括实物收入。

货物进出口总额　指实际进出我国国境的货物总金额。出口货物按离岸价格统计，进口货物按到岸价格统计。

一般公共预算收入　指国家财政参与社会产品分配所取得的收入，是实现国家职能的财力保证。主要包括：（1）各项税收：包括国内增值税、国内消费税、进口货物增值税和消费税、出口货物退增值税和消费税、营业税、企业所得税、个人所得税、资源税、城市维护建设税、房产税、印花税、城镇土地使用税、土地增值税、车船税、船舶吨税、车辆购置税、关税、耕地占用税、契税、烟叶税等。（2）非税收入：包括专项收入、行政事业性收费、罚没收入和其他收入。财政收入按现行分税制财政体制划分为中央本级收入和地方本级收入。

一般公共预算支出　指国家财政将筹集起来的资金进行分配使用，以满足经济建设和各项事业的需要。财政支出根据政府在经济和社会活动中的不同职权，划分为中央财政支出和地方财政支出。

旅游收入　指游客在中国（大陆）境内旅行、游览过程中用于交通、参观游览、住宿、餐饮、购物、娱乐等全部花费。

入境游客　指报告期内来中国（大陆）观光、度假、探亲访友、就医疗养、购物、参加会议或从事经济、文化、体育、宗教活动的外国人、港澳台同胞等游客（即入境旅游人数）。统计时，入境游客按每入境一次统计 1 人次。入境游客包括入境过夜游客和入境一日游游客。

国内游客　指报告期内在中国（大陆）观光游览、度假、探亲访友、就医疗养、购物、参加会议或从事经济、文化、体育、宗教活动的中国（大陆）居民人数，其出游的目的不是通过所从事的活动谋取报酬。统计时，国内游客按每出游一次统计 1 人次。

文化及相关产业　指为社会公众提供文化产品和文化相关产品的生产活动的集合。《文化及相关产业分类(2018)》规定文化及相关产业包括新闻信息服务、内容创作生产、创意设计服务等九大类。按业态不同，可分为文化制造业、文化批零业和文化服务业。

规模以上文化制造业企业 指《文化及相关产业分类(2018)》所规定行业范围内，年主营业务收入在2000万元及以上的工业企业法人。

R&D（研究与试验发展） 指在科学技术领域，为增加知识总量、以及运用这些知识去创造新的应用而进行的系统的、创造性的活动，包括基础研究、应用研究、试验发展三类活动。

R&D人员全时当量 指报告期企业R&D全时人员（全年从事R&D活动累积工作时间占全部工作时间的90%及以上人员）工作量与非全时人员按实际工作时间折算的工作量之和。

R&D经费内部支出 指企业在报告年度用于内部开展R&D活动的实际支出。包括用于R&D项目（课题）活动的直接支出，以及间接用于R&D活动的管理费、服务费、与R&D有关的基本建设支出以及外协加工费等。不包括生产性活动支出、归还贷款支出以及与外单位合作或委托外单位进行R&D活动而转拨给对方的经费支出。

限额以上文化批零业企业 指《文化及相关产业分类(2018)》所规定行业范围内，年主营业务收入在2000万元及以上的批发业企业法人和年主营业务收入在500万元及以上的零售业企业法人。

规模以上文化服务业企业 指《文化及相关产业分类(2018)》所规定行业范围内，年主营业务收入在1000万元及以上的服务业企业，其中交通运输、仓储和邮政业，信息传输、软件和信息技术服务业，水利、环境和公共设施管理业的营业收入在2000万元及以上，居民服务、修理和其他服务业以及文化、体育和娱乐业的年营业收入在500万元及以上。

少儿读物 指供初中及初中以下少年儿童阅读的书籍。

版权合同登记 指根据国际条约和中国有关法律法规，申请人到著作权行政管理部门登记著作权质权等各类授权合同的行为。

作品自愿登记 指作者、其他享有著作权的公民、法人或者非法人单位和专有权所有人及其代理人，自愿到著作权行政管理部门登记应予以保护作品的行为。

版权输出和引进 指以受版权保护的作品的财产权为标的物，与国外的出版单位等相关机构进行的交易行为，其内容涉及图书、报刊、影视、动漫、戏剧、音乐、软件等。

广播（电视）节目综合人口覆盖率 指根据国家广电总局制定的《广播电视人口覆盖率统计技术标准和方法》进行统计调查的，在对象区内能接收到中央、省、地市、或县通过无线、有线或卫星等各种技术方式转播的各级广播（电视）节目的人口数占全部总人口的比重。

有线广播电视实际用户数 指通过广播电视有线传输网收看电视节目的家庭用户数，包括接收模拟信号和接收数字信号的有线电视用户数。不包括宾馆、单位、写字楼等集体用户。

数字电视实际用户数 指通过广播电视有线传输网收看数字信号电视节目的家庭用户数。

全年广播（电视）节目制作时间 指广播电视节目制作机构全年自采、自编、自录的及合作制作、加工制作的各类广播（电视）节目（包括直播节目）的总时长。

公共广播（电视）节目套数 指经国家广电总局批准的、广播电视播出机构开办的不向听众收取收听（收看）费用，以为大众提供公共广播（电视）服务为主要目的，用固定频率（频道）播出，并编有整套自办节目时间表的广播（电视）节目套数。

全年公共广播（电视）节目播出时间 指广播电视播出机构自办节目频率（频道）内公共节目全年播出的时间（含节目重复播出时间）。

艺术表演团体 指由文化部门主办或实行行业管理（经文化市场行政部门审批或已申报登记并领取相关许可证），专门从事表演艺术等活动的各类专业艺术表演团体，含民间职业剧团。不包括群众业余文艺表演团体。

艺术表演场馆 指由文化部门主办或实行行业管理（经文化市场行政部门审批或已申报登记并领取相关许可证），有观众席、舞台、灯光设备，公开售票、专供文艺团体演出的文化活动场所。

博物馆 指为了研究、教育、欣赏的目的，收藏、保护、展示人类活动和自然环境的见证物，向公众开放，非营利性、永久性社会服务机构，包括以博物馆（院）、纪念馆（舍）、美术（艺术）馆、科技馆、陈列馆等专有名称开展活动的单位。

总藏量 指公共图书馆已编目的古籍、图书、期刊和报纸的合订本、小册子、手稿，以及缩微制品、录像带、录音带、光盘等视听文献资料数量之和。

藏品 指文博机构根据收藏品的文化属性、自然属性等情况，所划分的文物藏品、标本藏品、模型藏品（含具有收藏、展示价值的雕塑、绘画等艺术作品）和复制品藏品的总和。本指标所统计的藏品是指报告期末，该机构已经整理并登记入账的藏品数。

国家综合档案馆 指归口中央或地方各级档案行政管理部门直接管理的，按行政区划或历史时期设置的，收集和管理所辖范围内多种门类档案的档案馆。

国家级风景名胜区 指经国务院审定公布的风景名胜区。

娱乐场所 指以营利为目的，并向公众开放、消费者自娱自乐的歌舞、游艺等场所，以及各地文化行政部门依据相关规定管理并发放《娱乐场所经营许可证》的其它娱乐场所。

网吧 指通过计算机等设备向公众提供互联网上网服务的营业性娱乐文化服务场所。

动漫企业 指经文化部、财政部、国家税务总局三部门联合认定的从事漫画创作、动画创作、网络动漫（含手机动漫）创作、动漫舞台创作、动漫软件开发和动漫衍生产品研发等动漫业务的企业。

移动个性化回铃用户 指报告期末电信企业开通的、可由用户自己选择回铃音的移动电话用户。包括使用套餐由电信企业提供多种回铃音的移动电话用户。

互联网宽带接入用户 指报告期末在电信企业登记注册，通过 xDSL、FTTx+LAN、FTTH/O 以及其他宽带接入方式和普通专线接入公众互联网的用户。

互联网普及率 指报告期末互联网网民占行政区域总人口的比率。互联网网民是指通过定期调查进行估算的过去半年内使用过互联网的 6 周岁及以上中国居民。

网页长度（总字节数） 指报告期内中国所有网站所含网页的总长度。网站是指以域名本身或者“www.+域名”为网址的 web 站点，其中包括中国的国家顶级域名.CN 和类别顶级域名（gTLD）下的 web 站点，该域名的注册者位于中国境内。

网站数 指报告期内中国所有网站的总数量。网站是指以域名本身或者“www.+域名”为网址的 web 站点，其中包括中国的国家顶级域名.CN 和类别顶级域名（gTLD）下的 web 站点，该域名的注册者位于中国境内。

互联网宽带接入端口 指用于接入互联网用户的各类实际安装运行的接入端口的数量，包括 xDSL 用户接入端口、LAN 接入端口、FTTH/O 端口及其他类型接入端口等，不包括窄带拨号接入端口。

互联网国际出口带宽 指基础电信企业与其他国家和地区相连的网络出口带宽总数。

互联网及相关服务企业数 指获得工业和信息化部或省、自治区、直辖市通信管理局颁发的《增值电信业务经营许可证》、在中国大陆境内经营全国或区域性增值电信业务的服务商数。

互联网及相关服务收入 指企业经营《增值电信业务经营许可证》中注册的业务所获得的收入总和。

更多指标解释可参见《中国统计年鉴》和相关专业统计年鉴。

附录三

Appendix 3

文化及相关产业分类(2018)

Classification of Culture and Related Industries (2018)

文化及相关产业分类(2018)

一、分类目的和作用

（一）为深化文化体制改革和持续推进社会主义文化强国建设提供统计保障，建立科学可行的文化及相关产业统计制度，制定本分类。

（二）本分类为反映我国文化及相关产业生产活动提供标准分类依据，为文化及相关产业统计提供统一的定义和范围，为发展文化产业、推进社会主义文化繁荣兴盛提供统计服务。

二、分类定义和范围

（一）定义。

本分类规定的文化及相关产业是指为社会公众提供文化产品和文化相关产品的生产活动的集合。

（二）范围。

1.以文化为核心内容，为直接满足人们的精神需要而进行的创作、制造、传播、展示等文化产品（包括货物和服务）的生产活动。具体包括新闻信息服务、内容创作生产、创意设计服务、文化传播渠道、文化投资运营和文化娱乐休闲服务等活动。

2.为实现文化产品的生产活动所需的文化辅助生产和中介服务、文化装备生产和文化消费终端生产（包括制造和销售）等活动。

三、编制原则

（一）以《国民经济行业分类》为基础。

本分类以《国民经济行业分类》（GB/T 4754-2017）为基础，根据文化生产活动的特点，将行业分类中相关的类别重新组合，是《国民经济行业分类》的派生分类。

（二）兼顾文化管理需要和可操作性。

根据我国文化体制改革和发展的实际，本分类在考虑文化生产活动特点的同时，兼顾文化主管部门管理的需要；同时立足于现行统计制度和方法，充分考虑分类的可操作性。

（三）与国际分类标准相衔接。

本分类借鉴了联合国教科文组织的《文化统计框架-2009》的分类方法，在定义和覆盖范围上与其衔接。

四、结构和编码

本分类采用线分类法和分层次编码方法，将文化及相关产业划分为三层，分别用阿拉伯数字编码表示。第一层为大类，用 01-09 数字表示，共有 9 个大类；第二层为中类，用 3 位数字表示，共有 43 个中类；第三层为小类，用 4 位数字表示，共有 146 个小类。

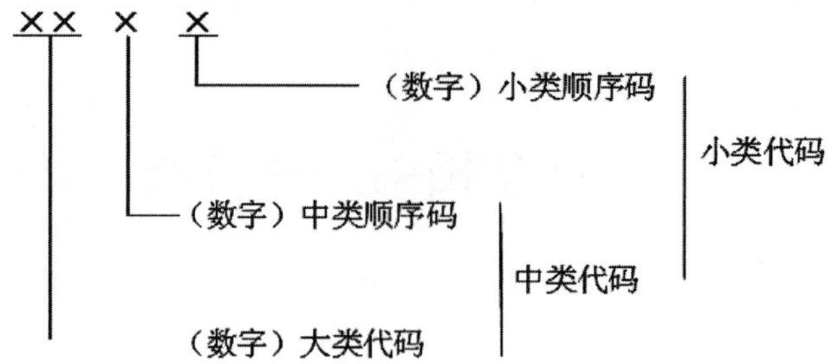

五、有关说明

（一）本分类建立了与《国民经济行业分类》（GB/T 4754-2017）的对应关系。在本分类中，如国民经济某行业小类仅部分活动属于文化及相关产业，则在行业代码后加“*”做标识，并对属于文化生产活动的内容进行说明；如国民经济某行业小类全部纳入文化及相关产业，则小类类别名称与行业类别名称完全一致。

（二）本分类全部小类对应或包含在《国民经济行业分类》（GB/T 4754-2017）相应的行业小类中，具体范围和说明可参见《2017 国民经济行业分类注释》。

（三）本分类 01-06 大类为文化核心领域，07-09 大类为文化相关领域。

六、文化及相关产业分类表

表 1　文化及相关产业的类别名称和行业代码

代码			类别名称	说　明	行业分类代码
大类	中类	小类			
			文化核心领域	本领域包括 01-06 大类。	
01			新闻信息服务		
	011		新闻服务		
		0110	新闻业	包括新闻采访、编辑、发布和其他新闻服务。	8610
	012		报纸信息服务		
		0120	报纸出版	包括党报出版、综合新闻类报纸出版和其他报纸出版服务。	8622
	013		广播电视信息服务		
		0131	广播	指广播节目的现场制作、播放及其他相关活动，还包括互联网广播。	8710
		0132	电视	指有线和无线电视节目的现场制作、播放及其他相关活动，还包括互联网电视。	8720
		0133	广播电视集成播控	指 IP 电视、手机电视、互联网电视等专网及定向传播视听节日服务的集成播控，还包括普通广播电视节日集成播控。	8740
	014		互联网信息服务		
		0141	互联网搜索服务	指互联网中的特殊站点，专门用来帮助人们查找存储在其他站点上的信息。	6421
		0142	互联网其他信息服务	包括网上新闻、网上软件下载、网上音乐、网上视频、网上图片、网上动漫、网上文学、网上电子邮件、网上新媒体、网上信息发布、网站导航和其他互联网信息服务。	6429
02			内容创作生产		
	021		出版服务		
		0211	图书出版	包括书籍出版、课本类书籍出版和其他图书出版服务。	8621
		0212	期刊出版	包括综合类杂志出版，经济、哲学、社会科学类杂志出版，自然科学、技术类杂志出版，文化、教育类杂志出版，少儿读物类杂志出版和其他杂志出版服务。	8623
		0213	音像制品出版	包括录音制品出版和录像制品出版服务。	8624
		0214	电子出版物出版	包括马列毛泽东思想、哲学等分类别电子出版物，综合类电子出版物和其他电子出版物出版服务。	8625
		0215	数字出版	指利用数字技术进行内容编辑加工，并通过网络传播数字内容产品的出版服务。	8626
		0216	其他出版业	指其他出版服务。	8629
	022		广播影视节目制作		
		0221	影视节目制作	指电影、电视和录像（含以磁带、光盘为载体）节目的制作活动，该节目可以作为电视、电影播出、放映，也可以作为出版、销售的原版录像带（或光盘），还可以在其他场合宣传播放，还包括影视节目的后期制作，但不包括电视台制作节目的活动。	8730

代码			类别名称	说明	行业分类代码
大类	中类	小类			
		0222	录音制作	指从事录音节目、音乐作品的制作活动，其节目或作品可以在广播电台播放，也可以制作成出版、销售的原版录音带（磁带或光盘），还可以在其他宣传场合播放，但不包括广播电台制作节目的活动。	8770
	023		创作表演服务		
		0231	文艺创作与表演	指文学、美术创造和表演艺术（如戏曲、歌舞、话剧、音乐、杂技、马戏、木偶等表演艺术）等活动。	8810
		0232	群众文体活动	指对各种主要由城乡群众参与的文艺类演出、比赛、展览等公益性文化活动的管理活动。	8870
		0233	其他文化艺术业	包括网络（手机）文化服务，史料、史志编辑服务，艺（美）术品、收藏品鉴定和评估服务，街头报刊橱窗管理服务和其他未列明文化艺术服务。	8890
	024		数字内容服务		
		0241	动漫、游戏数字内容服务	指将动漫和游戏中的图片、文字、视频、音频等信息内容运用数字化技术进行加工、处理、制作并整合应用的服务，使其通过互联网传播，在计算机、手机、电视等终端播放，在存储介质上保存。	6572
		0242	互联网游戏服务	指以互联网为传输媒介，以游戏运营商服务器和用户计算机为处理终端，以游戏客户端软件为信息交互窗口，旨在实现娱乐、休闲、交流和取得虚拟成就的具有可持续性的个体性多人在线游戏。包括互联网电子竞技服务。	6422
		0243	多媒体、游戏动漫和数字出版软件开发	仅指通用应用软件中的多媒体软件、游戏动漫软件、数字出版软件开发。该小类包含在应用软件开发行业小类中。	6513*
		0244	增值电信文化服务	仅指固定网增值电信、移动网增值电信、其他增值电信中的文化服务。该小类包含在其他电信服务行业小类中。	6319*
		0245	其他文化数字内容服务	仅指文化宣传领域数字内容服务。该小类包含在其他数字内容服务行业小类中。	6579*
	025		内容保存服务		
		0251	图书馆	包括公共图书馆、高等院校图书馆、专业图书馆和其他图书馆管理服务。	8831
		0252	档案馆	包括综合档案馆、专门档案馆、部门档案馆、企业档案馆、事业单位档案馆和其他档案馆管理服务。	8832
		0253	文物及非物质文化遗产保护	指对具有历史、文化、艺术、科学价值，并经有关部门鉴定，列入文物保护范围的不可移动文物的保护和管理活动；对我国口头传统和表现形式，传统表演艺术，社会实践、意识、节庆活动，有关的自然界和宇宙的知识和实践，传统手工艺等非物质文化遗产的保护和管理活动。	8840
		0254	博物馆	指收藏、研究、展示文物和标本的博物馆的活动，以及展示人类文化、艺术、科技、文明的美术馆、艺术馆、展览馆、科技馆、天文馆等管理活动。	8850
		0255	烈士陵园、纪念馆	包括烈士陵园和烈士纪念馆管理服务。	8860
	026		工艺美术品制造		
		0261	雕塑工艺品制造	指以玉石、宝石、象牙、角、骨、贝壳等硬质材料，木、竹、椰壳、树根、软木等天然植物，以及石膏、泥、面、塑料等为原料，经雕刻、琢、磨、捏或塑等艺术加工而制成的各种供欣赏和实用的工艺品的制作活动。	2431

代码			类别名称	说　明	行业分类代码
大类	中类	小类			
		0262	金属工艺品制造	指以金、银、铜、铁、锡等各种金属为原料，经过制胎、浇铸、锻打、錾刻、搓丝、焊接、纺织、镶嵌、点兰、烧制、打磨、电镀等各种工艺加工制成的造型美观、花纹图案精致的工艺美术品的制作活动。	2432
		0263	漆器工艺品制造	指将半生漆、腰果漆加工调配成各种鲜艳的漆料，以木、纸、塑料、铜、布等作胎，采用推光、雕填、彩画、镶嵌、刻灰等传统工艺和现代漆器工艺进行的工艺制品的制作活动。	2433
		0264	花画工艺品制造	指以绢、丝、绒、纸、涤纶、塑料、羽毛、通草以及鲜花草等为原料，经造型设计、模压、剪贴、干燥等工艺精制而成的花、果、叶等人造花类工艺品，以画面出现、可以挂或摆的具有欣赏性、装饰性的画类工艺品的制作活动。	2434
		0265	天然植物纤维编织工艺品制造	指以竹、藤、棕、草、柳、葵、麻等天然植物纤维为材料，经编织或镶嵌而成具有造型艺术或图案花纹，以欣赏为主的工艺陈列品以及工艺实用品的制作活动。	2435
		0266	抽纱刺绣工艺品制造	指以棉、麻、丝、毛及人造纤维纺织品等为主要原料，经设计、刺绣、抽、拉、钩等工艺加工各种生活装饰用品，以及以纺织品为主要原料，经特殊手工工艺或民间工艺方法加工成各种具有较强装饰效果的生活用纺织品的制作活动。	2436
		0267	地毯、挂毯制造	指以羊毛、丝、棉、麻及人造纤维等为原料，经手工编织、机织、栽绒等方式加工而成的各种具有装饰性的地面覆盖物或可用于悬挂、垫坐等用途的生活装饰用品的制作活动。	2437
		0268	珠宝首饰及有关物品制造	指以金、银、铂等贵金属及其合金以及钻石、宝石、玉石、翡翠、珍珠等为原料，经金属加工和连结组合、镶嵌等工艺加工制作各种图案的装饰品的制作活动。	2438
		0269	其他工艺美术及礼仪用品制造	指其他工艺美术品的制造活动。	2439
	027		艺术陶瓷制造		
		0271	陈设艺术陶瓷制造	指以粘土、瓷土、瓷石、长石、石英等为原料，经制胎、施釉、装饰、烧制等工艺制成，主要供欣赏、装饰的陶瓷工艺美术品制造。	3075
		0272	园艺陶瓷制造	指专门为园林、公园、室外景观的摆设或具有一定功能的大型陶瓷制造。	3076
03			创意设计服务		
	031		广告服务		
		0311	互联网广告服务	指提供互联网广告设计、制作、发布及其他互联网广告服务。包括网络电视、网络手机等各种互联网终端的广告的服务。	7251
		0312	其他广告服务	指除互联网广告以外的广告服务。	7259
	032		设计服务		
		0321	建筑设计服务	仅包括房屋建筑工程，体育、休闲娱乐工程，室内装饰和风景园林工程专项设计服务。该小类包含在工程设计活动行业小类中。	7484*
		0322	工业设计服务	指独立于生产企业的工业产品和生产工艺设计，不包括工业产品生产环境设计、产品传播设计、产品设计管理等活动。	7491
		0323	专业设计服务	包括时装、包装装潢、多媒体、动漫及衍生产品、饰物装饰、美术图案、展台、模型和其他专业设计服务。	7492
04			文化传播渠道		
	041		出版物发行		

代码			类别名称	说明	行业分类代码
大类	中类	小类			
		0411	图书批发	包括书籍、课本和其他图书的批发和进出口。	5143
		0412	报刊批发	包括报纸、杂志的批发和进出口。	5144
		0413	音像制品、电子和数字出版物批发	包括音像制品及电子出版物的批发和进出口。	5145
		0414	图书、报刊零售	包括图书零售服务，报纸、杂志专门零售服务，图书、报刊固定摊点零售服务。	5243
		0415	音像制品、电子和数字出版物零售	包括音像制品专门零售店、电子出版物专门零售、音像制品及电子出版物固定摊点零售服务。	5244
		0416	图书出租	指各种图书出租服务，不包括图书馆的租书业务。	7124
		0417	音像制品出租	指各种音像制品出租服务，不包括以销售音像制品为主的出租音像活动。	7125
	042		广播电视节目传输		
		0421	有线广播电视传输服务	指有线广播电视网和信号的传输服务。	6321
		0422	无线广播电视传输服务	指无线广播电视信号的传输服务。	6322
		0423	广播电视卫星传输服务	包括卫星广播电视信号的传输、覆盖与接收服务，卫星广播电视传输、覆盖、接收系统的设计、安装、调试、测试、监测等服务。	6331
	043		广播影视发行放映		
		0431	电影和广播电视节目发行	包括电影发行和进出口交易、非电视台制作的电视节目发行和进出口服务。	8750
		0432	电影放映	指专业电影院以及设在娱乐场所独立（或相对独立）的电影放映等活动。	8760
	044		艺术表演		
		0440	艺术表演场馆	指有观众席、舞台、灯光设备，专供文艺团体演出的场所管理活动。	8820
	045		互联网文化娱乐平台		
		0450	互联网文化娱乐平台	仅包括互联网演出购票平台、娱乐应用服务平台、音视频服务平台、读书平台、艺术品鉴定拍卖平台和文化艺术平台。该小类包含在互联网生活服务平台行业小类中。	6432*
	046		艺术品拍卖及代理		
		0461	艺术品、收藏品拍卖	指艺术品、收藏品拍卖活动。包括艺（美）术品拍卖服务、文物拍卖服务、古董和字画拍卖服务。	5183
		0462	艺术品代理	指艺术品代理活动。包括字画代理、古玩收藏品代理、画廊艺术经纪代理和其他艺术品代理。	5184
	047		工艺美术品销售		
		0471	首饰、工艺品及收藏品批发	指首饰、工艺品及收藏品的批发活动。	5146
		0472	珠宝首饰零售	指珠宝首饰的零售活动。	5245
		0473	工艺美术品及收藏品零售	指专门经营具有收藏价值和艺术价值的工艺品、艺术品、古玩、字画、邮品等的店铺零售活动。	5246
05			文化投资运营		

代　码			类别名称	说　明	行业分类代码
大类	中类	小类			
	051		投资与资产管理		
		0510	文化投资与资产管理	仅指政府主管部门转变职能后，成立的国有文化资产管理机构和文化行业管理机构的活动；文化投资活动，不包括资本市场的投资。该小类包含在投资与资产管理行业小类中。	7212*
	052		运营管理		
		0521	文化企业总部管理	仅指文化企业总部的活动，其对外经营业务由下属的独立核算单位或单独核算单位承担，还包括派出机构的活动（如办事处等）。该小类包含在企业总部管理行业小类中。	7211*
		0522	文化产业园区管理	仅指非政府部门的文化产业园区管理服务。该小类包含在园区管理服务行业小类中。	7221*
06			文化娱乐休闲服务		
	061		娱乐服务		
		0611	歌舞厅娱乐活动	指各种歌舞厅娱乐活动。	9011
		0612	电子游艺厅娱乐活动	指各种电子游艺厅娱乐服务。	9012
		0613	网吧活动	指通过计算机等装置向公众提供互联网上网服务的网吧、电脑休闲室等营业性场所的服务。	9013
		0614	其他室内娱乐活动	包括儿童室内游戏娱乐服务、室内手工制作娱乐服务和其他室内娱乐服务。	9019
		0615	游乐园	指配有大型娱乐设施的室外娱乐活动及以娱乐为主的活动。	9020
		0616	其他娱乐业	指公园、海滩和旅游景点内小型设施的娱乐活动及其他娱乐活动。	9090
	062		景区游览服务		
		0621	城市公园管理	指主要为人们提供休闲、观赏、游览以及开展科普活动的城市各类公园管理活动。	7850
		0622	名胜风景区管理	指对具有一定规模的自然景观、人文景观的管理和保护活动，以及对环境优美、具有观赏、文化和科学价值风景名胜区的保护与管理活动。	7861
		0623	森林公园管理	指国家自然保护区、名胜景区以外的，以大面积人工林或天然林为主体而建设的公园管理活动。	7862
		0624	其他游览景区管理	指其他未列明的游览景区的管理活动。	7869
		0625	自然遗迹保护管理	包括地质遗迹保护管理、古生物遗迹保护管理等。	7712
		0626	动物园、水族馆管理服务	指以保护、繁殖、科学研究、科普、供游客观赏为目的，饲养野生动物场所的管理服务。	7715
		0627	植物园管理服务	指以调查、采集、鉴定、引种、驯化、保存、推广、科普为目的，并供游客游憩、观赏的园地管理服务。	7716
	063		休闲观光游览服务		
		0631	休闲观光活动	指以农林牧渔业、制造业等生产和服务领域为对象的休闲观光旅游活动。	9030
		0632	观光游览航空服务	指直升机、热气球等游览飞行服务。	5622
			文化相关领域	本领域包括07-09大类。	
07			文化辅助生产和中介服务		
	071		文化辅助用品制造		

代　码			类别名称	说　明	行业分类代码
大类	中类	小类			
		0711	文化用机制纸及纸板制造	仅指未涂布印刷书写用纸、涂布类印刷用纸、感应纸及纸板制造。该小类包含在机制纸及纸板制造行业小类中。	2221*
		0712	手工纸制造	指采用手工操作成型，制成纸的生产活动。包括手工纸（宣纸、国画纸、其他手工纸）及手工纸板。	2222
		0713	油墨及类似产品制造	指由颜料、联接料（植物油、矿物油、树脂、溶剂）和填充料经过混合、研磨调制而成，用于印刷的有色胶浆状物质，以及用于计算机打印、复印机用墨等的生产活动。	2642
		0714	工艺美术颜料制造	指油画、水粉画、广告等艺术用颜料的制造。	2644
		0715	文化用信息化学品制造	指电影、照相、医用、幻灯及投影用感光材料、冲洗套药，磁、光记录材料，光纤维通讯用辅助材料，及其专用化学制剂的制造。	2664
	072		印刷复制服务		
		0721	书、报刊印刷	指书、报刊的印刷活动。	2311
		0722	本册印制	指由各种纸及纸板制作的，用于书写和其他用途的本册生产活动。	2312
		0723	包装装潢及其他印刷	指根据一定的商品属性、形态，采用一定的包装材料，经过对商品包装的造型结构艺术和图案文字的设计与安排来装饰美化商品的印刷，以及其他印刷活动。	2319
		0724	装订及印刷相关服务	指专门企业从事的装订、压印媒介制造等与印刷有关的服务。	2320
		0725	记录媒介复制	指将母带、母盘上的信息进行批量翻录的生产活动。	2330
		0726	摄影扩印服务	包括摄影服务、照片扩印及处理服务。	8060
	073		版权服务		
		0730	版权和文化软件服务	仅指版权服务、文化软件服务。该小类包含在知识产权服务行业小类中。	7520*
	074		会议展览服务		
		0740	会议、展览及相关服务	指以会议为主，也可附带展览及其他相关的活动形式，包括项目策划组织、场馆租赁保障、相关服务。	7281-7284 7289
	075		文化经纪代理服务		
		0751	文化活动服务	指策划、组织、实施各类文化、晚会、娱乐、演出、庆典、节日等活动的服务。	9051
		0752	文化娱乐经纪人	指各种文化娱乐经纪人活动。包括演员挑选、推荐服务，艺术家、作家经纪人服务，演员经纪人服务，模特经纪人服务，其他演员、艺术家经纪人服务。	9053
		0753	其他文化艺术经纪代理	指其他文化艺术经纪代理活动。	9059
		0754	婚庆典礼服务	仅指婚庆礼仪服务。该小类包含在婚姻服务行业小类中。	8070*
		0755	文化贸易代理服务	仅指文化贸易代理服务。该小类包含在贸易代理行业小类中。	5181*
		0756	票务代理服务	指除旅客交通票务代理外的各种票务代理服务。	7298
	076		文化设备（用品）出租服务		
		0761	休闲娱乐用品设备出租	指各种休闲娱乐用品设备出租活动。	7121

代码			类别名称	说明	行业分类代码
大类	中类	小类			
		0762	文化用品设备出租	指各种文化用品设备出租活动。	7123
	077		文化科研培训服务		
		0771	社会人文科学研究	指各种社会人文科学研究活动。	7350
		0772	学术理论社会（文化）团体	仅指学术理论社会团体、文化团体的服务。该小类包含在专业性团体行业小类中。	9521*
		0773	文化艺术培训	指国家学校教育制度以外，由正规学校或社会各界办的文化艺术培训活动，不包括少年儿童的课外艺术辅导班。	8393
		0774	文化艺术辅导	仅包括美术、舞蹈、音乐、书法和武术等辅导服务。该小类包含在其他未列明教育行业小类中。	8399*
08			文化装备生产		
	081		印刷设备制造		
		0811	印刷专用设备制造	指使用印刷或其他方式将图文信息转移到承印物上的专用生产设备的制造。	3542
		0812	复印和胶印设备制造	指各种用途的复印设备和集复印、打印、扫描、传真为一体的多功能一体机的制造；以及主要用于办公室的胶印设备、文字处理设备及零件的制造。	3474
	082		广播电视电影设备制造及销售		
		0821	广播电视节目制作及发射设备制造	指广播电视节目制作、发射设备及器材的制造。	3931
		0822	广播电视接收设备制造	指专业广播电视接收设备的制造，但不包括家用广播电视接收设备的制造。	3932
		0823	广播电视专用配件制造	指专业用录像重放及其他配套的广播电视设备的制造，但不包括家用广播电视装置的制造。	3933
		0824	专业音响设备制造	指广播电视、影剧院、录音棚、会议、各种场地等专业用录音、音响设备及其他配套设备的制造。	3934
		0825	应用电视设备及其他广播电视设备制造	指应用电视设备、其他广播电视设备和器材的制造。	3939
		0826	广播影视设备批发	指广播影视设备的批发和进出口活动。	5178
		0827	电影机械制造	指各种类型或用途的电影摄影机、电影录音摄影机、影像放映机及电影辅助器材和配件的制造。	3471
	083		摄录设备制造及销售		
		0831	影视录放设备制造	指非专业用录像机、摄像机、激光视盘机等影视设备整机及零部件的制造，包括教学用影视设备的制造，但不包括广播电视等专业影视设备的制造。	3953
		0832	娱乐用智能无人飞行器制造	指按照国家有关安全规定标准，经允许生产并主要用于娱乐的智能无人飞行器的制造。该小类包含在智能无人飞行器制造行业小类中。	3963*
		0833	幻灯及投影设备制造	指通过媒体将在电子成像器件上的文字图像、胶片上的文字图像、纸张上的文字图像及实物投射到银幕上的各种设备、器材及零配件的制造。	3472
		0834	照相机及器材制造	指各种类型或用途的照相机的制造。包括用以制备印刷板，用于水下或空中照相的照相机制造，以及照相机用闪光装置、摄影暗室装置和零件的制造。	3473
		0835	照相器材零售	指照相器材专门零售。	5248

代码			类别名称	说明	行业分类代码
大类	中类	小类			
	084		演艺设备制造及销售		
		0841	舞台及场地用灯制造	指演出舞台、演出场地、运动场地、大型活动场地用灯制造。	3873
		0842	舞台照明设备批发	仅指各类舞台照明设备的批发。该小类包含在电气设备批发行业小类中。	5175*
	085		游乐游艺设备制造		
		0851	露天游乐场所游乐设备制造	指主要安装在公园、游乐园、水上乐园、儿童乐园等露天游乐场所的电动及非电动游乐设备和游艺器材的制造。	2461
		0852	游艺用品及室内游艺器材制造	指主要供室内、桌上等游艺及娱乐场所使用的游乐设备、游艺器材和游艺娱乐用品，以及主要安装在室内游乐场所的电子游乐设备的制造。	2462
		0853	其他娱乐用品制造	指其他未列明的娱乐用品制造。	2469
	086		乐器制造及销售		
		0861	中乐器制造	指各种中乐器的制造活动。	2421
		0862	西乐器制造	指各种西乐器的制造活动。	2422
		0863	电子乐器制造	指各种电子乐器的制造活动。	2423
		0864	其他乐器及零件制造	指其他未列明的乐器、乐器零件及配套产品的制造。	2429
		0865	乐器批发	指各种乐器的批发活动。	5147
		0866	乐器零售	指各种乐器的零售活动。	5247
09			文化消费终端生产		
	091		文具制造及销售		
		0911	文具制造	指办公、学习等使用的各种文具的制造。	2411
		0912	文具用品批发	指文具用品的批发活动。	5141
		0913	文具用品零售	指文具用品的零售活动。	5241
	092		笔墨制造		
		0921	笔的制造	指用于学习、办公或绘画等用途的各种笔制品的制造。	2412
		0922	墨水、墨汁制造	指各种墨水、墨汁及墨汁类似品的制造活动。	2414
	093		玩具制造		
		0930	玩具制造	指以儿童为主要使用者，用于玩耍、智力开发等娱乐器具的制造。	2451-2456 2459
	094		节庆用品制造		
		0940	焰火、鞭炮产品制造	指节日、庆典用焰火及民用烟花、鞭炮等产品的制造。	2672
	095		信息服务终端制造及销售		
		0951	电视机制造	指非专业用电视机制造。包括彩色、黑白电视机以及其他视频设备（移动电视机和其他未列明视频设备）的制造。	3951
		0952	音响设备制造	指非专业用音箱、耳机、组合音响、功放、无线电收音机、收录音机等音响设备的制造。	3952
		0953	可穿戴智能文化设备制造	指由用户穿戴和控制，并且自然、持续地运行和交互的个人移动计算文化设备产品的制造。该小类包含在可穿戴智能设备制造行业小类中。	3961*

代码			类别名称	说明	行业分类代码
大类	中类	小类			
		0954	其他智能文化消费设备制造	指虚拟现实设备制造活动。该小类包含在其他智能消费设备制造行业小类中。	3969*
		0955	家用视听设备批发	指家用视听设备批发活动。	5137
		0956	家用视听设备零售	指专门经营电视、音响设备、摄录像设备等的店铺零售活动。	5271
		0957	其他文化用品批发	包括玩具批发服务以及玩具、游艺及娱乐用品、照相器材和其他文化娱乐用品批发和进出口。	5149
		0958	其他文化用品零售	指专门经营游艺用品及其他未列明文化用品的店铺零售活动。	5249

注：行业分类代码后标有“*”的表示该行业类别仅有部分内容属于文化及相关产业。

表2 带“*”行业分类文化生产活动内容的说明

序号	国民经济行业分类及代码	文化及相关产业类别名称及小类代码	文化生产活动的内容
1	应用软件开发（6513*）	多媒体、游戏动漫和数字出版软件开发（0243）	包括应用软件开发中的多媒体软件、游戏动漫软件、数字出版软件开发活动。
2	其他电信服务（6319*）	增值电信文化服务（0244）	仅指固定网增值电信、移动网增值电信、其他增值电信中的文化服务，包括手机报、个性化铃音等业务服务。
3	其他数字内容服务（6579*）	其他文化数字内容服务（0245）	仅指文化宣传领域数字内容服务。
4	工程设计活动（7484*）	建筑设计服务（0321）	仅包括房屋建筑工程，体育、休闲娱乐工程，室内装饰和风景园林工程专项设计服务。
5	互联网生活服务平台（6432*）	互联网文化娱乐平台（0450）	仅包括互联网演出购票平台、娱乐应用服务平台、音视频服务平台、读书平台、艺术品鉴定拍卖平台和文化艺术平台。
6	投资与资产管理（7212*）	文化投资与资产管理（0510）	指政府主管部门转变职能后，成立的国有文化资产管理机构和文化行业管理机构的活动；文化投资活动，不包括资本市场的投资。
7	企业总部管理（7211*）	文化企业总部管理（0521）	指不具体从事对外经营业务，只负责文化企业的重大决策、资产管理，协调管理下属各机构和内部日常工作的文化企业总部的活动，其对外经营业务由下属的独立核算单位或单独核算单位承担，还包括派出机构的活动（如办事处等）。
8	园区管理服务（7221*）	文化产业园区管理（0522）	仅指非政府部门的文化产业园区管理服务。
9	机制纸及纸板制造（2221*）	文化用机制纸及纸板制造（0711）	包括未涂布印刷书写用纸制造、涂布类印刷用纸制造、感应纸及纸板制造。
10	知识产权服务（7520*）	版权和文化软件服务（0730）	版权服务包括版权代理服务，版权鉴定服务，版权咨询服务，著作权登记服务，著作权使用报酬收转服务，版权交易、版权贸易服务和其他版权服务。文化软件服务指与文化有关的软件服务，包括软件代理、软件著作权登记、软件鉴定等服务。
11	婚姻服务（8070*）	婚庆典礼服务（0754）	指婚庆礼仪服务。包括婚礼策划、组织服务，婚礼租车服务，婚礼用品出租服务，婚礼摄像服务和其他婚姻服务。
12	贸易代理（5181*）	文化贸易代理服务（0755）	包括文化用品、图书、音像、文化用家用电器和广播电视器材等国际国内贸易代理服务。
13	专业性团体（9521*）	学术理论社会（文化）团体（0772）	学术理论社会团体包括党的理论研究、史学研究、思想工作研究、社会人文科学研究等团体的服务。文化团体包括新闻、图书、报刊、音像、版权、广播、电视、电影、演员、作家、文学艺术、美术家、摄影家、文物、博物馆、图书馆、文化馆、游乐园、公园、文艺理论研究、民族文化等团体的服务。

序号	国民经济行业分类及代码	文化及相关产业类别名称及小类代码	文化生产活动的内容
14	其他未列明教育（8399*）	文化艺术辅导（0774）	包括美术、舞蹈、音乐、书法和武术等辅导服务。
15	智能无人飞行器制造（3963*）	娱乐用智能无人飞行器制造（0832）	指按照国家有关安全规定标准，经允许生产并主要用于娱乐的智能无人飞行器的制造。
16	电气设备批发（5175*）	舞台照明设备批发（0842）	包括各类舞台照明设备的批发。
17	可穿戴智能设备制造（3961*）	可穿戴智能文化设备制造（0953）	指由用户穿戴和控制，并且自然、持续地运行和交互的个人移动计算文化设备产品的制造。
18	其他智能消费设备制造（3969*）	其他智能文化消费设备制造（0954）	仅指虚拟现实设备制造活动。